Glück und Gott?

Veröffentlichungen der
Rudolf-Bultmann-Gesellschaft für Hermeneutische
Theologie e. V.

Malte Dominik Krüger | Dorothee Schlenke (Hrsg.)

Glück und Gott?

Zur Hermeneutik des guten Lebens

EVANGELISCHE VERLAGSANSTALT
Leipzig

Die Deutsche Nationalbibliothek verzeichnet diese Publikation in der Deutschen Nationalbibliographie; detaillierte bibliographische Daten sind im Internet über http://dnb.dnb.de abrufbar.

Das Buch wurde auf alterungsbeständigem Papier gedruckt.

Bei Fragen zur Produktsicherheit wenden Sie sich bitte an info@eva-leipzig.de.

Cover: Kai-Michael Gustmann, Leipzig
Satz: typoscript GmbH, Walddorfhäslach/Dorothee Schlenke, Freiburg
Druck und Binden: Beltz Grafische Betriebe GmbH, Bad Langensalza

ISBN 978-3-374-07802-8 // eISBN (PDF) 978-3-374-07803-5
www.eva-leipzig.de

Vorwort

Dieser Aufsatzband dokumentiert die ausgearbeiteten Vorträge, die auf der 26. Jahrestagung der Rudolf-Bultmann-Gesellschaft für Hermeneutische Theologie e.V. vom 12.–14. Februar 2024 in der Evangelischen Tagungsstätte Hofgeismar zum Thema *Glück und Gott? Zur Hermeneutik des guten Lebens* gehalten wurden. Ergänzt wird dieser Band durch »Werkstattberichte« aus aktuellen Qualifikationsarbeiten, die auf der Tagung vorgestellt und diskutiert wurden.

Allen Autorinnen und Autoren danken wir herzlich für ihre Texte. Unser Dank geht auch und ausdrücklich an alle Teilnehmerinnen und Teilnehmer der Tagung, die durch ihre Rückfragen und Diskussionsbeiträge die Arbeit auf dieser Tagung wesentlich gefördert haben. Der Leitung und den Mitarbeiterinnen und Mitarbeitern der Evangelischen Tagungsstätte Hofgeismar danken wir – wie immer – für die wunderbaren äußeren Bedingungen dieser Tagung.

Schließlich gilt unser herzlicher Dank den Mitarbeiterinnen und Mitarbeitern der Evangelischen Verlagsanstalt Leipzig und ihrer Verlagsleiterin Dr. Annette Weidhas für die stets verlässliche editorische Begleitung dieses Bandes.

Marburg und Freiburg, im Oktober 2024
Malte Dominik Krüger
Dorothee Schlenke

Inhalt

Malte Dominik Krüger/Dorothee Schlenke
Einleitung 9

Melanie Köhlmoos
»Glück ist kein Geschenk der Götter, sondern die Frucht innerer Einstellung«
Aspekte gelingenden Lebens im Alten Testament 13

Nils Neumann
Werdet glücklich!
Entwürfe von Glückseligkeit in den Makarismen des Neuen Testaments 23

Anton Friedrich Koch
Gott, Glück und Gerechtigkeit
Überlegungen aus Sicht der Gegenwartsphilosophie 53

Barbara Müller
Ist Gott das große Glück?
Im Gespräch mit Augustin und Zeitgenoss:innen 67

Hans-Peter Großhans
Vom Glück eines guten Lebens
Über Glückserwartungen des Gottesglaubens und menschlichen Perfektionismus 81

Thomas Erne
Glück und Seligkeit
Das Streben nach Glück in der Praktischen Theologie 101

Werkstattberichte

Johanna Baumann
Zwischen Entfremdung und Einübung
Glaubensgeschichte denken mit Rudolf Bultmann 117

Kristian Geßner
Rudolf Bultmann zwischen Kollaboration und Widerstand
Eine Untersuchung seines Wirkens im Kontext des Dritten Reiches 129

Lukas Hille
Auf dem Weg zu einer Medientheologie?
Schrift und Bild in der Theologie Wilhelm Herrmanns 139

Bastian König
Das Kerygma als Narration
Rudolf Bultmanns Theologie im Gespräch mit Paul Ricœurs
Hermeneutik 149

Die Autorinnen und Autoren 157

Malte Dominik Krüger/Dorothee Schlenke

Einleitung

Glück und Gott? Zur Hermeneutik des guten Lebens hieß die 26. Jahrestagung der Rudolf-Bultmann-Gesellschaft für Hermeneutische Theologie e.V., die vom 12. bis 14. Februar 2024 in der Evangelischen Tagungsstätte Hofgeismar stattgefunden hat.

Die Frage nach dem Glück verbindet Menschen über ferne Zeiten und weite Räume. Offenbar gehört es zum Menschen, ein glückliches Leben führen zu wollen. Von der antiken Tugendethik über das neuzeitliche Streben nach Glück bis zu spätmodernen Gegenwartskonzepten fragt man in der Theologie und Philosophie immer wieder: Was ist Glück? Was macht das Leben gut? Liegt das Glück in mir oder außer mir? Gibt es auch Glück im Unglück? Wenn das Glück von Gott kommt, wie ist er bei denen, die Unglück haben?

Wie diese Fragen andeuten, die man leicht vermehren kann, gehört Glück – ähnlich wie die Zeit – zu den Schlüsselthemen zumindest des europäischen Kulturkreises. Und ähnlich wie bei der Zeit könnte man auch beim Glück meinen, man wüsste, was es sei, solange einen keine andere Person genauer danach fragt.[1] Doch kommt es zu dieser Nachfrage »Was ist Glück?«, sieht man – wie bei der Frage nach der Zeit – schnell ein: Die Frage nach dem Glück lässt sich nicht einfach beantworten. Das, was Glück ist, erscheint fragil und schwer zu fassen. Da es jedoch dasjenige berührt, was Menschen von und mit ihrem Leben wollen, kommt man vermutlich irgendwann in seinem Leben nicht umhin, die Frage nach dem Glück bewusst oder unbewusst für sich zu klären. Dabei erschließt sich häufig erst im Rückblick eines Lebens, ob etwas Glück oder Unglück ist, ob es purer Zufall oder gute Fügung ist, ob es äußere Lebensbilanz oder innere Charakterfrage ist.

An dieser Stelle wird auch deutlich, warum Glück und Gott immer wieder zusammen bedacht worden sind und es immer noch werden: Wenn es Gott gibt, dann steht er als Geber aller Gaben sicherlich für das Glück, und zwar nicht nur im Diesseits. Doch – wie verhält es sich dazu, dass Gott zugleich bei denen sein soll,

---

[1] Vgl. zu der Frage nach der Zeit exemplarisch: Plotin, Enneade III 7,1; Augustinus, Conf. XI 14,17.

die Unglück haben? Wie und warum ist er dann bei ihnen? Dazu kommen theologisch noch weitere Fragen, die auch mit einer insbesondere evangelischen Prägung zu tun haben: Ist das menschliche Glücksstreben nicht etwas, das man für sich selbst haben möchte und das daher auf die Seite der Selbstgerechtigkeit und Sünde gehört? Darf man das Glück also überhaupt wollen dürfen? Kein Geringerer als Rudolf Bultmann konnte in seinem Aufsatz »Die liberale Theologie und die jüngste theologische Bewegung« aus dem Jahr 1924 die Suche nach dem Glück noch mit der Selbstgerechtigkeit und Sünde zusammenbringen.[2] Doch im Aufsatz »Das Problem der Hermeneutik« aus dem Jahr 1950 schreibt Bultmann schließlich: »Im menschlichen Dasein ist ein existentielles Wissen um Gott lebendig als die Frage nach ›Glück‹«[3]. Damit schlägt Bultmann wieder den Bogen zur theologischen und philosophischen Tradition, der er selbst letztlich auch entstammt. Diese sich in Bultmanns unterschiedlichen Bewertungen spiegelnde Ambivalenz des Glücks ist bis heute ungebrochen – und dies zeigt sich auch in den Beiträgen dieses Bandes, deren Abdruck der Reihenfolge der Vorträge folgt.

Melanie Köhlmoos entfaltet in ihrem – unter einem Zitat von Erich Fromm stehenden – Beitrag »*Glück ist kein Geschenk der Götter, sondern die Frucht innerer Einstellung.*« *Aspekte gelingenden Lebens im Alten Testament* philologisch und theologisch die differenzierten Phänomene, die alttestamentlich als Glück gelten können. Letztlich ist Glück demnach sowohl eine Gabe Gottes als auch eine Frucht innerer Einstellung. *Nils Neumann* widerspricht in seinem Beitrag *Werdet glücklich! Entwürfe von Glückseligkeit in den Makarismen des Neuen Testaments* dem Eindruck, das Neue Testament sei am Glück nicht interessiert. Vielmehr will das Neue Testament zum Glück führen. Dabei kann der Mensch das Glück nicht selbst, wohl aber dessen Rahmenbedingungen schaffen. Unter dem Titel *Gott, Glück und Gerechtigkeit. Überlegungen aus Sicht der Gegenwartsphilosophie* stellt *Anton Friedrich Koch* drei Gotteskonzeptionen aus der aktuellen Philosophie vor und bezieht sie auf die Glücksthematik. Hierbei plädiert er für einen hermeneutischen Realismus, der sich an der Frage nach Gerechtigkeit und Hoffnung orientiert. *Barbara Müller* differenziert und kontextualisiert in ihrem Beitrag *Ist Gott das große Glück? Im Gespräch mit Augustin und Zeitgenoss:innen* den Glücksbegriff Augustins und schlägt einen Bogen zu Dietrich Bonhoeffer. Demnach erscheint der Begriff der »hilaritas«, der Heiterkeit, insbesondere geeignet, um Antike und Moderne miteinander zu verbinden. *Hans-Peter Großhans* grenzt in seinem Beitrag *Vom Glück des guten Lebens. Über Glückserwartungen des Gottesglaubens und menschlichen Perfektionismus* das Glück von einem menschlichen Perfektionismus ab, plädiert für einen differenzierten Glücksbegriff und bezieht hierbei Gott und Glück intrikat aufeinander. *Thomas Erne* spricht sich in seinem Beitrag *Glück und Seligkeit. Das*

---

[2] Vgl. Rudolf Bultmann, Die liberale Theologie und die jüngste theologische Bewegung [1924], in: ders., Glauben und Verstehen. Gesammelte Aufsätze von Rudolf Bultmann. Erster Band, Tübingen [4]1961, 1–25, 19.

[3] Vgl. ders., Das Problem der Hermeneutik [1950], in: ders., Glauben und Verstehen. Gesammelte Aufsätze von Rudolf Bultmann. Zweiter Band, Tübingen [2]1958, 211–235, 232.

Streben nach dem Glück in der Praktischen Theologie dafür aus, in der Praktischen Theologie »Glück« und »Seligkeit« als Themen wiederzugewinnen. Als Konzept, das zwischen dem eigenen Tun und der passiven Kontemplation im Blick auf das Glück vermittelt, wird das »Spiel« vorgeschlagen.

Ebenfalls wurden in Hofgeismar auf der Jahrestagung wieder aktuelle Qualifikationsarbeiten vorgestellt, die entweder gerade abgeschlossen wurden oder kurz vor dem Abschluss stehen. Abgedruckt sind Berichte zu folgenden Projekten: *Johanna Baumann* stellte ihr Münsteraner Dissertationsprojekt *Zwischen Entfremdung und Einübung. Glaubensgeschichte denken mit Rudolf Bultmann* vor. Und *Bastian König* berichtete über seine abgeschlossene Münsteraner Dissertation *Das Kerygma als Narration*, die Augustin, Aristoteles, Rudolf Bultmann und Paul Ricœur ins Gespräch bringt. *Lukas Hille* erläuterte sein Marburger Dissertationsprojekt zu Wilhelm Herrmann, einem Lehrer Rudolf Bultmanns, und dessen überraschend aktuelle medientheoretische Lesart der Bibel: *Schrift und Bild in der Theologie Wilhelm Herrmanns.* Und *Kristian Geßner* präsentierte sein abgeschlossenes Dissertationsprojekt *Rudolf Bultmann zwischen Kollaboration und Widerstand. Eine Untersuchung seines Wirkens im Kontext des Dritten Reiches.*

Marburg und Freiburg, im Oktober 2024
Malte Dominik Krüger/Dorothee Schlenke

Melanie Köhlmoos

»Glück ist kein Geschenk der Götter, sondern die Frucht innerer Einstellung«

Aspekte gelingenden Lebens im Alten Testament

Der Titel meines Vortrags ist ein Zitat von Erich Fromm. Als ich um den Vortrag gebeten wurde, habe ich auf der Suche nach Inspiration Online-Seiten zum Thema *Glück* durchforscht und bin auf dieses Zitat gestoßen. Es ist aufschlussreich, dass es eine Art Motto für Berater, Coaches und Therapeuten aller Couleur ist.[1] Ich hätte auch mit einem Sprichwort anfangen können: »Jeder ist seines Glückes Schmied«. Es geht auf den römischen Autor Appius Claudius Caecus (gest. um 280 v.Chr.) zurück.[2] Seit mehr als zweitausend Jahren hält sich also die (aus Erfahrung gewonnene?) Einsicht, dass man für sein Glück selbst verantwortlich ist.

Schaut man sich die Botschaften sozialer und anderer Medien an, so bekommt man den Eindruck, dass diese alte Einsicht auch heute noch gilt. Glück kann man selbst erwerben. Was dieses Glück sein soll, das wird allerdings unterschiedlich erfasst: Gesundheit, die große Liebe, wohl geratene Kinder, Work-Life-Balance, Erfolg, Attraktivität, Anerkennung, Reichtum. Alles das – und noch viel mehr – kann man durch eigenes Zutun bekommen, sei es durch die richtige Ernährung, die richtige Erziehung, das richtige Zeitmanagement, die richtigen Konversationstricks oder das richtige Auftreten, Mode, Make-up, Sport usw.

Man kann dieses Angebot durchaus als Aufforderung zur Selbstreflexion verstehen. Was bedeutet denn Glück für mich – was will ich erreichen? Was sind primäre, was sind sekundäre Ziele? Will ich bloß Zufriedenheit und Wohlbefinden oder will ich mehr? Reicht ein schickes Kleid oder ein neuer Lippenstift aus, um mich gut zu fühlen und so zumindest auf kurze Zeit glücklich zu sein? Oder braucht es Arbeit und Disziplin dazu, wie eine Ernährungsumstellung oder regelmäßiger Sport oder Arbeit an der Beziehung? Das große Angebot an Glücksoptionen sollte man nicht a priori verteufeln. Viele Angebote verschweigen nicht, dass

---

[1] Tatsächlich war die exakte Quelle des Zitats nicht aufzuspüren. Es entspricht dem Duktus von Erich Fromm, Haben oder Sein. Die seelischen Grundlagen einer neuen Gesellschaft, Stuttgart 1976, war aber weder in dieser noch in den folgenden Auflagen zu finden.

[2] »Fabrum esse suae quemque fortunae«, zitiert bei Sallust, Epistola ad Caesarem I,1. Textausgabe: W. Eisenhut/J. Landauer, Sallust. Werke/Opera, Düsseldorf [3]2006, 218–350.

das Glück nicht über Nacht zu erreichen ist.[3] Und natürlich gibt es auch weiterhin die Stimmen, die das Glück vom Wohlwollen einer höheren Macht abhängig machen, seien es die Sterne, seien es Gottheiten, seien es kosmische Kräfte.

Wie steht die Bibel zum Glück? Ist es eine Gabe Gottes oder eine Frucht innerer Einstellung, des Glaubens oder des Gottvertrauens etwa? Kann man Glück erarbeiten? Soll man es sogar? Und vor allem: Was ist eigentlich Glück aus biblischer Perspektive? Ich möchte eine alttestamentliche Spurensuche unternehmen. Dazu müssen wir uns zunächst einigen sprachlichen Aufgaben stellen. Danach soll ein Überblick über Elemente oder Aspekte des Glücks aus alttestamentlicher Perspektive erfolgen. Und schließlich ist der Frage *Gabe Gottes oder Frucht innerer Einstellung* anhand einiger Beispiele aus der alttestamentlichen Weisheit nachzugehen.

1. Auf der Suche nach dem Glück: Philologie

Bei der Frage nach dem Glück stehen wir zunächst vor einem Problem der deutschen Sprache. Sie hat ein recht breites Spektrum des Glücks, nämlich:

a) Das Gefühl gesteigerten Wohlbefindens, von der Zufriedenheit über die Freude bis zu Euphorie und Ekstase;
b) als Steigerung dieses Aspekts: der (dauerhafte) Zustand der vollen Zufriedenheit und der ungetrübten Freude;
c) das Ergebnis von Geschicklichkeit und Gespür, das zu Erfolg führt, die sprichwörtliche »glückliche Hand«;
d) das (oft unerwartete) positive Widerfahrnis, auf das man keinen oder wenig Einfluss hat.

Die englische Sprache zum Beispiel unterscheidet dagegen zwischen *happiness* (a; b) und *luck* (c; d), das Lateinische macht eine ähnliche Unterscheidung zwischen *fortuna*, dem Glück als Geschick, und *felicitas*, dem Glück als Erfolg.[4] In keiner Sprache schließen sich die Bedeutungsaspekte gegenseitig aus: Sowohl das Geschick als auch die Geschicklichkeit können zum einmaligen oder dauerhaften Zustand des Glücklichseins führen.

Angesichts der semantischen Breite des deutschen Begriffs Glück ist der Zusammenhang mit Theologie und Glaube recht umstritten.[5] Gleichwohl lässt sich sagen, dass Theologie (und Religionen) einen eigenen Glücksbegriff haben. Thomas Naumann formuliert im Anschluss an das »Wörterbuch der Religionen«:

---

[3] Natürlich werden on- wie offline auch völlig unrealistische, falsche oder gar gefährliche Glücksversprechen gegeben – das soll hier aber nicht das Thema sein.

[4] Der Ausspruch des Caecus sagt allerdings, dass man *fortuna* schmieden könne!

[5] Vgl. dazu Heinrich Bedford-Strohm, Das Glück und die Theologie. Einleitende Überlegungen, in: ders. (Hrsg.), Glück-Seligkeit. Theologische Rede vom Glück in einer bedrohten Welt, Neukirchen-Vluyn ²2014, 7–15 und die Einzelbeiträge dieses Bandes.

> »[Es] zeigt sich, dass Glück sowohl als gegenwärtige dauerhafte Erfahrung des guten Lebens verstanden werden kann, aber auch als Augenblicksglück eine erfüllte Gegenwart beschreibt. Es kann den selbstbestimmten Weg hin zu einem Guten bezeichnen, das noch aussteht. Andererseits kann das Eingebundensein in eine Gemeinschaft als Glück erfahren werden. Religionsgemeinschaften verbinden mit diesem Vergemeinschaftungsaspekt zudem Heil- und Heilsvergewisserung, also die Teilhabe an einem transzendenten Sinn- und Symbolsystem als Geborgenheit in der Welt.«[6]

Um die Eigen-Artigkeit des (religiös-)theologischen Glücksbegriffs zu kennzeichnen, wird in der Theologie häufig noch der altmodische Begriff der »Glückseligkeit« verwendet[7]. Etwas moderner ist von »gelingendem Leben« oder »Lebensfülle«[8] die Rede. Konstitutiv für den theologischen Glücksbegriff ist auf jeden Fall sein Gottes- (oder Christus-)Bezug.

Das biblische Hebräisch hat eine ganze Reihe von Begriffen, die man mit Glück übersetzen kann.

Im Standardlexikon für das biblische Hebräisch, im »Gesenius«[9], sind insgesamt 13 Lemmata verzeichnet, die sich mit Glück übersetzen lassen. In vielen Fällen handelt es sich um eine seltene Nebenbedeutung.

Jörn Kiefer stellt fest, dass Glück – in welchem Aspekt auch immer – in den hebräischen Texten im Zusammenhang mit dem Begriff des »Guten« (Wurzel *ṭōb*) zu suchen ist,[10] ohne dass Glück – vor allem bei Kohelet – immer die ganz angemessene Übersetzung für *ṭōb* ist.[11] Allerdings wird das Gefühl bzw. der Zustand des Glücklich-Seins (s. oben a) mit »ein gutes Herz haben« bzw. »guten Herzens sein« ausgedrückt (1Kön 8,66 par; 2Chr 7,10; Est 5,9; Koh 9,7; 11,9; Ri 16,25; Jes 65,14; 2Sam 13,28; Est 1,10; Ri 18,20; 9,6.9.21f; 1Sam 25,36; 1Kön 21,7; Spr 15,15; Rut 3,7). Hierbei geht es oft um Freude und Wohlbefinden.[12] Die

---

6 Thomas Naumann, Glück in der Bibel – einige Aspekte, in: Bedford-Strohm, Glück-Seligkeit (s. Anm. 5), 69–89, 71.

7 Vgl. Piet Naudé, Modelle von Glückseligkeit. Eine südafrikanische Perspektive, in: Bedford-Strohm, Glück-Seligkeit (s. Anm. 5), 119–127; Jürgen Moltmann, Glück-Seligkeit, in: Bedford-Strohm, Glück-Seligkeit (s. Anm. 5), 128–130.

8 Vgl. Ralf Miggelbrink, Können Christen von Glück reden? Theologische Überlegungen im Anschluss an eine Wiederentdeckung der Kategorie der Lebensfülle, in: Bedford-Strohm, Glück-Seligkeit (s. Anm. 5), 90–100.

9 Wilhelm Gesenius (Hrsg.), Hebräisches und Aramäisches Handwörterbuch über das Alte Testament, hrsg. von Herbert Donner und Johannes Renz, Berlin [18]2013.

10 Jörn Kiefer, Art. Gut/Gutes (AT): https://bibelwissenschaft.de/stichwort/200474/, 4f (Stand: 26.09. 2024).

11 Vgl. a.a.O., 5.

12 Ebd.

Formulierung »das Gute in den Augen des X«[13] kann »Zufriedenheit« aussagen, am prominentesten in Gen 1,31.[14]

Außerdem gilt mit Kiefer: »Neben dem substantivierten *ṭôv* bzw. *ṭôvāh* können einige andere Begriffe die Erfahrung des umfassenden Wohlseins beschreiben. Ähnlich dem deutschen ›Glück‹, ›Heil‹ oder ›Wohl‹ stehen sie als Inbegriffe des (ontisch) Guten, das jemand erfährt.«[15] Dazu gehören: *šālôm* »Heil, Frieden«: Gen 26,29; Jes 52,7; Jer 8,15; Jer 14,19; Ps 34,15; Est 10,3; Esr 9,12; vgl. Gen 15,15; 1Sam 20,7; 2Kön 20,19; Jes 39,8; *berākāh* »Segen«: Ps 21,4; Spr 24,25; vgl. Gen 26,29.

Üblicherweise wird *'ošœr* als eigentlicher hebräischer Begriff für Glück verstanden. Das Verb *'āšar* Pi. bedeutet indes nicht »glücklich sein«, sondern »als glücklich preisen«: Gen 30,13; Mal 3,12.15; Ps 41,3; Ps 72,17; Spr 3,18; Spr 31,28; Hi 29,11; Hld 6,9. Am häufigsten vertreten ist der Plural cstr.[16] in Form der sog. »Seligpreisung«, »Glücklich/selig ist, wer...«[17]. Es handelt sich um einen Sprechakt, wobei offen bleibt, ob es sich um einen Wunsch oder um eine Deklaration handelt.[18]

Wie bereits angedeutet, kann das ontisch Gute, das Glück, als *Segen* erfasst werden, d.h. als Gabe Gottes. Nur ein einziges Mal jedoch ist der Segenswunsch synonym zur Seligpreisung: Jer 17,7 als Variante von Ps 128,4.[19]. Hierbei zeigt sich indes, dass Segen und Glück zwar inhaltlich eine große Schnittmenge aufweisen, perspektivisch aber nicht völlig austauschbar sind. Segen ist vertikal bestimmt, als (bedingte oder unbedingte) Gabe Gottes[20]; *'āšar* ist horizontal: Als *'āšar* wird ein Mensch aus der Perspektive eines anderen Menschen wahrgenommen. Es wird gesagt (oder ihm gewünscht), dass er oder sie ein Glückspilz ist, weil ihm oder ihr alles gelingt. Ein Beispiel wäre Ps 106,3: »Wohl denen, die das Recht beachten, dem, der Gerechtigkeit übt allezeit.« Man könnte auch übersetzen: »Glückwunsch!« oder »Respekt!« oder auch »beneidenswert«.

---

[13] Belege a.a.O., 9.

[14] Im – möglicherweise mit Gen 1 verwandten – »Denkmal memphitischer Theologie« heißt es ausdrücklich: So war Ptah zufrieden, nachdem er alle Dinge und alle Gottesworte gemacht hatte.

[15] Kiefer, Art. Gut/Gutes (s. Anm. 10), 13.

[16] Vgl. Julius Steinberg, Art. Seligpreisung (AT): http://www.bibelwissenschaft.de/stichwort/45569, 2 (Stand: 26.09. 2024).

[17] 1Kön 10,8; 2Chr 9,7; Hi 5,17; Ps 1,1; 2,12; 32,1–2; 33,12; 34,9; 40,5; 41,2; 65,5; 84,5–6, 13; 89,16; 94,12; 106,3; 112,1; 119,1–2; 127,5; 128,1; 137,8–9; 144,15; 146,5; Spr 3,13; 8,34; 20,7; 28,14; Jes 30,18; 56,2; Dan 12,12.

[18] Vgl. zur Syntax Steinberg, Art. Seligpreisung (s. Anm. 16), 3–6; Naumann, Glück (s. Anmerkung 6), 73f. mit weiterer Literatur.

[19] Vgl. Steinberg, Art. Seligpreisung (s. Anm. 16), 2.

[20] Ausführlich: Martin Leuenberger, Segen und Segenstheologien im alten Israel. Untersuchungen zu ihren religions- und theologiegeschichtlichen Konstellationen und Transformationen, AThANT 90, Zürich 2008.

Ob einer zu beglückwünschen ist, oder ob er gesegnet ist, ist also eine Frage der Perspektive. Es ist darauf später noch einmal zurückzukommen.

Bislang ist festzuhalten, dass in der hebräischen Bibel das Glück ein Teilbereich des Guten ist, sei es als Emotion, als Zustand, als Lebensziel oder als Erfolg. Lediglich das glückliche Geschick, das Glück im Sinne von *luck* oder *fortuna* wird im Hebräischen nicht im semantischen Feld »Gutes« ausgedrückt. Der glückliche Zufall, dass Ruth auf das Feld des Boas gelangt, wird mit »da traf es sich« formuliert (Rut 2,3). Kohelet – und nur dieser – benennt das Glück, das einem widerfährt, als *ḥēlæq*, »Anteil«, wörtlich: das, was einem zusteht oder auch das, was einem zugeteilt wird.[21]

2. Aspekte guten/gelingenden Lebens im Alten Testament

Unabhängig davon, ob es sich um den Segen Gottes oder die Früchte eigener Anstrengung handelt, sind die folgenden Sachverhalte konstitutiv für ein gutes Leben.

2.1 Relativer Wohlstand

Genug zu essen und an Dingen des täglichen Bedarfs: Essen, Trinken, Kleidung, ein Dach über dem Kopf. Dies wird nicht nur für die unmittelbare Gegenwart gewünscht, sondern auch für die absehbare Zukunft. Die Gesellschaft des Alten Israel ist subsistenzbasiert, d.h. sie kann nur wenig Überschuss erwirtschaften. Gleichwohl gehört es zum guten Leben, gegen kurzzeitigen Mangel gefeit zu sein. Dazu gehört auf menschlicher Seite Fleiß (vgl. Spr 21,4–5). Als Gottes Segen wird das auskömmliche Leben in Dtn 28,4–6 in Aussicht gestellt. Das Wunschziel ist, an den Dingen des täglichen Bedarfs »reichlich« (hebr. *jātar* Hif.) zu haben, d.h. so viel, dass immer noch etwas übrig bleibt.[22]

Ambivalent ist das Alte Testament gegenüber dem Reichtum (*ośær*). Einerseits ist er ein Zeichen des Erfolgs, sogar des Segens[23]. Vor allem gute Könige sind auch reich, Reichtum wird durch Fleiß und Umsicht erworben.[24] Allerdings hat (selbst erworbener) Reichtum auch die Gefahr der Verschwendung, mehr noch des Missbrauchs und des unrechtmäßigen Erwerbs bei sich, so dass Reichtum kein zuverlässiges Glücksindiz ist.[25] Deswegen mahnen die Weisen häufig zu

---

21 Koh 2,10.21; 3,22; 5,17f.; 9,9.

22 Dtn 28,11.54; 30,9.

23 Ps 112,3; Spr 3,16; 8,18; 10,4.22; 11,16; 13,8; 22,4. Ähnlich *hōn*: Ps 112,3; 119,4; Spr 8,18; 12,27; 24,4.

24 David: 1Chr 29, 28; Salomo: 1Kön 10,23; Josaphat: 2Chr 17,5; Hiskia: 2Chr 32,27.

25 Vgl. Ps 52,9; Spr 10,15; 28,22; 29,3; 11,16; 13,8; 21,17; 28,20 Jer 5,27; 17,11.

Bescheidenheit, z.B. Spr 30,8: »Halte Falschheit und Lüge fern von mir, gib mir weder Armut noch Reichtum, gib mir zu essen, soviel ich brauche.«

2.2 Eine sichere Lebensgrundlage

Sicherheit und eine Lebensgrundlage sind der zweite Aspekt. Zu einem guten Leben gehört eine Zukunftsgewissheit – das Wissen, dass ein Missgeschick oder ein Unfall sich nicht sofort zur Katastrophe auswachsen. Die Grundlage dafür ist der eigene Grund und Boden bzw. der Besitz oder die berufliche Grundlage, z.B. Spr 10,15; 13,11; 18,11; 28,22.

Hier scheint die Hebräische Bibel hinter modernen Zugängen zurückzubleiben. Denn die Gesellschaft des Alten Israel kennt eine Menge Menschen, die diese Sicherheit und Gewissheit nicht selbst erreichen können: Frauen, Kinder, Kranke und Menschen mit Behinderungen, Sklaven oder Verschuldete. Haben auch sie in der Perspektive des Alten Israel eine Chance auf ein gutes Leben? Realistischerweise muss man sagen, dass ihre Chance gering ist. Wenn die Solidargemeinschaft funktioniert, als die sich Israel versteht, dann fallen die *personae miserae* immerhin nicht aus der Gemeinschaft heraus und bekommen zumindest das Lebensnotwendige, vgl. Ex 22,21; Dtn 24,17.19. Der Arme behält auch weiterhin seinen Gottesbezug, vgl. Spr 17,5; 22,2. Im Hinblick auf materiellen Wohlstand als Zutat zum guten Leben ist das – von heute aus betrachtet – indes nur ein geringer Trost.

2.3 Ein langes Leben

Ein langes Leben ist auf jeden Fall wünschenswert. Dabei wissen wir nicht, was das Alte Israel sich darunter genau vorstellte. Die archäologischen Befunde weisen darauf hin, dass die durchschnittliche Lebenserwartung zwischen 35 und 40 Jahren lag; diese Zahl hat natürlich auch mit der hohen Kindersterblichkeit zu tun. Ein Mensch, der die Kindheit überlebte, hatte aber durchaus Chancen, älter zu werden als vierzig Jahre. Lev 27,3.17 berechnen das arbeits- bzw. erwerbsfähige Alter mit sechzig Jahren, ein Lebensalter wird allerdings mit dreißig oder vierzig Jahren berechnet. Der Satz Ps 90,10, »Unser Leben währet siebzig Jahre, und wenn's hoch kommt, so sind's achtzig Jahre« ist wohl ein frommer Wunsch, drückt aber aus, dass man durchaus noch die eigenen Enkel erleben konnte. Das lange Leben lässt sich allerdings nicht mit einer konkreten Dauer verbinden. Langes Leben heißt erfülltes Leben[26], gleichgültig, wann es endet.[27] Dabei ist langes Leben zwar wünschenswert, aber nicht aus eigenen Kräften erreichbar. Deswegen wird

---

[26] Die biblische Formulierung ist bekanntlich »lebenssatt« (wörtlich »satt an Tagen«), wird aber nur für Jakob, Hiob und David berichtet (Gen 35,29; Hiob 42,17; 1Chr 19,28), wobei David »nur« siebzig Jahre alt wird (2Sam 5,4).

[27] Zwar erreichen die Patriarchen Mose und Josua ein unrealistisch hohes Alter, aber für die ideale Zeit kann selbst Jes 65,20 nicht über hundert Jahre hinaus denken.

die Verheißung des langen Lebens stets als Gabe Gottes bzw. Frucht der Gottesfurcht verstanden (vgl. Ex 23,25f.; Dtn 5,22; 6,2; 1Kön 3,14; Ps 91,1,6; Spr 3,2.16; 4,10; 9,11; 10,27).

Hinzu kommt, dass das Alter – was immer das sein mag – kein Garant für ein gutes Leben ist. Irgendwann lassen die Kräfte nach, was Kohelet 12 summarisch als »böse Tage« bezeichnet und in einer Allegorie beschreibt. Zum Alter gehört Blindheit (Gen 27,1; 1Sam 4,15), Geschmack, Gehör und Verstand lassen nach (2Sam 19,36). So gewinnt man den Eindruck, dass man sich im Alten Israel ein langes Leben wünschte, aber nicht unbedingt alt werden wollte – ein Sachverhalt, der auch heute bekannt ist.

In diesem Zusammenhang ist erwähnenswert, dass das Alte Testament wenig zum Thema Gesundheit/Krankheit zu sagen hat. Obwohl das Alte Testament eine Reihe von Krankheiten bzw. Krankheitsbildern schildert,[28] gibt es doch keinen Begriff für Gesundheit, schon gar nicht als Lebensziel. Das Antonym zu Krankheit ist »Heilung«,[29] bzw. sind »Stärke« und »Schwäche« als die eigentlichen Orientierungskategorien. Hier gibt es einen Zusammenhang mit dem Alter, nämlich Dtn 34,10. Die Sterbenotiz des Mose ist hier aufschlussreich: Mose stirbt mit 120 Jahren, d.h. mit drei/vier Lebensaltern mehr, aber er hat seine Kräfte noch, das ist das Entscheidende.

2.4 Familie

Eine Familie gehört unbedingt zu einem gelingenden und gelungenen Leben. Familie bedeutet eine eigene Familie, also (mindestens) eine Frau und möglichst mehrere lebende Kinder, am besten Söhne. Für das Fortbestehen des eigenen Namens, der eigenen Sippe und der Gemeinschaft Israels gesorgt zu haben bzw. sorgen zu können, ist mehr als Glück. Es erfüllt das Leben mit Sinn. Indes ist dies das Glückselement, das sich am wenigsten steuern lässt. Ps 127,3–5 formuliert exemplarisch:

> (3) »Siehe, das Erbteil[30] JHWHs [ist] ein Sohn,
> und ein Lohn [ist] die Frucht des Leibes.

---

[28] Vgl. Henrike Frey-Anthes, Art. Krankheit/Heilung (AT): http://www.bibelwissenschaft.de/stichwort/24036/, 9–20 (Stand: 26.09. 2024).

[29] A.a.O., 2: »Abstrakte Krankheiten gibt es nicht, nur erlebte Schwäche bzw. Heilung sind erfahr- und interpretierbar.«

[30] *Neḥalāh*, das Erbe, ist sowohl das, was man (berechtigterweise) empfängt als auch das, was man weitergeben kann. In Jes 54,17; Hi 20,29; 27,13; 31,2 hat es den Beiklang von »Los, Schicksal«.

(4) Wie Pfeile in der Hand eines Helden
so sind die Söhne der Jugendzeit.[31]
(5) Glücklich der Mann[32], der seinen Köcher mit ihnen gefüllt hat.«

Kinder zu bekommen, lässt sich nicht zuverlässig kontrollieren, auch nicht durch rechtes Verhalten. Dass es letztlich Gott ist, der dafür sorgt, ist vielfach belegt.[33] Dasselbe gilt für das Gelingen einer Ehe bzw. für die passende Partnerin. Auch sie ist ein »Glücksfall«, vgl. Spr 18,22; 19,14. Im zuletzt genannten Spruch ist – im Unterschied zu Ps 127 – die Frau gerade kein Erbteil, sondern eine Gabe. Koh 9,9 fügt dem noch die Liebe hinzu.

Ob die Kinder – genau genommen die Söhne – auch wirklich Freude bereiten, ist indes in die Verantwortung der Eltern gelegt, wie vielfach dargelegt wird.[34] Da es den Texten nicht allein auf das biologische Weiterbestehen Israels ankommt, wird man sagen müssen, dass man die Existenz von Kindern zwar nicht beeinflussen kann, wohl aber, ob sie wirklich zu einem Glück für einen selbst und für Israel werden. Gleichwohl gibt es auch hier ein Zufallsmoment, nämlich, dass der Sohn sich als unbelehrbar erweist (vgl. Spr. 19,13). Es ist vor allem Kohelet, für den diese Wahrnehmung zu einer recht pessimistischen Einschätzung der Glücksgüter führt, denn die nachfolgende Generation hat sich um die Güter eben nicht bemüht (Koh 2,18–22). Noch viel stärker gilt, dass eine Frau allein noch kein Glücksgarant ist. Wenn sie »streitsüchtig« ist (*mādōn*), wird der Mann unglücklich (Spr 19,13; 21,9.13.19; 27,15.16). Ob die Mahnungen zur Streitvermeidung (Spr 15,18; 16,28; 17,14; 18,19; 26,21) auch auf Frauen angewendet wurden, wissen wir leider nicht. Immerhin wird der berühmten »tüchtigen Frau« von Spr 31 jegliche Form der Weisheit zugeschrieben.

Die feministische Exegese hat – mit Recht – darauf hingewiesen, dass die Perspektive der Frauen (und ich ergänze: auch der Kinder) hierbei nicht berücksichtigt wird. Ihr gelungenes Leben wird fast ausschließlich daran gemessen, ob sie Kinder zur Welt bringen. Ob sie daneben oder gar statt dessen andere Ziele im Leben hatten, wird uns nicht – oder nur sehr selten – berichtet. Die »tüchtige Frau« von Spr 31 ist eine Ausnahme, aber auch sie ist vor allem Ehefrau und Mutter. Hier hat – wir müssen es zugeben – das Alte Testament eine Leerstelle.

---

31 *N^eʿūrīm*, meist mit »Jugend« übersetzt, bezeichnet das frühe Erwachsenenalter vor dem 30. Lebensjahr.

32 Auch hier *gibbōr* wie V4, wörtlich »Held«. Gemeint ist der Mann im Vollbesitz seiner Kräfte.

33 Gen 20,18; 1Sam 1,5f.; Gen 29,31; Gen 30,2.22. An diesen Stellen ist es Gott, der den Mutterleib öffnet oder verschließt, d.h. Kinder oder Kinderlosigkeit sind eine Sache Gottes und der Frauen. Lediglich in Rut 1 bleibt offen, warum Ruths und Orpas Ehen kinderlos bleiben.

34 Dtn 8,5; 11,2; 21,18–21; 1Kön 12,11–14 ; 2Chr 10,11–14; Jer 2,30; Spr 1,8; 3,11–12; 4,1; 13,1; 13,24; 19,27; 29,15.17; 31,1–8.

2.5 Gesellschaftliche Anerkennung

Für den voll gesellschaftsfähigen Mann ist gesellschaftliches Ansehen ein wesentlicher Bestandteil gelingenden Lebens. Eher als Freundschaft begehrt das Alte Israel Anerkennung – ein gutes Beispiel ist Hi 29. Diese ist indes etwas, was man beeinflussen kann, indem man sie sich verdient, d.h. hier ist es genau umgekehrt wie bei der Ehe und den Kindern. Zum Ansehen geboren sind nur sehr wenige, wenn überhaupt. Dies wird im Buch der Sprüche in vielfacher Variation eingeübt. Anerkennung in höchstem Maße erlangt man durch das lebenslange Einüben von *Weisheit.* Als weise im eigentlichen Sinn gilt im Alten Testament das Resultat von Intelligenz, Bildung und Geschick im Sinne von Lebensklugheit, Einsicht und sozialer Kompetenz. Vor allem das Proverbienbuch zeichnet in vielfacher Annäherung das Bild vom aufrichtigen, verschwiegenen, zurückhaltenden, fleißigen, sparsamen, höflichen und verantwortungsbewussten »Weisen«, der über Einsicht (*tᵉbûnāh, bînāh*) und Zucht (*mûsar*) verfügt (Spr 14,13.21). Weisheit ist vermutlich das Glücksgut, das man am zuverlässigsten selbst erwerben kann.

Fassen wir den Befund zusammen, so ergibt sich, dass ein gutes Leben aus der Perspektive des Alten Testaments ein »langes« Leben in relativem Wohlstand, im Vollbesitz der Kräfte, einer harmonischen Familie mit vielen männlichen Kindern und mit durch lange Praxis erworbener gesellschaftlicher Anerkennung ist. Ein Teil dieser Elemente des guten Lebens entzieht sich menschlichem Zutun: die Länge des Lebens, das Ausbleiben von Schwäche, das Finden einer Frau, die Geburt der Kinder. Aus diesem Grund werden sie als Gaben Gottes, sogar als Segen bezeichnet.

3. Gabe Gottes oder Frucht innerer Einstellung?

Das Alte Testament hat keinen eigenen Begriff vom Glück, zumindest nichts, was dem griechischen eudaimonía entspräche.[35] Es kennt das Gute als das ontisch Gute, das in einem gewissen Zusammenhang mit dem moralisch Guten steht. Man könnte hier tatsächlich vom *gelingenden Leben* (in Anweisung und Beschreibung) oder vom *gelungenen Leben* (in der Rückschau) sprechen. Vielleicht wäre die zeitlose Formulierung »geglücktes Leben«[36] angemessen.

Die alttestamentlichen Glücksgüter sind allesamt diesseitige Gaben.[37] Ein Mangel an Gutem im Diesseits wird nicht durch Hoffnung auf ein glückliches Jenseits kompensiert. Hier ist das Neue Testament einen Schritt weiter gegangen.[38] Die Wahrnehmung der Glücksmöglichkeiten in diesem Leben – unabhängig von

---

35 Auch bei Kohelet ist das »Gute« nicht als »Glück« bestimmt, vgl. dazu Kiefer, Art. Gut/Gutes (s. Anm. 10), 3.

36 Vgl. Naumann, Glück (s. Anm. 6), 81.

37 So mit Nachdruck Naumann, Glück (s. Anm. 6), 72.

38 Vgl. den Beitrag von Nils Neumann in diesem Band.

den Verheißungen eines Lebens in Gemeinschaft mit Christus – bleibt aber bestehen und sollte auch nicht abgewertet werden. Kaum jemand wird sich heute von echtem Unglück durch eine Aussicht auf das Himmelreich vertrösten lassen.

Der Titel meines Vortrags – das Zitat von Erich Fromm – macht eine Polarität auf: Entweder Gabe der Götter oder Frucht innerer Einstellung. Die Glücksversprechen der Medien liegen auf derselben Ebene, mit deutlichem Schwerpunkt auf der inneren Einstellung: Glück (inklusive Gesundheit und ein langes Leben!) lässt sich zuverlässig erarbeiten. Nach dem hier gegebenen Überblick ist das Alte Testament nicht so polar. Gewisse Dinge sind auf jeden Fall dem menschlichen Zugriff entzogen, nämlich Gesundheit und ein langes Leben, eine Frau und Kinder. Wem Gott dies gewährt, der hat auf jeden Fall die Möglichkeit, aus diesen Gütern ein gutes Leben zu machen. Voraussetzung dafür ist indes auf jeden Fall, diese Grund-Güter als Gabe Gottes oder als Segen anzuerkennen. Dies ist der Erkenntnisweg Kohelets und strikt auf das individuelle Leben beschränkt.[39] Es ist aber auch sonst gut weisheitlich. Spr 16,1–9 ist nicht umsonst durch eine Variation des Spruchs »Der Mensch denkt, Gott lenkt« gerahmt. Mit den unverdient geschenkten Gütern so umzugehen, als wären sie selbst erworben, wäre Hochmut (Sprüche) oder Torheit (Kohelet). Ein Glück ohne Gottesbezug ist für das Alte Testament nicht denkbar. Demnach ist Glück im Alten Testament eine Gabe Gottes *und* eine Frucht innerer Einstellung.

39 Vgl. ausführlich Melanie Köhlmoos, Kohelet. Der Prediger Salomo, Göttingen 2015, ATD 16/5, 53–57.

Nils Neumann

Werdet glücklich!

Entwürfe von Glückseligkeit in den Makarismen des Neuen Testaments

Hartnäckig hält sich das Vorurteil, im Neuen Testament komme das Glück als Thema nicht vor.[1] Tatsächlich zeigt der Blick in die Konkordanz, dass Signalvokabeln wie die Zufriedenheit der Philosophen (εὐδαιμονία) oder die glückliche Fügung des Schicksals (εὐτυχία) sich in den Schriften des neutestamentlichen Kanons nirgends finden.[2] Und dennoch wäre es voreilig, aus diesem Befund zu schließen, im Frühchristentum und seinen Texten gäbe es kein Glück. So haben in den letzten Jahren etwa Christian Wetz und Daniel Maier vorgeschlagen, dass neutestamentliche Diskurse, die sich um Begriffe wie μακάριος (»glückselig«) oder χαρά, χαίρω κτλ. (»Freude«, »sich freuen« usw.) ranken, durchaus Phänomene ansprechen, die als »Glück« beschrieben werden können.[3] Gerade die terminologische Fehlanzeige hinsichtlich der Vokabeln εὐδαιμονία und εὐτυχία nötigt zur Reflexion darüber, was genau wir denn meinen, wenn wir von »Glück«

---

[1] Vgl. Christian Wetz, Glück im Neuen Testament. Überlegungen zu einem bekannten und einem unbekannten biblischen Glücksbegriff, in: ZThG 19 (2014), 174–184, 174. Vgl. ferner die Problemanzeige bei Daniel Maier, Das Glück im antiken Judentum und im Neuen Testament. Eine Untersuchung zu den Konzepten eines guten Lebens in der Literatur des Zweiten Tempels und deren Einfluss auf die frühchristliche Wahrnehmung des Glücks, WUNT2 552, Tübingen 2021, 3.

[2] Vgl. auch Paul-Gerhard Klumbies, Das Glück der frühen Christen, in: Timo Hoyer (Hrsg.), Vom Glück und glücklichen Leben. Sozial- und geisteswissenschaftliche Zugänge, Göttingen 2007, 143–161, 148; Thomas Naumann, Glück in der Bibel – einige Aspekte, in: Heinrich Bedford-Strohm (Hrsg.), Glück-Seligkeit. Theologische Rede vom Glück in einer bedrohten Welt, Neukirchen-Vluyn [2]2014, 69–89, 69; Hermut Löhr, Elemente eudämonistischer Ethik im Neuen Testament?, in: Friedrich Wilhelm Horn/Ruben Zimmermann (Hrsg.), Jenseits von Indikativ und Imperativ. Kontexte und Normen neutestamentlicher Ethik, Bd. 1, WUNT 238, Tübingen 2009, 39–55, 43.

[3] Siehe Wetz, Glück (s. Anm. 1), pass.; Maier, Glück (s. Anm. 1), pass. Auf weitere Glücks-Äquivalente macht Paul-Gerhard Klumbies aufmerksam. Dazu zählt er neben der »Glückseligkeit« auch »ewiges Leben« und »Errettung«. Siehe Klumbies, Glück (s. Anm. 2), 149f.

sprechen, und was genau die biblischen Texte denn wohl meinen, wenn sie Begriffe wie *μακάριος* oder *χαρά* verwenden.

Ganz deutlich führt dieses Unterfangen in einen hermeneutischen Zirkel, der einerseits versucht ist, ein modernes Glücksverständnis an die Texte des Neuen Testaments heranzutragen,[4] andererseits jedoch auch um die Möglichkeit weiß, dass die Konzeptionen, die sich in den antiken Texten zeigen, nicht notwendig deckungsgleich mit modernen Glücksvorstellungen sein werden. In jedem Fall – da sind sich die wenigen existierenden jüngeren Studien zum Thema einig – bedeutete die ausschließliche Konzentration auf den Terminus *εὐδαιμονία* eine Engführung, die der Frage nach dem Glück im Neuen Testament nicht gerecht würde.

Aus pragmatischen Gründen entscheide ich mich dafür, in meinem Beitrag die neutestamentlichen Seligpreisungen in den Blick zu nehmen, also solche Textstellen zum Ausgangspunkt meiner Beobachtungen zu machen, die die Signalvokabel *μακάριος κτλ.* beinhalten.[5] Aus den verschiedenen möglichen Glücks-Spuren des Neuen Testaments wähle ich somit nur eine einzige aus und zwar die m.E. zentralste, um diese dafür dann umfassend behandeln zu können. Schriften, in denen Seligpreisungen nicht nur sporadisch begegnen, sind neben den Paulusbriefen noch das Matthäus- und das Lukasevangelium sowie die Johannesoffenbarung. Damit es gelingen kann, deren spezifische Glücks-Konzeptionen profiliert zu beschreiben, ist es erforderlich, vor dem Blick in das Neue Testament zunächst wesentliche kulturelle Segmente der antiken Welt auf ihre jeweiligen Vorstellungen von Glückseligkeit hin zu befragen.

Wegen der Fülle des Materials sind hier nur exemplarische Betrachtungen einzelner besonders prominenter Textsequenzen möglich.[6] Wenn ich mich also im Folgenden mit der *εὐδαιμονία* bei Aristoteles und bei Philo von Alexandria sowie mit den Makarismen der Bergpredigt und der Feldrede befasse und bei alldem vielleicht auch noch moderne Glücks-Verständnisse in den Hinterköpfen mitschwingen, so kann dabei durchaus der Eindruck entstehen, dass ich hier Äpfel und Birnen

---

4 In den Diskursen der Gegenwart finden sich verschiedene Definitionen von Glück, die in ihrer Gesamtheit den Facettenreichtum des Phänomens »Glück« deutlich machen. Ein gemeinsamer Nenner der unterschiedlichen Vorschläge liegt darin, das »Glück« als umfassenden Idealzustand der Person wahrzunehmen, der sich aus Wohlbefinden (Körpergefühl), Zufriedenheit (Kognition), Richtigkeit bzw. gelingendem Handeln (Ethik) sowie Wohlergehen (Schicksal) speist. Vgl. dazu etwa den Anfang der Studie von Maier, Glück (s. Anm. 1), 15–24. Ähnlich auch Diana Lobel, Philosophies of Happiness. A Comparative Introduction to the Flourishing Life, New York 2017, 1f.; Naumann, Glück (s. Anm. 2), 71; Joel B. Green, »We Had to Celebrate and Rejoyce!« Happiness in the Topsy-Turvy World of Luke-Acts, in: Brent A. Strawn (Hrsg.), The Bible and the Pursuit of Happiness. What the Old and New Testaments Teach Us about the Good Life, Oxford/New York 2012, 169–185, 171.

5 Wie sich zeigen wird, sind die Begriffe *μακάριος* und *εὐδαιμονία* in der hellenistischen Welt durchaus miteinander verwandt.

6 Sogar die umfangreiche Studie von Daniel Maier muss wegen der Breite des Ansatzes sehr viele Einzelaspekte aufgreifen und kann das Material dadurch nicht umfassend in aller Tiefe behandeln. Siehe Maier, Glück (s. Anm. 1), pass.

miteinander vergleiche. Dieser Eindruck ist auch ganz zutreffend. Ich wähle diesen Ansatz, weil ich zuversichtlich bin, auf diese Weise durchaus einiges über die Beschaffenheit sowohl von Äpfeln als auch von Birnen lernen zu können. Allerdings bedarf es dazu ein paar weiterer methodischer Vorbemerkungen.

1. Zum Ansatz

Erkenntnisleitend ist dabei ein primär historisches Interesse. Das Ziel der folgenden Ausführungen besteht darin, zu beschreiben, wie genau sich die neutestamentlichen Schriften jeweils das »Glück« vorstellen, welches die Makarismen ansprechen. Es geht also um die *μακάριος*-Konzeptionen des Paulus, des Matthäus- und Lukasevangeliums sowie der Johannesapokalypse in ihren jeweiligen historischen Kontexten – und damit nicht in erster Linie um moderne Glücks-Entwürfe. Gleichwohl ist nach dem Wesen des Glücks zu fragen, wie Paulus, Matthäus, Lukas und Johannes es begreifen, so dass sich durch den historischen Zugang Anschlussmöglichkeiten für einen weiteren theologischen Austausch ergeben werden, um ins Gespräch mit den anderen Disziplinen zu gelangen. Die Signalvokabel *μακάριος* werde ich mit »glückselig« übersetzen, in synthetisierenden Überlegungen sodann aber auch mit den Begriffen »glücklich« oder »Glück« operieren.

Methodisch bringe ich dabei einen Ansatz zur Anwendung, den der Philologe Robert A. Kaster für die Erforschung von Emotionen in lateinischen Quellen der römischen Kaiserzeit entwickelt hat.[7] Kaster beobachtet, dass die Vorstellungen von konkreten Emotionen auf sozialen Konventionen beruhen, welche sich dann wiederum in den Texten spiegeln. Jede Emotion ist deswegen eingewoben in ein charakteristisches kulturelles Muster aus Ereignissen, Wahrnehmungen, Beurteilungen, Körpergefühlen und Verhalten. Solch ein Muster nennt Kaster »Script«. Die Methode ähnelt somit der narratologischen Analyse von Handlungsschemata, die schon verschiedentlich Eingang in die literaturwissenschaftlich ausgerichtete Exegese gefunden hat.[8] Kasters Ansatz ist in den vergangenen zwei Jahrzehnten

---

[7] Siehe Robert A. Kaster, Emotion, Restraint, and Community in Ancient Rome, New York 2005.

[8] Aus dem Bereich der Literaturwissenschaft siehe Algirdas Julien Greimas, Strukturale Semantik. Methodische Untersuchungen, Braunschweig 1971; Vladimir Propp, Morphologie des Märchens, München 1972; Umberto Eco, Die Erzählstrukturen bei Ian Fleming, in: Jochen Vogt (Hrsg.), Der Kriminalroman, Bd. 1. Zur Theorie und Geschichte einer Gattung, München 1971, 250–293. Dazu auch Jan-Philipp Busse, Zur Analyse der Handlung, in: Peter Wenzel (Hrsg.), Einführung in die Erzähltextanalyse. Kategorien, Modelle, Probleme, Trier 2004, 23–49. Innerhalb der neutestamentlichen Exegese adaptieren solche Ansätze etwa Wilhelm Egger/Peter Wick, Methodenlehre zum Neuen Testament. Biblische Texte selbständig auslegen, Freiburg i.Br. [6]2011, 174–191; Sönke Finnern, Narratologie und biblische Exegese. Eine integrative Methode der Erzählanalyse und ihr Ertrag am Beispiel von Matthäus 28, WUNT2 285, Tübingen 2010, 99–107.

vielfach erfolgreich erprobt und für die Erforschung von Affekten in der antiken Welt eingesetzt worden.[9] Insbesondere erweist er sich darin als hilfreich, dass er dazu anleitet, abstrakte Phänomene, nämlich Emotionen als Zusammenspiel von sehr konkreten Ereignissen und Vorgängen zu begreifen.

Wohl wissend, dass sich »Glück« nicht einfach als Emotion begreifen lässt,[10] erachte ich Kasters Analyse von »Scripts« doch auch für das Thema des vorliegenden Bandes als hilfreich. Um dem Abstraktum »Glück« konkret auf die Spur zu kommen, ist zu fragen, wie genau Glück sich ereignet: In welcher Situation finden sich die Menschen vor, denen die Seligpreisungen gelten? Wie bewerten sie diese Situation? Wie fühlen sie sich dabei? Und welches Verhalten resultiert aus dem Zusammenspiel dieser Faktoren? Gelangt das Glück von außen oder von innen zu einer Person? Inwiefern ist der Körper dabei involviert? Welche Körperteile werden aktiviert, um Glück zu erlangen oder sich glücklich zu verhalten? Wann kommt das Glück zur Vollendung: bereits in der Gegenwart oder erst im Eschaton? Zu fragen ist, wie die Wahrnehmung, die Beurteilung von Gegenwart und Zukunft, wie Gefühl, Handeln und Ergehen zusammenspielen, und inwiefern sich in den Makarismen einer Schrift oder eines Schriften-Corpus ein wiederkehrendes Muster zu erkennen gibt, welches sich dann als charakteristisches Glücks-Script beschreiben lässt.

Unter hermeneutischer Perspektive ist zudem zu bedenken, wie die Präsentation der neutestamentlichen Glückskonzeptionen Einfluss auf die spezifische Situation der jeweiligen Adressatenschaft nimmt, m.a.W. die Pragmatik der Rede vom Glück. Für welches Publikum artikulieren die Texte ihre Seligpreisungen?

2. Glück in der antiken Welt

Während in der klassischen griechischen Literatur das Substantiv *μακαριότης* zunächst für den glückseligen Zustand der Götter reserviert ist und damit vom menschlichen Glück, der *εὐδαιμονία*, unterschieden wird,[11] vollzieht sich in der

---

[9] Siehe für den Kontext des antiken Christentums z.B. Paul M. Blowers, Envy's Narrative Scripts: Cyprian, Basil, and the Monastic Sages on the Anatomy and Cure of the Invidious Emotions, in: MoTh 25 (2010), 21–43.

[10] So auch Philipp Brüllmann, Glück, in: Christof Rapp/Klaus Corcilius (Hrsg.), Aristoteles-Handbuch. Leben – Werk – Wirkung, Berlin [2]2021, 259–266, 259; zurückhaltend auch Maier, Glück (s. Anm. 1), 18. Entschieden dagegen auch K.C. Hanson, How Honorable! How Shameful! Matthew's Makarisms and Reproaches, in: Semeia 68 (1996), 81–111, 89. Allerdings weist das neutestamentliche *μακάριος*-Glück eine Verwandtschaft zur *χαρά* auf, welche eindeutig ein Affekt ist.

[11] Vgl. dazu auch J. Merle Rife, Matthew's Beatitudes and the Septuaint, in: Kenneth Willis Clark (Hrsg.), Studies in the History and Text of the New Testament, Salt Lake City 1967, 107–112, 107; Heinz Giesen, Heilszusage angesichts der Bedrängnis. Zu den Makarismen in der Offenbarung des Johannes, in: Glaube und Handeln, Bd. 2: Beiträge zur Exegese und

hellenistischen Zeit ein sprachlicher Wandel, der es ermöglicht, auch Menschen μακάριος zu nennen, sofern diese am Glück der Götter partizipieren.[12] So gibt die Septuaginta dann mit μακάριος das hebräische אשרי wieder und beschreibt damit – insbesondere in den Makarismen – einen Zustand menschlichen Glücks.[13] Doch zunächst soll ein Blick auf die philosophischen Aussagen zur εὐδαιμονία geworfen werden.

2.1 Aspekte der εὐδαιμονία in der antiken Philosophie

An dieser Stelle kann es nur darum gehen, besonders zentrale Linien aufzuzeigen, die sich dann für das Verständnis frühchristlicher Glücksvorstellungen als relevant erweisen.

Die wohl wirkungsgeschichtlich bedeutendste antike Abhandlung über die εὐδαιμονία liefert Aristoteles in seiner Nikomachischen Ethik. Im Bemühen um eine Definition der εὐδαιμονία weist Aristoteles hier auf die Motivation menschlichen Verhaltens hin und begreift das Glück als das größte und umfassendste Ziel allen Handelns,[14] welches allen anderen Motivationen übergeordnet ist:

> »Das Endziel (τέλειον) ist das, was an sich gewollt wird und niemals um eines anderen willen. Als solches Endziel gilt insbesondere das Glück (εὐδαιμονία)«.[15]

Um zu verdeutlichen, dass es auch andere, untergeordnete Ziele gibt, die regelmäßig menschliches Verhalten leiten, nennt Aristoteles beispielhaft »Ehre (τιμή), Lust (ἡδονή), Vernunft (νοῦς) und jede Tugend (πᾶσα ἀρετή)«, stellt aber klar, dass es sich bei diesen noch nicht um letztgültige Ziele handelt, denen das menschliche Streben gilt. Die Abhängigkeit lässt sich erkennen, indem man sich fragt, zu

---

Theologie des Neuen Testaments, Frankfurt a.M./Bern/New York 1983, 71–97, 71; Wetz, Glück (s. Anm. 1), 180. Im Detail geht René Kieffer, Weisheit und Segen als Grundmotive der Seligpreisungen bei Matthäus und Lukas, in: SNTU.A 2 (1977), 29–43, 30f, darauf ein. Walther Zimmerli betont den Umstand, dass sich demgegenüber in der Septuaginta eine deutliche eigenständige Verwendung des Adjektivs μακάριος beobachten lässt, da sich das Hebräische אשרי nirgends auf den Gott Israels bezieht. Vgl. Walther Zimmerli, Die Seligpreisungen der Bergpredigt und das Alte Testament, in: Ernst Bammel, C.K. Barrett und W.D. Davies (Hrsg.), Donum Gentilicium. Oxford 1978, 8–26, 11.

[12] Vgl. Friedrich Hauck/Georg Bertram, Art. μακάριος κτλ., in: ThWNT 4 (1942), 365–373, 365f.

[13] Vgl. dazu auch Naumann, Glück (s. Anm. 2), 71.

[14] Zur zentralen Bedeutung der εὐδαιμονία für die Ethik des Aristoteles vgl. auch Brüllmann, Glück (s. Anm. 10), 259. Zu Recht weist Hermut Löhr darauf hin, dass sich die Denkfigur, die menschliches Handeln auf ein höchstes Gut hin orientiert, vielfach auch in den Schriften des Neuen Testamets findet. Vgl. Löhr, Elemente (s. Anm. 2), pass.

[15] Aristot., Eth. Nic. 1,5; ganz ähnlich auch Eth. Nic. 1,2. Alle Aristoteles-Übersetzungen entnehme ich Gernot Krapinger, [Aristoteles] Nikomachische Ethik, Stuttgart 2017 und ders., [Aristoteles] Rhetorik, Stuttgart 2018.

welchem Zweck die verschiedenen Ziele erstrebenswert sind. Strebt jemand nach Glück, um dadurch Ehre, Lust, Vernunft oder Tugend zu erlangen? – Nein, sagt sich Aristoteles. Vielmehr verhält es sich umgekehrt: Menschen wünschen sich Ansehen usw., um glücklich zu sein.[16] Insofern gilt die eingangs zitierte Definition, derzufolge die εὐδαιμονία an sich wünschenswert ist und nicht um eines anderen Zieles willen. Folglich ist sie das allen anderen Zielen übergeordnete Ziel (τέλειον).[17] Ganz generell ist das Glück somit das Movens allen menschlichen Handelns. Das Glück wird gewünscht, erstrebt. Die Ausführungen stehen folglich immer unter der Maßgabe, dass die nach Glück strebende Person dort noch nicht angekommen ist.

Grundsätzlich sieht Aristoteles im Glück jedoch einen auf Dauer angelegten Zustand, der sich in einer dauerhaften »Tätigkeit der Seele« (ψυχῆς ἐνέργεια) realisiert und zu Handlungen führt, die der Vernunft und der Tugend entsprechen (Eth. Nic. 1,6). Es ist für die εὐδαιμονία eben nicht hinreichend, wenn der Mensch den angestrebten Zustand nur für einen kurzen Augenblick oder eine begrenzte Zeit erlangt. Aristoteles begründet dies mit dem Diktum von der einzelnen Schwalbe, die allein noch keinen Frühling konstituiert. »So macht auch ein Tag oder eine kurze Zeit niemanden selig und glücklich« (οὕτω δὲ οὐδὲ μακάριον καὶ εὐδαίμονα μία ἡμέρα οὐδ᾽ ὀλίγος χρόνος). Interessanterweise rückt er mit dieser Aussage die Adjektive μακάριος und εὐδαίμων in eine enge semantische Entsprechung zueinander. Damit nimmt der Verfasser an dieser Stelle eine deutliche ethische Akzentuierung der Glücksvorstellung vor, was angesichts der Gesamtthematik der Schrift auch nicht verwundert. Ausführlich entfaltet er danach mit Blick auf die Affekte, dass es erforderlich sei, die Extreme zu meiden und stattdessen das gesunde Mittelmaß zu suchen.

Bereits in der Rhetorik präsentiert Aristoteles eine ähnliche Abhandlung zur εὐδαιμονία, wenn auch in weniger ausdifferenzierter Form. Diese Textpassage ist für das Verständnis neutestamentlicher Glücksvorstellungen aber dennoch aufschlussreich, weil sie etwas ausführlicher auf die dem Glück untergeordneten Ziele menschlichen Strebens eingeht. Hier wird deutlich, dass es durchaus auch materielle und körperliche Elemente des Glücks geben kann, zu denen auch die Lustempfindung (ἡδονή) gehört. Wie in der Nikomachischen Ethik geht Aristoteles auch in der Rhetorik (Rhet. 1,5) davon aus, dass allem menschlichen Verhalten ein Ziel (σκόπος) zugrundeliegt, an dem sich entscheidet, welche Erlebnisse oder Ereignisse eine Person anstrebt oder vermeidet. Er fährt fort: »Das sind hauptsächlich die Glückseligkeit (εὐδαιμονία) und ihre Bestandteile (μόρια).« Die Rede von den Einzelteilen oder Elementen (μόρια) zeigt, dass es sich bei diesen eben nicht um defizitäre, vom Glück unabhängige Ziele menschlichen Strebens handelt. Vielmehr formen die Teile in ihrer Gesamtheit das Glück. Aristoteles zählt sie auf: »Glückseligkeit sei definiert als [a] das rechte Handeln, das der Tugend entspringt

---

16 Vgl. dazu auch Brüllmann, Glück (s. Anm. 10), 261.

17 Vgl. auch Lobel, Philosophies (s. Anm. 4), 15; Troels Engberg-Pedersen, Paul and the Stoics, Edinburgh 2000, 48.

(εὐπραξία μετὰ ἀρετῆς) oder [b] Unabhängigkeit (αὐτάρκεια) im Leben oder [c] sehr angenehmes, ungefährdetes Dasein oder [d] materielles und körperliches Wohl, verbunden mit der Fähigkeit, es zu bewahren und zu nutzen.«
Anschließend präsentiert der Verfasser eine ausdifferenzierte Liste der möglichen Bestandteile der letztgenannten Sorte von εὐδαιμονία, also des materiellen und körperlichen Glücks,[18] nämlich

> εὐγένειαν, πολυφιλίαν, χρηστοφιλίαν, πλοῦτον, εὐτεκνίαν, πολυτεκνίαν, εὐγηρίαν, ἔτι τὰς τοῦ σώματος ἀρετάς, οἷον ὑγίειαν, κάλλος, ἰσχύν, μέγεθος, δύναμιν ἀγωνιστικήν, δόξαν, τιμήν, εὐτυχίαν, ἀρετήν ἢ καὶ τὰ μέρη αὐτῆς φρόνησιν, ἀνδρείαν, σωφροσύνην, δικαιοσύνην.
>
> »edle Abkunft, viele und gute Freunde, Reichtum, wohlgeratener und zahlreicher Nachwuchs, ein glückliches Altern, dazu noch körperliche Vorzüge wie Gesundheit, Schönheit, Kraft, Größe, sportliche Tüchtigkeit, Ansehen, Ruhm, Glück, Tugend, oder auch ihre Teile Vernunft, Tapferkeit, Besonnenheit und Gerechtigkeit« (Aristot., Rhet. 1,5).

Als in der Welt des Neuen Testaments besonders einflussreiche philosophische Richtung bezieht sich auch die Stoa zentral auf die εὐδαιμονία. Wie Aristoteles begreifen die Stoiker das Glück als höchstes Gut[19] und sehen es in einem tugendhaften Leben realisiert, welches nach ihrer Philosophie dann auch ein vernunft- und naturgemäßes Leben sein muss:

> »Als höchstes Gut bezeichnen die Stoiker das Glücklichsein (τέλος δέ φασιν εἶναι τὶ εὐδαιμονεῖν), um dessentwillen alles getan werde, während es selbst um keines willen getan werde. Dies aber bestehe im tugendhaften Leben (ἐν τῷ κατ' ἀρετὴν ζῆν), im einstimmigen Leben (ἐν τῷ ὁμολογουμένως ζῆν), ferner, was dasselbe sei, im naturgemäßen Leben (ἐν τῷ κατὰ φύσιν ζῆν)«.[20]

Durch die Beobachtung der Natur mittels der Vernunft gelangen die Stoiker zu klaren Vorstellungen über eine angemessene Lebensweise, die sie als »Tugend« bezeichnen, so dass der Römer Seneca formulieren kann: »Die vollendete Vernunft heißt Tugend (*ratio perfecta virtus vocatur*)«.[21]

---

[18] Vgl. dazu auch Brüllmann, Glück (s. Anm. 10), 259; Brent A. Strawn, Introduction: The Bible and ... Happiness?, in: Brent A. Strawn (Hrsg.), The Bible and the Pursuit of Happiness. What the Old and New Testaments Teach Us about the Good Life, Oxford und New York 2012, 3–27, 14f.

[19] Vgl. dazu auch Hossenfelder, Antike Glückslehren. Quellen in deutscher Übersetzung, Stuttgart 1996, xvii.

[20] Stob. 2,77,16 = SVF 3,16; die Übersetzung entnehme ich Malte Hossenfelder, Antike Glückslehren (s. Anm. 19), 75f. Vgl. auch Diog. L. 7,127.

[21] Sen., Ep. 76,10 = SVF 3,200a; Hossenfelder, Antike Glückslehren (s. Anm. 19), 96.

Als Leidenschaften stehen die Affekte für die Stoiker freilich im Widerspruch zur Vernunft, wenngleich manche Autoren mit der Möglichkeit rechnen, dass die positiven Affekte (εὐπαθεῖαι) wie Lust (ἡδονή) oder Freude (χαρά),[22] sich mit vernunftgemäßem Handeln in Einklang bringen lassen:[23]

> Πάθος δ' εἶναί φασιν ὁρμὴν πλεονάζουσαν καὶ ἀπειθῆ τῷ αἱροῦντι λόγῳ ἢ κίνησιν ψυχῆς ἄλογον παρὰ φύσιν.
>
> »Den Affekt nennen die Stoiker einen übersteigerten und der wählenden Vernunft nicht gehorchenden Trieb oder eine [unvernünftige] Bewegung der Seele wider die Natur« (Stob. 2,88,6 = SVF 3,378).[24]

Da die affektiven Regungen den Menschen davon abhalten, rein vernünftig zu urteilen, behindern sie folglich auch die Ausübung der Tugend und verunmöglichen so das Erreichen des Glücks.[25]

Das stoische Glücks-Script stimmt darin mit Aristoteles überein, dass das Glück als Zielpunkt menschlichen Strebens gilt, das sich im tugendhaften und auch vernunftgemäßen Handeln realisieren lässt. Mit dem zentralen Gedanken, dass das Glück menschlicherseits erstrebt wird, unterstreichen die Texte den Umstand, dass die Realisierung des Glückszustands noch aussteht, oder dass dieser zumindest fortwährend aktualisiert werden muss – auch wenn Aristoteles diesen Zustand als einen andauernden verstanden wissen will.

2.2 Makarismen in der Septuaginta

Sehr konsequent gibt die Septuaginta die in der hebräischen Vorlage mit אשרי formulierten Seligpreisungen mit μακάριος wieder,[26] nutzt also nicht εὐδαίμων, wohl aber eine Vokabel, die in den griechischen Texten in semantischer Verwandtschaft zum εὐδαιμονία-Glück steht. Makarismen finden sich vor allem in der Weisheitsliteratur, d.h. in tendenziell späten Texten.[27] Als prominentes Beispiel führe ich den Anfang des ersten Psalms an:

---

[22] Der Schmerz (λύπη) ist der vierte der stoischen Hauptaffekte. Unter den positiven Leidenschaften (εὐπαθεῖαι) steht die Freude (χαρά) an zweiter Stelle. Vgl. dazu insbes. Ps-Andronicus, Pass., pass.

[23] Vgl. dazu insbes. Gitte Buch-Hansen, The Emotional Jesus: Anti-Stoicism in the Fourth Gospel?, in: Tuomas Rasimus/Troels Engberg-Pedersen/Ismo Dunderberg (Hrsg.), Stoicism in Early Christianity, Grand Rapids 2010, 93–114, 106f. Zur tugendhaften Freude bei den Stoikern siehe ferner Engberg-Pedersen, Paul (s. Anm. 17), 73.

[24] Hossenfelder, Antike Glückslehren (s. Anm. 19), 81. Fast identisch auch Diog. L. 7,110 und Ps-Andronicus, Pass. 1.

[25] So auch Hossenfelder, Antike Glückslehren (s. Anm. 19), 65f.

[26] Vgl. dazu etwa Zimmerli, Seligpreisungen (s. Anm. 11), 9.

[27] So auch Wetz, Glück (s. Anm. 1), 176. Dabei handelt es sich jedoch nicht um ein Alleinstellungsmerkmal der biblischen Tradition, sondern es existieren auch pagane

[1] Μακάριος ἀνήρ, ὃς οὐκ ἐπορεύθη ἐν βουλῇ ἀσεβῶν
καὶ ἐν ὁδῷ ἁμαρτωλῶν οὐκ ἔστη
καὶ ἐπὶ καθέδραν λοιμῶν οὐκ ἐκάθισεν,
[2] ἀλλ' ἢ ἐν τῷ νόμῳ κυρίου τὸ θέλημα αὐτοῦ,
καὶ ἐν τῷ νόμῳ αὐτοῦ μελετήσει ἡμέρας καὶ νυκτός.
[3] καὶ ἔσται ὡς τὸ ξύλον τὸ πεφυτευμένον παρὰ τὰς διεξόδους τῶν ὑδάτων,
ὃ τὸν καρπὸν αὐτοῦ δώσει ἐν καιρῷ αὐτοῦ
καὶ τὸ φύλλον αὐτοῦ οὐκ ἀπορρυήσεται·
καὶ πάντα, ὅσα ἂν ποιῇ, κατευοδωθήσεται.

[1] Glückselig [ist] der Mann, der nicht im Rat der Gottlosen umhergeht,
und auf dem Weg der Sünder nicht steht
und auf dem Sitz der Seuchen[28] nicht sitzt,
[2] sondern er richtet seinen Willen auf das Gesetz des Herrn
und denkt über sein Gesetz nach Tag und Nacht.
[3] Und er wird sein wie der Baum, der gepflanzt ist bei Wasserquellen,
der seine Frucht gibt zu seiner Zeit,
und sein Laub wird nicht abfallen,
und alles, was er auch tut, wird gelingen (Ps 1,1–3).

Als μακάριος gilt hier also derjenige, der sich von Gottlosen und Sündern fernhält, um sich an der Tora und dem Willen Gottes zu orientieren. Der Makarismus spricht eine Sprache der Zugehörigkeit,[29] die eine Alternative eröffnet. Die ausschließliche Zugehörigkeit zu Gott verunmöglicht die Gemeinschaft mit den Sündern und umgekehrt. Demjenigen, dem die Seligpreisung gilt, stellt sie erfreuliche Konsequenzen des exklusiven Bezugs auf Gott vor Augen: Alles, was er tut, wird ihm gelingen. Wie ein Baum, der am Ufer wächst, bringt er Frucht hervor. Durch die Formulierung als Nominalsatz ergibt sich eine spannende Unschärfe, denn die Aussage sträubt sich dagegen, den Zeitpunkt des Erreichens von Glück einseitig

---

Parallelen. Vgl. dazu etwa Detlev Dormeyer, Beatitudes and Mysteries, in: Adela Yarbro Collins (Hrsg.), Ancient and Modern Perspectives on the Bible and Culture. Festschrift H.D. Betz, Atlanta 1998, 345–357, 349. Vgl. zu diesem Zusammenhang auch Hermann Lichtenberger, Makarismen in den Qumrantexten und im Neuen Testament, in: David J.A. Clines/Hermann Lichtenberger/Hans-Peter Müller (Hrsg.), Weisheit in Israel, Münster 2003, 167–182, 168f.

[28] Dies ist im vorliegenden Kontext eine Schmähung gegen Personen, deren Verhalten als schädlich und ansteckend empfunden wird.

[29] Hinsichtlich der sozialen Zugehörigkeit siehe die hilfreiche Einführung von Nira Yuval-Davis/Kalpana Kannabiran/Ulrike M. Vieten, Situating Contemporary Politics of Belonging, in: dies. (Hrsg.), The Situated Politics of Belonging, London u.a. 2006, 1–16. Im Bereich der neutestamentlichen Wissenschaft hat etwa Kathy Ehrensperger das Modell zur Erklärung paulinischer Selbstvorstellung fruchtbar gemacht: Siehe Kathy Ehrensperger, Narratives of Belonging: The Role of Paul's Genealogical Reasoning, in: EC 8 (2017), 373–392.

festzulegen. Eindeutig liegt der Gegenstand der Verheißung in der Zukunft: Dem Frommen stellt die Seligpreisung in Aussicht, dass er künftig ein florierendes Leben führen kann. Dennoch stellt die nominale Konstruktion eine schillernde Zeitperspektive her: Nicht erst künftig, sondern bereits jetzt darf derjenige sich glücklich schätzen, der sich an Gott und seiner Tora orientiert.

Bisweilen begegnen die Makarismen in der Weisheitsliteratur in Reihen,[30] also als Abfolge mehrerer Seligpreisungen. Dies ist besonders in Sir 25 der Fall:

7 Ἐννέα ὑπονοήματα ἐμακάρισα ἐν καρδίᾳ
καὶ τὸ δέκατον ἐρῶ ἐπὶ γλώσσης·
ἄνθρωπος εὐφραινόμενος ἐπὶ τέκνοις,
ζῶν καὶ βλέπων ἐπὶ πτώσει ἐχθρῶν·
8 μακάριος ὁ συνοικῶν γυναικὶ συνετῇ,
καὶ ὃς ἐν γλώσσῃ οὐκ ὠλίσθησεν,
καὶ ὃς οὐκ ἐδούλευσεν ἀναξίῳ ἑαυτοῦ·
9 μακάριος ὃς εὗρεν φρόνησιν,
καὶ ὁ διηγούμενος εἰς ὦτα ἀκουόντων·
10 ὡς μέγας ὁ εὑρὼν σοφίαν·
ἀλλ᾽ οὐκ ἔστιν ὑπὲρ τὸν φοβούμενον τὸν κύριον·
11 φόβος κυρίου ὑπὲρ πᾶν ὑπερέβαλεν,
ὁ κρατῶν αὐτοῦ τίνι ὁμοιωθήσεται;

7 Neun Gedanken preise ich glücklich in meinem Herzen,
und den zehnten liebe ich auf meiner Zunge:
[1] Ein Mann, der sich über [seine] Kinder freut,
[2] der lebt und zuschaut beim Untergang der Feinde.
8 [3] Glückselig [ist], der mit einer verständigen Frau zusammenwohnt,
[4] und der mit der Zunge kein Unheil bewirkt,
[5] und der nicht dienen muss, denen, die seiner unwürdig sind,
9 [6] Glückselig [ist], der Einsicht gefunden hat,
[7] und der erzählt den Ohren der Hörenden.
10 [8] Wie groß ist der, der Weisheit gefunden hat!
[9] Aber keiner steht über dem, der den Herrn fürchtet.
11 [10] Die Furcht des Herrn übertrifft alles.
Wer über sie verfügt – wem ist er zu vergleichen? (Sir 25,7–11).

30 Vgl. dazu auch Hauck/Bertram, *μακάριος* (s. Anm. 12), 367. Freilich ist dies eine Seltenheit, wie auch Heinz-Josef Fabry betont. Er weist zudem auf die Qumran-Parallele 4Q525 hin. Vgl. Heinz-Josef Fabry, Die Seligpreisungen in der Bibel und in Qumran, in: Charlotte Hempel/Armin Lange/Hermann Lichtenberger (Hrsg.), The Wisdom Texts from Qumran and the Development of Sapiential Thought, Leuven, Paris und Sterling 2002, 189–200, 190. Auf denselben Text verweist Lichtenberger, Makarismen (s. Anm. 27), 167. Auf eine apokalyptische Parallele aus dem slavischen Henochbuch verweist Maier, Glück (s. Anm. 1), 303.

Ganz eindeutig nehmen diese Seligpreisungen das Glück im gegenwärtigen irdischen Leben bestimmter Personen wahr:[31] Die Gottesfurcht gilt als höchste Form der Weisheit und steht mithin am Ende der Katene. Mit ihr hängen nach weisheitlicher Logik Einsicht und Weisheit zusammen.[32] Aber auch materielles und familiäres Wohlergehen stellt eine legitime Form des Glücks dar.[33] Wohlgeratene Kinder und eine verständige Frau gehören nach dieser androzentrischen Sichtweise ebenso dazu wie ein hoher Sozialstatus, durch den die Person nicht unwürdig dienen muss, sondern den Niedergang der Feinde erlebt. Die Elemente dieser Reihe von Makarismen ähneln damit stark den Aspekten materiellen Glücks, die Aristoteles in der Rhetorik auflistet. Allerdings ist das höchste Gut bei Sirach die Gottesfurcht. Die Makarismen sehen sie als bleibend erreichbar an, ebenso wie die materiellen Dinge. Wo eine gute Frau und gute Kinder vorhanden sind, wo jemand Ansehen genießt, oder wo sogar die Gottesfurcht das Leben bestimmt – da darf die betreffende Person sich glücklich schätzen (vgl. auch Sir 14,20). Dass dieses Glück auch eine affektive Komponente trägt, klingt zumindest im Frohmut (εὐφραίνω) über die Kinder an.

Von solchen Makarismen, die sich rein auf die jeweilige Gegenwart derer konzentrieren, die sie glücklich preisen, unterscheidet sich eine Aussage wie Dan 12,12. Die Bemerkung steht im Kontext der apokalyptischen Vision von der eschatologischen Bedrängnis:

> *μακάριος ὁ ἐμμένων καὶ συνάξει εἰς ἡμέρας χιλίας τριακοσίας τριάκοντα πέντε.*
>
> »Glückselig ist, der dabei bleibt und die eintausenddreihunderfünfunddreißig Tage zusammenbringt« (Dan 12,12).

Nach diesen 1335 Tagen wird nämlich die Bedrängnis enden. Anders als die Seligpreisungen des Psalters und des Sirach-Buches verortet dieser Makarismus das Glück zumindest teilweise im Eschaton: Glücklich sind die, die bis zum Ende der Drangsal durchhalten. Dann erst ist die Grundlage ihres Glücks gegeben. Wer den Nominalsatz – was grammatisch durchaus möglich und naheliegend ist – so auslegen möchte, dass man sich bereits in der Situation der Bedrängnis glücklich schätzen darf, benötigt dazu freilich das stabile Selbstbewusstsein, die Drangsal auch unbeschadet und ohne Fehltritt überstehen zu können. Offenkundig verfolgt die Aussage dabei das Ziel, ihr Publikum zum Durchhalten zu motivieren, indem sie ihnen das künftige Glück verheißt.

Um diesen eschatologischen Fokus der Seligpreisung des Danielbuchs von der auf die Gegenwart gerichteten Perspektive des Psalters und des Sirach-Buchs

---

31 Zur lebenspraktischen Zielrichtung von weisheitlichen Makarismen vgl. auch Fabry, Seligpreisungen (s. Anm. 30), 191.

32 Siehe etwa Spr 1,7; 9,10; Ps 111,10. Vgl. dazu Gerhard von Rad, Weisheit in Israel, Neukirchen-Vluyn 1970, insbes. 75–77.

33 Vgl. dazu Hauck/Bertram, *μακάριος* (s. Anm. 12), 368.

abzuheben, hat Klaus Koch in seiner »Formgeschichte« die Differenzierung zwischen weisheitlichen und apokalyptischen Makarismen eingeführt.[34] Auffälligerweise begegnen apokalyptische Seligpreisungen häufig auch in der Henoch-Literatur und in anderen apokalyptischen Texten des antiken Judentums, so dass zu erwägen ist, ob im Judentum der Zeit des zweiten Tempels eine veritable Rivalität herrscht zwischen einer weisheitlichen Strömung, die das Glück in der irdischen Gegenwart sucht und einer apokalyptischen, die es im Eschaton verortet.[35]

2.3 Glück bei Philo

Philo von Alexandria gibt deswegen für das Thema des Glücks einen wichtigen Gesprächspartner ab, weil er sowohl mit der biblischen Überlieferung als auch mit der hellenistischen Philosophie so eng vertraut ist. In seiner Rede vom Glück schließt sich Philo an vielen Punkten den hellenistischen Traditionen an, etwa indem er das Adjektiv *μακάριος* weitgehend für Gott reserviert. Vereinzelt gebraucht er es aber auch parallel zur *εὐδαιμονία* (etwa Philo, Abr. 202).[36] Wenn er sich philosophisch betätigt und auf diesem Weg Einsicht erlangt, kann ein Mensch die *εὐδαιμονία* erreichen. Makarismen finden sich bei Philo jedoch nur wenige, was insbesondere angesichts des weiten Umfangs des erhaltenen Schriftencorpus verwundert.[37]«

Eine von drei Seligpreisungen begegnet in der Schrift »Über Belohnungen und Strafen« (*De Praemiis et Poenis*).[38] Die betreffende Passage ermöglicht einen guten Einblick in Philos Glücksverständnis, weil sie sich anhand des Lebens der Patriarchen eingehender mit dem Wesen der *εὐδαιμονία* befasst. Insgesamt erläutert Philo anhand von prominenten Personen der Genesis, wie Gott das gute Verhalten der Menschen belohnt. Die Erzväter verkörpern für ihn dabei wesentliche Tugenden, und zwar steht Abraham für das Gottvertrauen, Isaak für die Freude und Jakob für das Schauen Gottes. Abrahams Gottvertrauen beschreibt nach Philo eine Lebenshaltung, die ihre Sicherheit nicht in materiellen Dingen sucht, sondern sich ganz auf Gott verlässt. Er beendet die Ausführungen zu Abraham mit der Feststellung:

---

34 Vgl. Klaus Koch, Was ist Formgeschichte? Neue Wege der Bibelexegese, Neukirchen-Vluyn 1964, 7–9. Vgl. dazu auch David Hellholm, Beatitudes and Their Illocutionary Functions, in: Adela Yarbro Collins (Hrsg.), Ancient and Modern Perspectives on the Bible and Culture. Festschrift H.D. Betz, Atlanta 1998, 286–344, 307–312; Fabry, Seligpreisungen (s. Anm. 30), 191; Maier, Glück (s. Anm. 1), 288. Vgl. ferner auch Greg Carey, Finding Happiness in Apocalyptic Literature, in: Brent A. Strawn (Hrsg.), The Bible and the Pursuit of Happiness. What the Old and New Testaments Teach Us about the Good Life, Oxford und New York 2012, 203–224, 210.

35 Vgl. dazu Maier, Glück (s. Anm. 1), 299.

36 Zu einer weiteren Ausnahme siehe Maier, Glück (s. Anm. 1), 145.

37 Vgl. Hauck/Bertram, *μακάριος* (s. Anm. 12), 369; vgl. auch Maier, Glück (s. Anm. 1), 283 Anm. 11.

38 Vgl. auch Maier, Glück (s. Anm. 1), 138.

»Wem es aber gelungen ist, über alles Körperliche und alles Unkörperliche hinwegzuschauen und hinwegzuschreiten und seine feste Stütze allein in Gott zu finden mit starker Einsicht und unerschütterlichem, felsenfestem Vertrauen, der ist in Wahrheit glücklich und selig zu preisen (ευδαίμων καὶ τρισμακάριος οὗτος ὡς ἀληθῶς)« (Philo, Praem. 30).[39]

Danach wendet Philo sich Isaak zu, indem er bei der Bedeutung von dessen Namen ansetzt. Seinen des Hebräischen nicht kundigen Lesenden übersetzt er den Namen Isaak in Abwandlung der Etymologie aus dem Buch Genesis als »das Lachen« (γέλως) und markiert das Lachen so als typische Eigenschaft des Patriarchen. Beim Lachen handelt es sich nach Philo um den äußeren Ausdruck der inneren Freude (χαρά), welche Isaaks Leben beherrscht. Und zwar resultiere Isaaks Freude aus dem Umstand, dass er alle seine Energie darauf verwende, ein Leben zu führen, das der Tugend (ἀρετή) entspricht. Inhaltlich füllt Philo seinen Tugendbegriff ganz nach stoischem Vorbild: Die Freude Isaaks entzündet sich nicht nur an Gott, dem Vater und Schöpfer, sondern eben auch daran, dass er im Einklang mit den Notwendigkeiten des Kosmos und der Natur tugendhaft lebt und sich dabei gerade nicht auf Lustgewinn (ἡδονή) ausrichtet, sondern vielmehr zufrieden ist mit dem, was das Leben ihm bietet (Praem. 32–34).[40] Der Paragraph schließt mit der besagten Seligpreisung ab:

»Glückselig (μακάριος) ist daher auch dieser ebenso wie der erste, da er von Sorge und Kummer frei ist, da er ein ungetrübtes und furchtloses Leben geniesst (ἄλυπόν τε καὶ ἄφοβον ζωὴν καρπούμενος) und den Ernst und die Not des Lebens nicht im geringsten erfährt, weil jedes Plätzchen seiner Seele von Freude beherrscht ist« (Praem. 35).

Selig zu preisen sind nach Philos Glücks-Script somit diejenigen, die das stoische Tugend-Ideal realisieren. Sie dürfen sich in ihrer Gegenwart dauerhaft glücklich schätzen. Das Gottvertrauen der Väter kristallisiert sich in ihrem tugendhaften Leben. Allerdings unterstreicht Philo, anders als die Stoiker, die Auffassung, dass ein glückliches Leben in diesem Sinne den Patriarchen durchaus nicht wenig Anlass zur Freude gibt.

Die Gottesschau (ὅρασις θεοῦ) Jakobs (Praem. 36) begreift Philo zuletzt als Ausdruck von dessen Einsicht in das Wesen der Natur. Die Lähmung seiner Hüfte repräsentiert dabei allegorisch seine Absage an den Trieb, die körperlichen Leidenschaften, d.h. die Affekte (Praem. 47f.).[41]

---

39 Die Übersetzung stammt von Leopold Cohn, [Philo von Alexandria] Die Werke in deutscher Übersetzung, Bd. 2, Berlin [2]1962, 391f.

40 Zu charakteristisch stoischen Denkmustern vgl. Engberg-Pedersen, Paul (s. Anm. 17), 58.

41 Zum Glück bei Philo vgl. ferner Maier, Glück (s. Anm. 1), 135.

3. Glückseligkeit im Neuen Testament

Vor diesem Hintergrund können nun die Seligpreisungen bei Paulus, Matthäus, Lukas und in der Johannesapokalypse behandelt werden. Sie auf ihre Glückskonzeptionen hin zu befragen, ist ein vielversprechendes Unterfangen, sieht Daniel Maier in den Makarismen doch die »prominentesten Glücksindikatoren des Neuen Testaments«, wie er es in seiner groß angelegten Untersuchung zum Glück im antiken Judentum und Frühchristentum schreibt.[42]

3.1 Paulus

Paulus formuliert in seinen Schriften nur wenige Makarismen, benutzt jedoch mehrfach andere Konstruktionen, die Vokabeln des Wortstamms *μακαρ-* beinhalten und daher Rückschlüsse auf seine spezifische Glücksvorstellung erlauben. Im 1. Korintherbrief geht Paulus auf eine Reihe von akuten Fragestellungen ein, die die Gemeinde in Korinth beschäftigen. Unter diesen nehmen Fragen des Ehelebens einen nicht geringen Raum ein. Eine konkrete Frage, die die korinthische Gemeinschaft bewegt, bezieht sich darauf, ob es überhaupt angebracht sei, zu heiraten. Sie stellt sich für junge unverheiratete Menschen (1Kor 7,1; vgl. auch V25) genauso wie für Witwen, die erwägen, erneut zu heiraten (1Kor 7,39f.). Paulus lässt den Frauen und Männern in Korinth an diesem Punkt einen Entscheidungsspielraum, macht aber dennoch deutlich, dass er selbst es für besser hält, nicht zu heiraten. Seine Reserviertheit in puncto Ehe begründet er mit der »bevorstehenden Not« (V26: *διὰ τὴν ἐνεστῶσαν ἀνάγκην*), teilt also anscheinend die Überzeugung, dass der nahen Parusie endzeitliche Schrecken vorausgehen werden, in denen es von Vorteil ist, ungebunden zu sein (siehe V28). Einzig darin erblickt Paulus einen legitimen Grund der Ehe angesichts des nahen Endes, dass sie einen sicheren Raum bietet, innerhalb dessen Sexualität geordnet gelebt werden kann, so dass die Ehe vor unzüchtigem Verhalten schützt (VV2.9). Auch die Witwen sollen im besten Fall unverheiratet bleiben (VV8.40), obgleich gerade für sie hier nicht nur die sexuelle Enthaltsamkeit, sondern vielmehr auch das ökonomische Überleben zur Debatte steht. Dennoch schließt Paulus seine Beurteilung der Situation von Witwen mit den Worten:

> *μακαριωτέρα δέ ἐστιν ἐὰν οὕτως μείνῃ, κατὰ τὴν ἐμὴν γνώμην.*
>
> »Glückseliger aber ist sie, wenn sie genauso [d.h. unverheiratet] bleibt, nach meiner Meinung« (1Kor 7,40).[43]

---

[42] Maier, Glück (s. Anm. 1), 280.

[43] Paulus gebraucht den Komparativ, um die befürwortete Entscheidung gegenüber den anderen möglichen Optionen, die der Witwe offenstehen, als die beste zu kennzeichnen. Vgl. dazu Andreas Lindemann, Der erste Korintherbrief HNT 9/1, Tübingen 2000, 183.

Ganz andere Konflikte prägen den Galaterbrief. In Anbetracht der eingetretenen Störung zwischen ihm und der Gemeinde blickt Paulus wehmütig auf das vormals so gute Verhältnis zurück. Damals nämlich, so Paulus, haben die Glaubenden aus Galatien ihm noch nicht so reserviert gegenübergestanden wie heute. Vielmehr prägte eine grenzenlose Solidarität und Loyalität ihr Verhalten, obwohl Paulus seine körperlichen Einschränkungen nicht vor ihnen verborgen hat (Gal 4,14). Trotzdem haben die Gemeindeglieder ihn nicht herablassend behandelt, sondern ihn bei sich aufgenommen und ihm Ehrerbietung entgegengebracht wie einem Gottesboten. In hyperbolischer Rhetorik hält Paulus fest, dass sie sogar bereit gewesen seien, sich für ihn ein Auge auszureißen (V15). Aufgrund dieses selbstlosen Entgegenkommens in der Vergangenheit, das mit der jetzigen Feindseligkeit im starken Kontrast steht (vgl. V16), fragt Paulus emphatisch: *ποῦ οὖν ὁ μακαρισμὸς ὑμῶν*, »Wo ist nun eure Seligpreisung?« (V15). Als sie selbstlos gehandelt haben und für das Wohl des Paulus sogar körperliche Entbehrung in Kauf genommen haben, waren die Glaubenden in Galatien glücklich zu preisen. Nun jedoch, so impliziert es der Argumentationsgang, ist ihnen im akuten Konflikt diese Glückseligkeit abhanden gekommen.

Ein dritter, ähnlich beschaffener Kontext, in dem Paulus das Wort *μακάριος* gebraucht, findet sich gegen Ende des Römerbriefs. In seinen Ausführungen darüber, wie die Gerechtigkeit im Gemeindealltag konkret Gestalt gewinnen kann, schneidet Paulus auch das Thema der Mahlzeiten an. Wie in Korinth wittert Paulus auch in Rom einen Disput darüber, ob man als Christenmensch Fleisch konsumieren dürfe. Er unterscheidet innerhalb der Gemeinde zwischen Starken und Schwachen im Glauben, und zwar dergestalt, dass die Schwachen sich vom Fleisch enthalten, während die Starken keine Bedenken haben, Fleisch zu sich zu nehmen (Röm 14,2). An dieser Stelle setzt Paulus diese Einteilung weitgehend voraus, ohne sie ausführlich zu begründen. Im Licht des 1. Korintherbriefs gelesen, mag man die Differenzierung so erklären, dass die Bedenken der Schwachen daher rühren, dass öffentlich angebotenes Fleisch aus Schlachtungen für pagane Gottheiten stammt oder zumindest stammen kann, denen Christinnen und Christen keine Reverenz erweisen wollen. Doch nicht auf die Ursachen des Konflikts legt Paulus in Römer 14 sein Hauptaugenmerk, sondern auf den Umgang mit ihm. Gegenüber den Meinungsverschiedenheiten um den Fleischkonsum stellt er das in den Mittelpunkt seiner Argumentation, was die Glaubenden miteinander verbindet, betont also die Zusammengehörigkeit. Folglich ist es unangebracht, einander zu verurteilen. Vielmehr sollen die Starken Rücksicht walten lassen und die Schwachen nicht unter Druck setzen, obgleich die Position der Starken durchaus die richtige ist (vgl. 14,13.21). Denn wenn sie auf ihrem Recht beharren, Fleisch zu essen, damit aber die schwachen Geschwister dazu verleiten, gegen ihr Gewissen zu handeln, machen sie sich schuldig. Daher gilt:

μακάριος ὁ μὴ κρίνων ἑαυτὸν ἐν ᾧ δοκιμάζει.

»Glückselig [ist], der sich nicht selbst verurteilt durch das, was er für richtig hält« (Röm 14,22).

Es kann also angezeigt sein, das grundsätzlich als richtig Erkannte – also den Fleischverzehr – nicht auszuleben, wenn damit ein Schaden von den schwachen Geschwistern abgewendet wird. Auffällig häufig bildet damit das Thema Verzicht den Hintergrund für die paulinischen Seligpreisungen. Während das körperliche Wohlergehen ein starkes Moment innerhalb der Glückskonzeptionen bei Aristoteles und in der Weisheitsliteratur ausmacht, ermahnt Paulus seine Gemeinden, dem Verlangen nach körperlichem Wohlergehen und Triebbefriedigung nicht nachzugeben. Gerade diejenigen, denen dies gelingt, preist Paulus glücklich. Die Witwen, die auf die Wiederheirat verzichten und damit nicht nur ihren Sexualtrieb, sondern auch ihre ökonomische Absicherung hintenanstellen; die galatischen Glaubenden, die für Paulus Entbehrung in Kauf genommen haben; die Christinnen und Christen in Rom, die aus Rücksicht auf die Schwachen kein Fleisch essen – sie dürfen sich glücklich schätzen. Das paulinische Glücks-Script priorisiert die gelingende zwischenmenschliche Gemeinschaft über die individuelle Bedürfnis-Befriedigung und erblickt in derartigem Verzicht den Ursprung des Glücks.[44] Sehr deutlich sind die paulinischen Makarismen für die jeweiligen Gemeindesituationen maßgeschneidert. Ihnen wohnt somit der Appell inne, sich entsprechend zu verhalten, wie Paulus es sich von seiner Adressatenschaft wünscht.

Diesen pragmatischen Akzent weist auch die Beschäftigung mit dem Glück im 4. Kapitel des Römerbriefs auf. Auch hier geht es um einen körperlichen Verzicht; jedoch handelt es sich bei ihm nicht um einen Verzicht auf die Stillung körperlicher Bedürfnisse. Vielmehr motiviert Paulus seine völkerchristliche Leserschaft hier dazu, auf die Beschneidung zu verzichten. Er zitiert den doppelten Makarismus aus Ps 32,1f., der denjenigen glücklich preist, dem Gott die Sünden vergibt (Röm 4,6–8). Daran schließt er die Frage an, wem denn nun diese Seligpreisung gelte und kommt durch den Verweis auf Abraham als Gewährsmann zu der These, dass der Glaube gerecht macht (mit Gen 15,6). Da Abraham diese Zusage bereits vor der Beschneidung von Gott erhalten hat, sieht Paulus seine Auffassung bestätigt, dass der Glaube für Völkerchristen hinreichend ist, um in ein heilvolles Gottesverhältnis zu gelangen, das für sie nicht durch Toraobservanz oder konkret Beschneidung komplementiert werden muss.

---

[44] Damit ähnelt die Sicht des Paulus der stoischen Verknüpfung von Maß und Tugend. Ein von Affekten geleitetes menschliches Verhalten ist hingegen Ausdruck des Übermaßes und als solches irrational (siehe etwa Diog. L. 7,110). Vgl. Marcelo D. Boeri/Alejandro G. Vigo, Die Affektenlehre der Stoa, in: Achim Engstler/Robert Schnepf (Hrsg.), Affekte und Ethik. Spinozas Lehre im Kontext, Hildesheim 2002, 32–59, 54 und ferner Jakub Krajczynski/Christof Rapp, Emotionen in der antiken Philosophie. Definitionen und Kataloge, in: Martin Harbsmeier/Sebastian Möckel (Hrsg.), Pathos, Affekt, Emotion. Transformationen der Antike, Frankfurt a.M. 2009, 47–78, 52.

Generell sieht das paulinische Glücks-Script somit die Eindämmung körperlicher Impulse vor, sofern dies dem Wohl der Gemeinschaft dient. Wo es gelingt, solche Impulse oder Bedürfnisse zu kontrollieren, ereignet sich Glück. Das Glück muss sich also nicht erst eschatologisch realisieren. Die Pragmatik der Seligpreisungen wirkt darauf hin, dass die Lesenden zu dieser Gruppe der Glücklichen gehören sollen oder besser: gehören wollen sollen – so dass sie entsprechende Entscheidungen treffen und Maßnahmen ergreifen, um dies zu gewährleisten.[45]

3.2 Matthäus

Neben den berühmten Makarismen der Bergpredigt umfasst das Matthäusevangelium eine Reihe von weiteren Seligpreisungen, die sich verstreut über den Text hinweg finden. Eine erste Gruppe von ihnen thematisiert das Verhältnis der Angesprochenen zu Jesus und seiner Verkündigung: Als der inhaftierte Täufer Leute zu Jesus schickt, um ihn zu fragen, ob er der Verheißene, der Messias sei, antwortet Jesus, indem er sie dazu auffordert, die Organe ihrer Sinneswahrnehmung zu benutzten (Mt 11,4). Wenn sie aufmerksam sehen und hören, werden sie feststellen, dass in Erfüllung von Jes 35,5f. dort, wo Jesus wirkt, Blinde wieder sehen und Gelähmte wieder gehen können. Die Antwort Jesu endet mit dem Makarismus

> *καὶ μακάριός ἐστιν ὃς ἐὰν μὴ σκανδαλισθῇ ἐν ἐμοί.*
>
> »und glückselig ist, wer sich nicht in mir ärgert« (Mt 11,6).

Prinzipiell ist das Verstehen Jesu also über die Sinneswahrnehmung zugänglich. Dass es jedoch auch möglich ist, sich über Jesus zu ärgern, zeigt, dass es sich dabei keineswegs um einen Automatismus handelt; vielmehr ziehen die Verkündigung und das Wirken Jesu gemischte Reaktionen nach sich. Die visuelle und auditive Wahrnehmung der Verkündigung Jesu bilden auch die Basis der Seligpreisung in Mt 13,16. Hier spricht Jesus mit den Schülern über die Verstehensmöglichkeiten seiner Gleichnisse. Er greift das Wort über die Verstockung aus Jes 6,9f. auf, das davon handelt, dass das Volk zwar hört und sieht – ohne jedoch das Wahrgenommene zu verstehen. Anders verhält es sich bei seinen Jüngern, so beschließt Jesus das Thema: »Eure Augen jedoch sind glückselig, weil sie sehen« (*ὑμῶν δὲ μακάριοι οἱ ὀφθαλμοὶ ὅτι βλέπουσιν*), genau wie ihre Ohren, weil sie hören (Mt 13,16). Erneut preist der Makarismus damit das gelingende Verstehen Jesu glücklich. Dies geschieht im Bewusstsein darum, dass dies keine Selbstverständlichkeit ist, da viele auch sehen und hören, ohne zu verstehen und zu erkennen. Dementsprechend beglückwünscht der matthäische Jesus auch Simon Petrus zu seiner Erkenntnis, da er diese nicht mit rein menschlichen Mitteln erlangt, sondern von Gott her als

---

[45] Vgl. dazu auch Hauck/Bertram, *μακάριος* (s. Anm. 12), 368.373. Deutlich anders als Paulus verwenden die Pastoralbriefe das Adjektiv *μακάριος*: Der 1. Timotheusbrief reserviert es ganz im Sinn des klassischen griechischen Sprachgebrauchs für Gott (1Tim 1,11; 6,15). Und im Titusbrief ist es nicht eine Person, sondern die Hoffnung auf die Parusie, die glückselig gepriesen wird (Tit 2,13).

Geschenk erhalten habe. Mit den Worten »Du bist der Christus, der Sohn Gottes, des Lebenden« (Mt 16,16) hat Petrus soeben sein Messiasbekenntnis abgelegt, woraufhin Jesus entgegnet: »Glückselig bist du (μακάριος εἶ), Simon Barjona, weil Fleisch und Blut dir [das] nicht offenbart haben, sondern mein Vater in den Himmeln« (V17). Gemäß dieses matthäischen Glücks-Scripts dürfen sich diejenigen glücklich schätzen, die das Wirken Jesu mit ihren Sinnen aufnehmen und daraus die richtige Erkenntnis ziehen, dass Jesus der Gottessohn und Messias ist – wohl wissend, dass viele dieser Überzeugung widersprechen. Wie schon die Makarismen der Septuaginta und die des Paulus sprechen auch diese matthäischen Seligpreisungen die Sprache der Zugehörigkeit. Sie differenzieren zwischen denen, die Jesus ablehnen und denjenigen, die sich glücklich nennen dürfen, weil sie sich seiner Verkündigung öffnen. Wer die Verkündigung Jesu und sein Handeln über Augen und Ohren positiv aufnimmt, ist jetzt bereits glücklich zu preisen. Dieser präsentische Akzent zeigt sich insbesondere darin, dass Matthäus hier meist keine Nominalsätze bildet, sondern mehrfach Formen von εἰμί im Präsens verwendet (11,6; 16,17).

Die beiden Makarismen des Johannesevangeliums ähneln insofern den matthäischen, dass sie ebenfalls das gelingende Verhältnis der glücklich Gepriesenen zum als anstößig empfundenen Jesus thematisieren: Glückselig ist, wer in Aufnahme des Wirkens Jesu zur Erkenntnis gelangt und danach handelt (Joh 13,17). In der Thomas-Episode am Ende der Schrift setzt ein weiterer Makarismus den Schlussakzent: »Selig [sind] die nicht Sehenden und [trotzdem] Glaubenden« (Joh 20,29: μακάριοι οἱ μὴ ἰδόντες καὶ πιστεύσαντες). Auch das Johannesevangelium sieht das Glück also bei denen bereits in der Gegenwart als gegeben an, die im Glauben bzw. in der Erkenntnis ein gelingendes Verhältnis zu Jesus verwirklichen und entsprechend handeln. Hier jedoch soll sich – anders als bei Matthäus – der Glaube explizit ohne visuelle Wahrnehmung realisieren. Auch in einer Situation, die sich durch die Abwesenheit des sichtbaren Sohnes Jesus Christus auszeichnet, hält das Johannesevangelium Glauben und Glück für möglich.

Etwas anders verhält es sich mit der Seligpreisung, die in der Endzeitrede des Matthäusevangeliums eines der Knechtsgleichnisse abschließt: Jesus spricht bildhaft über den ungewissen Zeitpunkt der Parusie, indem er ein Gleichnis von einem Herrn erzählt, der verreist ist. Ein Sklave, der vom Herrn mit der Aufsicht über den Haushalt betraut ist, mag nun in Versuchung geraten, seine Position zu missbrauchen, indem er sich während der Abwesenheit des Herrn gewalttätig gegenüber den anderen Sklaven verhält und übermäßig isst und trinkt, anstatt sich verantwortungsvoll zu verhalten. Davor warnt Jesus. Nur wenn er sich gut verhält und den anderen Sklaven ihre Essensrationen fair zuweist, wird der mit der Verantwortung betraute Sklave bei dessen Rückkehr das Lob des Herrn erhalten. Von ihm gilt: »Glückselig (μακάριος) [ist] jener Sklave, den sein zurückgekehrter Herr derartig handelnd vorfinden wird« (24,46). Unangenehm wird es jedoch für denjenigen, der sich von der plötzlichen Rückkehr des Herrn überraschen und dabei erwischen lässt, wie er es sich auf Kosten der anderen, ihm anbefohlenen Sklaven gut gehen lässt. Ihn erwartet eine strenge Bestrafung (V50f.). Durch die erzählerische Anlage des Gleichnisses entsteht ein besonderer Reiz, da sich der betreffende mit Verantwortung betraute Sklave zwischen zwei Gütern entscheiden muss, die sowohl bei Aristoteles als auch in der biblischen Weisheitsliteratur typische Elemente irdischen Glücks ausmachen, nämlich zwischen körperlicher Lustbefriedigung und Wohlergehen durch Essen und Trinken auf der einen und Belobigung bzw. Ehrerbietung durch den Herrn auf der anderen Seite. Beides kann er nicht haben. Der Appell der Seligpreisung ist deutlich: Die Adressatinnen und Adressaten sollen die Belobigung durch ihren Herrn bei der Parusie präferieren und sich dazu in der Gegenwart maß- und verantwortungsvoll verhalten. Der Makarismus bringt damit einen eschatologischen Lieblingsgedanken des Matthäusevangeliums auf den Punkt. Solches eschatologisches Glück finden nur die Menschen, die der matthäischen Ethik folgen.

Auch die Seligpreisungen der Bergpredigt umfassen einen solchen eschatologischen Aspekt. Über sie ist unter allen für die Glücksthematik im Neuen Testament relevanten Textpassagen gewiss schon am meisten geschrieben worden, weil hier auch die besonderen Schwierigkeiten der Auslegung besonders offen zutage treten.[46] Dennoch lassen sich einige wichtige Züge der Glückskonzeption dieser Makarismen hinreichend deutlich erkennen. Einige der Seligpreisungen sprechen Menschen an, die an einer Form des Mangels leiden. Dies sind die geistlich Armen (5,3), die Leidenden (V4) und die nach Gerechtigkeit Hungernden und Dürstenden (V6). Eine zweite Gruppe von Seligpreisungen gilt Personen, die in der Interaktion mit anderen nicht mit Gewalt auf die Durchsetzung eigener Interessen pochen: die charakterlich Milden (V5), die Mitleidigen (V7), die Reinherzigen (V8) und die den Frieden Praktizierenden (V9). Am Ende der Reihe spricht ein erweiterter Makarismus diejenigen an, die wegen ihrer Rechtschaffenheit bzw. wegen ihrer Zugehörigkeit zur Jesus-Gemeinschaft Verfolgung erdulden müssen (V10–12).[47] Durchweg sind dies Eigenschaften, Hal-

[46] Eine Reihe von Fragen listet etwa Hans Dieter Betz auf. Siehe Hans Dieter Betz, Die Makarismen der Bergpredigt (Matthäus 5,3–12). Beobachtungen zur literarischen Form und theologischen Bedeutung, in: ZThK 75 (1978), 3–19, 8–10.

[47] Mit der Gerechtigkeits-Thematik, die auch zuvor in der Seligpreisung der Hungernden und Dürstenden bereits anklingt, schneidet diese Sequenz ein matthäisches Lieblingsthema an und verankert die Seligpreisungen damit fest innerhalb der Theologie der Schrift. Vgl. dazu Carl Holladay, The Beatitudes: Jesus' Recipe for Happiness?, in: Mary F. Foskett/O. Wesley Allen (Hrsg.), Between Experience and Interpretation. Engaging the Writings of the New Testament, Nashville 2008, 83–102, 90f.95. Zur matthäischen Gerechtigkeit i.S.v. Rechtschaffenheit siehe auch Rife, Matthew's Beatitudes (s. Anm. 11), 110. Zur Struktur des Textabschnitts vgl. auch Karl-Wilhelm Niebuhr, Die Seligpreisungen in der Bergpredigt nach Matthäus und im Brief des Jakobus, in: Peter Lampe/Moisés Mayordomo/Migaku Sato (Hrsg.), Neutestamentliche Exegese im Dialog. Hermeneutik – Wirkungsgeschichte – Matthäusevangelium. Neukirchen-Vluyn 2008, 275–296, 276. Einen anderen Vorschlag vertritt Marc Allan Powell, indem er die Seligpreisungen in zwei Strophen untergliedert. Vgl. Marc Allan Powell, Matthew's Beatitudes: Reversals and Rewards of the Kingdom, in: CBQ 58 (1996), 460–479, 462f. Eine noch ausgeklügeltere These, die die Seligpreisungen der Bergpredigt als durchkomponiertes Gedicht begreift, entwickelt H. Benedict Green, Matthew, Poet of the Beatitudes, JSNT.S 203, Sheffield 2001, 254.

tungen und Situationen, die im starken Kontrast zu gängigen Glücksvorstellungen stehen, wie sie etwa Aristoteles und die Weisheitsliteratur vertreten.[48]

Der unangenehmen Vorfindlichkeit bzw. dem Verzicht auf die Durchsetzung egoistischer Interessen begegnen die Makarismen, indem sie den Angesprochenen eine zukünftige Wendung ihres Schicksals oder den Lohn für die erduldeten Entbehrungen verheißen (V12: ὁ μισθὸς ὑμῶν πολὺς ἐν τοῖς οὐρανοῖς). Als Inclusio rahmt die Aussage »ihrer ist das Himmelreich«, welche den geistlich Armen und Verfolgten gilt, den gesamten Abschnitt (VV3.10). Die matthäische Rede vom Königreich der Himmel trägt einen klaren eschatologischen Akzent, und dieser Eindruck einer eschatologischen Wende des Ergehens[49] bestätigt sich mit Blick auf andere der Makarismen: Die Reinherzigen sollen Gott sehen (V8),[50] und die Verfolgten werden außerdem einen himmlischen Lohn empfangen (V11f.). Jedoch verlagert Matthäus das Glück keineswegs vollkommen ins Eschaton. So ist die βασιλεία τῶν οὐρανῶν bei Matthäus ja keine rein futurische Größe; vielmehr hat das Himmelreich bereits gegenwärtig begonnen, wie Carl Holladay in seinen Analysen der Seligpreisungen nachdrücklich betont: Schon jetzt gehört das Himmelreich den geistlich Armen und Verfolgten (ἐστιν).[51] Ferner dürfen alle Angesprochen sich bereits gegenwärtig glücklich schätzen, da die Nominalsätze den Zustand der Glückseligkeit nicht explizit erst in der Zukunft erwarten.[52] Diese Glückseligkeit konkretisiert das Ende des Abschnitts zudem auch affektiv: »Freut euch und jubelt« (χαίρετε καὶ ἀγαλλιᾶσθε), ruft Jesus den Verfolgten zu (V12). Was zunächst ironisch wirkt, ergibt durch den Verweis auf den himmlischen Lohn für Matthäus guten Sinn. Freude und Jubel sind adäquater Ausdruck des Zustands gegenwärtigen Glücks in der Situation von Mangel und Bedrängnis.[53]

Aufgrund ihres Schillerns zwischen eschatologischer Verheißung und gegenwärtigem Glück[54] lassen sich die matthäischen Seligpreisungen schlecht in ein fixes Script zwängen. Gleichwohl fällt auf, dass sie sich an Personengruppen

---

48 David Hellholm zeigt an paganen Makarismen auf, dass diese Dinge wie Reichtum und Schönheit zum Gegenstand haben. Siehe Hellholm, Beatitudes (s. Anm. 34), 305.

49 Zu diesem eschatologischen Horizont der Makarismen vgl. auch Georg Strecker, Die Makarismen der Bergpredigt, in: NTS 17 (1970), 255–275, 261; Zimmerli, Seligpreisungen (s. Anm. 11), 19.

50 Auch bei Philo charakterisiert ja die Gottesschau das Glück Jakobs (s.o.).

51 Vgl. Carl Holladay, The Beatitudes: Happiness and the Kingdom of God, in: Brent A. Strawn (Hrsg.), The Bible and the Pursuit of Happiness. What the Old and New Testaments Teach Us about the Good Life, Oxford/New York 2012, 149–167, 156. Hingegen interpretiert Betz, Makarismen (s. Anm. 46), 10, das Präsens hier futurisch.

52 So auch Niebuhr, Seligpreisungen (s. Anm. 47), 277f.

53 Demgegenüber unterstreicht Strecker, Makarismen (s. Anm. 49), 270, den Aspekt der eschatologischen Vollendung.

54 Siehe dazu insbes. auch Holladay, Beatitudes (s. Anm. 51), 155. Kieffer, Weisheit (s. Anm. 11), 37, unterscheidet die beiden Aspekte, indem er von einer Weisheits- und einer Segensperspektive der Makarismen spricht. Vgl. ferner Strecker, Makarismen (s. Anm. 49), 260f.

richten, die der matthäischen Ethik erstaunlich gut entsprechen: Solche, die sich dem Wirken Jesu öffnen ohne sich zu ärgern, die auch trotz des ungewissen Zeitpunkts der Parusie ihre Verantwortung treu ausüben, die sich nach Gerechtigkeit sehnen und um ihretwillen sogar Verfolgung erdulden – ihnen gelten die Makarismen. So erfüllen diese einerseits eine paränetische Funktion, indem sie denen Trost zusprechen, die gegenwärtig alles andere als glücklich wirken. Gleichzeitig liefert ihre Pragmatik aber auch den Leserinnen und Lesern des Matthäusevangeliums einen Anlass, sich zu fragen, ob sie selbst denn wohl zur Gruppe der Glücklichen gehören.[55] Dieser Aspekt der Zugehörigkeit verleiht den Makarismen auch eine ethische Dimension: Wer sich selbst unter den glücklich Gepriesenen vermisst, mag sich fragen, was sich an der eigenen Haltung und Lebensführung wohl ändern ließe, um auch dazu zu gehören.[56]

3.3 Lukas

Da die meisten der synoptischen Makarismen der Traditio Duplex zuzuordnen sind, ähneln die lukanischen Seligpreisungen an vielen Punkten denen des Matthäusevangeliums. Ich begnüge mich daher in diesem Abschnitt damit, einige lukanische Spezifika hervorzuheben. Anders als andere neutestamentliche Schriften greift das Lukasevangelium breit den hellenistischen Topos auf, demzufolge sich die Eltern besonders wohlgeratener Kinder glücklich schätzen dürfen.[57] Konkret ist es Maria, deren Glück als Mutter Jesu mehrfach thematisiert wird. Bei der Begegnung mit Elisabeth preist diese Maria aufgrund ihres Vertrauens glücklich, das sie zuvor bei der Ankündigung der Geburt Jesu gezeigt hat (Lk 1,45). Der Verlauf der Rede Elisabeths knüpft die Seligpreisung direkt an die Bemerkung über den Jubelsprung[58] des ungeborenen Johannes in ihrem Bauch an (V44) und stellt so eine sachliche Nähe zwischen Jubel (ἀγαλλίασις) und Glück her (wie Mt 5,11f.). Kurz darauf hält auch Maria selbst im sog. »Magnificat« fest, dass sich von nun an aufgrund von Gottes mächtigem Handeln an ihr alle Generationen glücklich schätzen werden (Lk 1,48: μακαριοῦσίν με πᾶσαι αἱ γενεαί). Nach der Logik der Aussage rühmt sich nicht Maria selbst ihres Glücks, sondern andere führen die

---

[55] Zur Wirkung der matthäischen Makarismen auf die Leserschaft vgl. insbes. Powell, Matthew's Beatitudes (s. Anm. 47), 478.

[56] In Hinblick auf die Makarismen der Bergpredigt stellt auch Georg Strecker fest, dass die matthäische Verwendung der Seligpreisungen eine ethische Zielsetzung verfolgt. Vgl. Strecker, Markarismen (s. Anm. 49), 260.262f. Vgl. dazu ferner auch Maier, Glück (s. Anm. 1), 320f. Hingegen hebt Ingo Broer, Die Seligpreisungen der Bergpredigt. Studien zu ihrer Überlieferung und Interpretation, BBB 61, Bonn 1986, 52.67f., sehr stark den Zuspruch-Charakter der Makarismen hervor.

[57] So auch Hauck/Betram, μακάριος (s. Anm. 12), 366.

[58] Zur Körperlichkeit der Freude siehe auch N.T. Wright, Joy: Some New Testament Perspectives and Questions, in: Miroslav Volf/Justin E. Crisp (Hrsg.), Joy and Human Flourishing. Essays on Theology, Culture, and the Good Life, Minneapolis 2015, 39–61, 42.

Seligpreisung im Munde, was das Magnificat lediglich beschreibt. Ähnlich ist es auch in Lk 11,27, wo eine Frau aus der Menge den Körper der Mutter Jesu glücklich preist, woraufhin Jesus freilich entgegnet,[59] glückselig seien diejenigen, die das Wort Gottes hören und einhalten. In ironischer Abwandlung des Topos nennt Jesus im Kontext seiner eschatologischen Ausführungen auf dem Weg zur Hinrichtung sogar die Kinderlosen glücklich, weil die Kinderlosigkeit den Betroffenen während der endzeitlichen Katastrophen Kummer erspart (23,29).[60]

Interessanterweise finden sich im Lukasevangelium – anders als bei Matthäus – einige weitere Seligpreisungen in eschatologischen Zusammenhängen und konkret in Aussagen über die Parusie.[61] Auch Lukas lässt Jesus das Knechtsgleichnis von der Rückkehr des Hausherrn erzählen (Lk 12,43//Mt 24,46), das zur verantwortungsvollen Haushalterschaft animiert. Zusätzlich versieht Lukas aber auch das vorausgehende Knechtsgleichnis über die plötzliche Rückkehr des Herrn, der sich freut, seine Sklaven arbeitend anzutreffen, auch wenn er erst spät nachts nach Hause kommt, mit zwei parallelen Seligpreisungen (Lk 12,37f.). Wie Matthäus schneidet auch der Lukas-Evangelist dabei die Thematik von Ehre und Schande an, die sich daran entscheiden, ob der Sklave verantwortungsvoll handelt (V44–48). Durch die Ausweitung der Glücksthematik auf das voranstehende Gleichnis kommt hier nun jedoch auch noch eine weitere Ursache des Glücks in den Blick, nämlich die Teilnahme am eschatologischen Hochzeitsmahl (V36f.).[62]

Mit der Vorstellung vom eschatologischen Glück verbindet sich bei Lukas besonders intensiv der Gedanke von der endzeitlichen Statusumkehr. Im Gleichnis von der Einladung zum Mahl (Lk 14,7–14) weist Jesus seine Hörer an, nicht die besten Plätze für sich zu reklamieren, um nicht beschämt zu werden, wenn noch ein angesehenerer Gast zum Mahl erscheint, so dass sie den guten Platz verlassen müssen. Sinnvoll ist es nach Lukas hingegen, sich zunächst an einem bescheideneren Platz niederzulassen, um dann ggf. geehrt zu werden, wenn der Gastgeber die Person auf einen besseren Platz bittet. Klarer als die anderen neutestamentlichen Schriften spricht Lukas damit die klassische hellenistische Thematik von Ehre und Schande im Zusammenhang mit dem Glücksdiskurs an.[63] Schon jetzt

---

59 Mit μενοῦν scheint er der Frau sogar tendenziell zu widersprechen.

60 Mit dieser Logik argumentiert der lukanische Jesus hier ähnlich der Argumentation des Paulus in 1Kor 7.

61 Dies fällt deshalb besonders auf, weil ja gerade der Matthäus-Evangelist die Endzeitrede Jesu breit ausgestaltet. An diesem Punkt gibt es jedoch auf der lukanischen Seite einen Überschuss. Häufiger als Matthäus verbindet Lukas Parusie und Glück explizit miteinander.

62 Das Setting des Gleichnisses ähnelt dem matthäischen Gleichnis von den klugen und törichten Jungfrauen. Streng genommen kehrt der Herr von der Hochzeit heim. Den Sklaven freilich, die er arbeitend antrifft, bereitet er sodann persönlich eine Mahlzeit zu. Vgl. zur Freude im eschatologischen Mahl auch A.B. du Toit, Der Aspekt der Freude im urchristlichen Abendmahl, Winterthur 1965, 74.

63 Vgl. dazu insbes. Bruce J. Malina, The New Testament World. Insights from Cultural Anthropology, Louisville [3]2001, 27–57. Zu spezifisch lukanischen Zusammenhängen siehe

dürfen sich wegen der lukanischen Statusumkehr diejenigen glücklich schätzen, die ihre Gäste nicht nach Maßgabe ihres gesellschaftlichen Ansehens auswählen. Lade sozial benachteiligte Leute zum Mahl ein, sagt Jesus,

> καὶ μακάριος ἔσῃ, ὅτι οὐκ ἔχουσιν ἀνταποδοῦναί σοι, ἀνταποδοθήσεται γάρ σοι ἐν τῇ ἀναστάσει τῶν δικαίων.
>
> »und du wirst glückselig sein, weil sie nichts haben, um es dir zu vergelten, dir aber wird vergolten werden in der Auferstehung der Gerechten« (Lk 14,14).

Auch die Makarismen der lukanischen Feldrede sehen das Glück in der eschatologischen Umkehr sozialer Verhältnisse realisiert.[64] Bekanntlich sprechen die Seligpreisungen des Lukasevangeliums hier die materiell Armen und physisch Hungernden und Dürstenden an (Lk 6,20–23);[65] sie adressieren also nicht wie Matthäus einen pneumatischen Mangel.[66] Durch die Ergänzung der zu den Makarismen parallelen Weherufe[67] stellt der lukanische Jesus klar, dass die Statusumkehr nicht nur für die Benachteiligten in erfreulicher Richtung verläuft, sondern auch die Menschen betrifft, die eine gesellschaftlich angesehene Position bekleiden.[68] Ihr Schicksal wird sich im Eschaton freilich auf ungemütliche Weise wandeln (V24–26). So stellt der Lukasevangelist die Makarismen in den Dienst einer seiner Lieblingsthematiken, die sich besonders klar auch im Magnificat (1,51–53)

Bruce J. Malina/Jerome H. Neyrey, Honor and Shame in Luke-Acts. Pivotal Values of the Mediterranean World, in: Jerome H. Neyrey (Hrsg.), The Social World of Luke-Acts. Models for Interpretation, Peabody 1991, 25–65. Hinsichtlich der Seligpreisung der Bettelarmen siehe auch Jerome H. Neyrey, Loss of Wealth, Loss of Family, Loss of Honor: The Cultural Context of the Original Makarisms in Q, in: Jerome H. Neyrey/Eric C. Stewart (Hrsg.), The Social World of the New Testament. Insights and Models, Peabody 2008, 87–102, 88. Anhand der Makarismen des Matthäusevangeliums entwickelt K.C. Hanson die These, dass diese Sprachform generell auf die Herstellung bzw. Zuerkennung von Ehre abzielt. Vgl. Hanson, How Honorable (s. Anm. 10), 84.

64 So auch Maier, Glück (s. Anm. 1), 321.

65 Zu religionsgeschichtlichen Parallelen zur Parteinahme für die Armen vgl. Chester C. McCown, The Beatitudes in the Light of Ancient Ideals, in: JBL 46 (1927), 50–61. Durch die Verwendung der zweiten Person hebt die lukanische Grammatik dabei gegenüber Matthäus stärker den Charakter der Makarismen als direkte Ansprache hervor. Vgl. Strecker, Makarismen (s. Anm. 49), 257.

66 So auch Holladay, Jesus' Recipe (s. Anm. 47), 87. In dieser Eigenschaft werden sie auch häufig für ursprünglicher gehalten, die matthäische Fassung dagegen für sekundär. So etwa Hellholm, Beatitudes (s. Anm. 34), 325.

67 Vgl. dazu auch Holladay, Jesus' Recipe (s. Anm. 47), 85. Christopher Tuckett geht davon aus, dass der Lukas-Evangelist hier auf eine literarische Vorlage zurückgreift, bei der es sich um eine von der matthäischen Quelle leicht abweichende Q-Variante handle. Vgl. Christopher M. Tuckett, The Beatitudes: A Source-Critical Study with a Reply by Michael D. Goulder, in: NovT 25 (1983) 193–216, 196–198.

68 Vgl. dazu auch Wetz, Glück (s. Anm. 1), 178.

oder im Gleichnis vom reichen Mann und armen Lazarus (16,19–31) artikuliert.[69] In diesem Gesamtkontext des lukanischen Reichtumsdiskurses ergibt auch die Glücks-Aussage der Apostelgeschichte Sinn: »Glückseliger ist Geben als Nehmen« (Apg 20,35: Μακάριόν ἐστιν μᾶλλον διδόναι ἢ λαμβάνειν), welche der lukanische Paulus auf den Herrn Jesus zurückführt. Am Ende der Makarismenreihe in der Feldrede steht – parallel zu Mt 5,10–12 – die Seligpreisung derer, die Verfolgung erleiden. Nicht wegen der Gerechtigkeit (Mt 5,10), sondern wegen des Menschensohns (Lk 6,22) kommt bei Lukas der Konflikt zustande, der dann auch explizit Entzweiung nach sich zieht. Glück und Zugehörigkeit verbinden sich also wiederum miteinander. So weiß auch der unter Anklage stehende Paulus sich glückselig, als er sich in der Apostelgeschichte vor König Agrippa verteidigen kann (Apg 26,2).

Schließlich teilt das Lukasevangelium die bereits bei Matthäus angetroffene Auffassung, derzufolge diejenigen glücklich sind, die sich Jesus trotz seines anstößigen Wirkens öffnen. Glücklich gepriesen werden die, die Jesus gegenüber keinen Groll entwickeln (Lk 7,23//Mt 11,6) sowie die Augen, die das sehen, was im Wirken Jesu geschieht (Lk 10,23; ähnl. Mt 13,16). Auch das Hören des Wortes Gottes kommt zur Sprache, und zwar in Jesu Reaktion auf die bereits genannte Seligpreisung der Frau aus der Volksmenge: Wer Gottes Wort hört und befolgt, ist glückselig (Lk 11,27f.). Wie bei Matthäus entsteht das Glück hier als Reflex auf das Gesehene und Gehörte. Jedoch splittet Lukas die visuelle und die auditive Wahrnehmung, die bei Matthäus nebeneinander stehen (Mt 13,16), auf zwei getrennte Jesusreden auf.

In Aufnahme und Abwandlung von typischen Topoi aus hellenistischen Glücksdiskursen[70] entwickelt der Lukas-Evangelist sein Glücks-Script, das solche Menschen als glückselig betrachtet, die das Wirken Jesu mit ihren Augen und Ohren wahrnehmen und sich ihm öffnen, so dass sie soziale Hierarchien hinterfragen und die eschatologische Statusumkehr erwarten dürfen.

3.4 Johannesoffenbarung

Die sieben Makarismen der Johannesoffenbarung tragen nun, was wenig verwundert, alle einen deutlichen apokalyptischen Akzent. Während Paulus rein auf die Gegenwart schaut und bei den späteren Synoptikern Makarismen, die das

---

[69] Ähnlich auch Holladay, Jesus' Recipe (s. Anm. 47), 100; Green, Happiness (s. Anm. 4), 182. Green betont dabei insbesondere die Nähe der Seligpreisungen und Weherufe zu Motiven aus dem Lobgesang der Maria.

[70] Dazu gehört auch der Umstand, dass Jesus den Menschen, welchen er begegnet, dazu verhilft ein tugendhaftes Leben nach dem Ideal der »Vorzüglichkeit« (ἀρετή) zu führen, wie es etwa im Gespräch mit dem reichen ἄρχων zum Ausdruck kommt. Vgl. dazu v.a. Paul-Gerhard Klumbies, Der Nachhall hellenistischer Literatur bei Lukas, in: Paul-Gerhard Klumbies/Ilse Müllner (Hrsg.), Bibel und Kultur. Das Buch der Bücher in Literatur, Musik und Film, Leipzig 2016, 35–50, 45; ders., Glück (s. Anm. 2), 145.

gegenwärtige Glück behandeln, neben solchen stehen, die es eschatologisch verorten, spitzt die letzte Schrift des Neuen Testaments das Glück besonders apokalyptisch zu. Die meisten Motive, die hier vorkommen, sind in den Ausführungen zu Matthäus und Lukas bereits begegnet.

Zwei Makarismen im ersten und letzten Kapitel preisen diejenigen glücklich, die angesichts der nahen Parusie die Worte der Schrift nicht nur hören, sondern ihnen auch gehorchen.[71] Durch die inhaltliche Ähnlichkeit formen diese beiden Aussprüche eine Inclusio und klammern den gesamten Text.

> *μακάριος ὁ ἀναγινώσκων καὶ οἱ ἀκούοντες τοὺς λόγους τῆς προφητείας καὶ τηροῦντες τὰ ἐν αὐτῇ γεγραμμένα, ὁ γὰρ καιρὸς ἐγγύς.*
>
> »Glückselig [sind] der Lesende und die Hörenden der Worte der Prophetie, die die Dinge einhalten, die in ihr geschrieben stehen. Der Zeitpunkt ist nämlich nahe« (Offb 1,3).[72]
>
> *καὶ ἰδοὺ ἔρχομαι ταχύ· μακάριος ὁ τηρῶν τοὺς λόγους τῆς προφητείας τοῦ βιβλίου τούτου.*
>
> »Und siehe, ich komme bald. Glückselig [ist], wer die Worte der Prophetie dieses Buches einhält« (Offb 22,7).

Anders als die synoptischen Makarismen, die im Hören und Gehorchen gegenüber den Worten Gottes oder Jesu einen Quell des Glücks erblicken, erwartet die Apokalypse explizit den Gehorsam gegenüber ihren eigenen Worten – welche freilich für sich beanspruchen, Worte Jesu zu sein (vgl. Offb 1,1–3). Die Seligpreisungen implizieren, dass der Inhalt der Schrift die Leserschaft in eine Entscheidungssituation stellt; es geht um die Zugehörigkeit zur Gemeinschaft, die sich am Gehorsam entscheidet. Indem sie die Glückseligkeit nur den Gehorsamen zuspricht, artikuliert die Johannesoffenbarung auch einen impliziten Appell.

Der Zeitpunkt der Parusie ist nach der Johannesapokalypse zwar nahe; niemand kennt ihn allerdings exakt. Daher ist es erforderlich, jederzeit wachsam und vorbereitet zu bleiben. Die Apokalypse nimmt die Tradition vom plötzlich kommenden Dieb auf (vgl. neben Mt 24,43//Lk 12,39 auch 1Thess 5,2; 2Petr 3,10; Offb 3,3), um zu betonen, dass ihre Leserschaft sich keine Schläfrigkeit leisten soll. Vielmehr ist der glückselig (*μακάριος*) zu nennen, der wach bleibt, weil er sodann

---

[71] Vgl. dazu auch Giesen, Heilszusage (s. Anm. 11), 78.

[72] Im zitierten Wortlaut lässt der Text an eine Situation der gemeindlichen Lesung denken: Ein Vorleser liest (*ἀναγινώσκων*, Singular), während die versammelte Gemeinde zuhört (*ἀκούοντες*, Plural). Allerdings ist auch die alternative Lesart *ὁ ἀναγινώσκων καὶ ἀκούων* gut bezeugt, wie Jan Heilmann betont. In diesem Wortlaut sind der Lesende und Hörende identisch. Vgl. Jan Heilmann, Lesen in der Antike und im frühen Christentum. Kulturgeschichtliche, philologische sowie kognitionswissenschaftliche Perspektiven und deren Bedeutung für die neutestamentliche Exegese, Tübingen 2021, 467f. Die Editio Critica Maior hält jedoch den oben zitierten Wortlaut für ursprünglich.

nicht entkleidet und der Schande preisgegeben wird (Offb 16,15). Die Entblößung repräsentiert hier ein in der Antike verbreitetes Gerichts-Motiv (z.B. Luc., Cat. 24–29).

In verschiedenen Zusammenhängen verwendet das letzte Buch des Neuen Testaments das Bild von der Bekleidung, um eine soteriologische Aussage zu treffen: Wer reine weiße Kleidung trägt, gehört der christlichen Gemeinschaft und der himmlischen Sphäre an (vgl v.a. Offb 7,13f.). Der Makarismus in Offb 22,14 spitzt dies mit Blick auf die Vergebung zu: »Glückselig [sind] die, die ihre Gewänder waschen« (Μακάριοι οἱ πλύνοντες τὰς στολὰς αὐτῶν). Dies garantiert ihnen den Eintritt ins neue Jerusalem und die Teilhabe an den Lebensbäumen.[73] Die verbleibenden Makarismen sprechen mit unterschiedlichen Akzenten ebenfalls die positiven Aspekte der eschatologischen Vereinigung mit Christus an: Glückselig sind die verstorbenen Mitglieder der Gemeinschaft, da sie von ihrer Mühe ausruhen dürfen (14,13). Glückselig sind die zum Hochzeitsmahl des Lammes Geladenen (19,9).[74] Glückselig sind die, die an der ersten Auferstehung partizipieren, da der Tod keine Macht über sie hat und sie mit dem Lamm gemeinsam regieren dürfen (20,6). Die Abwesenheit von Leid, die Stillung körperlicher Bedürfnisse, Festfreude und Ehre gehören somit zu den endzeitlichen Vorzügen, für die die treuen Lesenden der Offenbarung sich bereits gegenwärtig glücklich schätzen dürfen.[75]

Wie die Synoptiker vertritt die Johannesapokalypse sehr körperliche Ansichten über die Verwirklichung des endzeitlichen Heilszustands und kontrastiert diesen mit den gegenwärtigen Leiden (14,13), welche in diesem Licht nur als vorläufiges Unglück erscheinen. Sehr eindringlich knüpft die Schrift das Glück an den Gehorsam. Ohne hier zu weit in die Debatte zur Entstehungssituation des Texts einzutauchen, sei wenigstens daran erinnert, dass die Johannesoffenbarung die Treue zu Gott und Jesus Christus als unvereinbar mit der Reverenz gegenüber dem Kaiser ansieht.[76] Sie attackiert solche Christinnen und Christen, die beides als gute Staatsbürger miteinander verbinden wollen, und fordert zur Abgrenzung von der Herrscherverehrung auf, selbst wenn sich dadurch soziale oder ökonomische Nachteile für die Glaubenden ergeben sollten.[77] Insgesamt bedienen auch die sieben Makarismen der Schrift klar diesen Appell – auch wenn sie nur implizit

---

[73] Im neuen Jerusalem leben die Treuen schließlich in unmittelbarer Gottesgemeinschaft. Die Glückseligkeit der Johannesapokalypse entspricht an diesem Punkt also dem Glück in der Gottesschau, das Philo dem Patriarchen Jakob und die matthäische Bergpredigt den Reinherzigen zuspricht.

[74] Das Motiv des endzeitlichen Hochzeitsmahls findet sich ebenfalls im lukanischen Glücksdiskurs (s.o.).

[75] Damit kann sich das Glück bereits gegenwärtig ereignen, das sich an der künftigen Verwirklichung des Heilszustands entzündet. Vgl. dazu Giesen, Heilszusage (s. Anm. 11), 90.

[76] Vgl. auch Giesen, Heilszusage (s. Anm. 11), 96; ferner Carey, Finding Happiness (s. Anm. 34), 219.

[77] Zur Bedeutung des Leidens innerhalb der Glücks-Konzeption der Johannesoffenbarung vgl. auch Carey, Finding Happiness (s. Anm. 34), 223f.

appellieren, indem sie denen Gutes verheißen, die das gewünschte Verhalten zeigen.[78]

4. Fazit: Werdet glücklich!

Die Glücksvorstellungen des Frühchristentums entstehen offenkundig nicht im luftleeren Raum. Im Gesamtblick auf die Glücks-Scripts der neutestamentlichen Schriften fällt diesbezüglich schlussendlich zweierlei auf: Einerseits knüpfen die behandelten Seligpreisungen an verschiedene Traditionen an. Wie das Glück zu finden ist und worin es besteht, wollen und können die Gemeinden des frühen Christentums nicht frei bestimmen. Die biblischen Schriften, aber offenkundig oftmals auch die philosophischen Traditionen des Hellenismus, üben einen Einfluss auf die Welt des Frühchristentums aus, den die neutestamentlichen Gemeinschaften nicht ignorieren oder übergehen können.[79] So lassen alle untersuchten Texte eine Auseinandersetzung mit der Frage erkennen, inwieweit das Glück mit körperlichem Wohlergehen im gegenwärtigen Moment zusammenhängt. Häufig kommen sie dabei allerdings zu der Überzeugung, dass es gilt, die körperlichen Bedürfnisse gegenwärtig hintenanzustellen, um wichtige Werte wie die Gemeinschaft, ethisch gutes Verhalten oder Treue zu Gott bzw. Jesus Christus zu priorisieren. Denen, die sich derart verhalten, verheißen die Texte jedoch körperliches Wohlergehen in der – oft eschatologisch gedachten – Zukunft. Dieser ethische Akzent der Makarismen, die Verbindung zwischen Glück und Verhalten, kommt in den diskutierten Zusammenhängen zwar ohne Verwendung des Signalworts »Tugend« (ἀρετή) aus, wie es in der Stoa und bei Philo begegnet; die Diskurse, wie sie v.a. Paulus und der Lukas-Evangelist führen, erinnern jedoch an die philosophische Verknüpfung von Glück und Tugend.

Andererseits formulieren die Schriften ihre Makarismen unverhohlen auch in ganz konkrete Situationen hinein. Sie stellen sich bestimmten gemeindlichen Herausforderungen, die mit den Mitteln der Einleitungswissenschaft recht präzise beschrieben werden können und die sich innerhalb des Neuen Testaments deutlich unterscheiden. Für diese Situationen spitzen die Texte ihre Makarismen zu. Den Glücks-Traditionen wohnt damit eine Dynamik inne. Sie zeichnen sich durch eine hinreichende Beweglichkeit aus, um sie situationsbezogen zu aktualisieren. Durch die beschriebenen Verschiebungen in der Tradition gewährleisten die Schriften, dass die Pragmatik der Seligpreisungen zur konkreten Gemeindesituation passt.

---

78 Zu diesem Appell-Charakter der Makarismen vgl. auch Giesen, Heilszusage (s. Anm. 11), 83.

79 Zur Partizipation frühchristlicher Schriften an antiken Bildungsdiskursen vgl. auch Udo Schnelle, Das frühe Christentum als Bildungsreligion, in: ders., Die Entstehung des frühen Christentums. Neue Studien, Leipzig 2024, 140–173, 141–142.

Mit der Septuaginta verwendet das Frühchristentum μακάριος als zentralen Glücksterminus. Die μακαριότης, die im klassischen Griechisch das Glück der Götter von der menschlichen εὐδαιμονία unterscheidet, mag sich auch deswegen für die Formulierung der biblischen Seligpreisungen angeboten haben, weil diese – zumindest in den apokalyptischen Kontexten – das menschliche Glückserleben auf Gottes Handeln zurückführen. In allen untersuchten Schriften trägt das Glück eine starke körperliche Komponente, auch dort, wo es sich bei ihr um die Feststellung handelt, dass die Glückseligkeit aus körperlichem Verzicht erwächst. Die apokalyptisch orientierten Makarismen, die einen solchen Verzicht oder Mangel thematisieren, erblicken den Grund des Glücks darin, dass der Mangel eschatologisch einen Ausgleich erfährt.[80] Auch dieser Ausgleich ist ein körperlicher Ausgleich, da er dem Mangel abhilft oder die Teilnahme zum eschatologischen Hochzeitsmahl ermöglicht. Der Zugang zum Glück erschließt sich menschlicher Sinneswahrnehmung; Freude und Jubel sind angemessene affektive Reaktionen auf die Zusagen der Seligpreisungen.[81]

Die paulinischen Makarismen verorten das Glück ganz in der Gegenwart, bei den Synoptikern stehen eschatologische und un-eschatologische Glücks-Vorstellungen nebeneinander, und in der Apokalypse wird das Wohlergehen konsequent erst im Eschaton realisiert. Diesen Anlass des Glücks – in Mahl, Ehrenposition, Statuswechsel oder Wohlergehen – erwarten die neutestamentlichen Texte an diesen Stellen von Gott her. Dafür sind sie bereit, in der Gegenwart ein Leben in Kauf zu nehmen, das sich gerade durch die Abwesenheit konventioneller Glücks-Momente auszeichnet.[82]

In vielen Punkten ist trotz aller Verschiedenheit in der Ausgestaltung schließlich aufgefallen, dass die Seligpreisungen eine Sprache der Zugehörigkeit sprechen. Zwar trösten sie diejenigen, die aufgrund ihrer Gottestreue Entbehrungen erdulden müssen. Sie drängen ihren Leserinnen und Lesern aber auch die Frage auf, ob sie nach dieser Logik wohl zur Gruppe derer gehören, die sich glücklich schätzen dürfen. Auf diese Weise besitzen sie eine implizite Pragmatik, die eindeutig die Ethik der jeweiligen Schriften unterstützt. Von daher ergibt sich auch eine Konsequenz hinsichtlich der Machbarkeit des Glücks. Ohne den sprichwörtlichen Schmied zu bemühen, lässt sich mit den Texten des Neuen Testaments doch

---

80 Dazu passen die Beobachtungen von N.T. Wright, der neutestamentliche Freude kreuzestheologisch erklärt und in der Herrschaft Jesu Christi den Grund dafür erblickt, dass die Mitglieder frühchristlicher Gemeinschaften auch in Situationen des Leidens dazu imstande sind, Freude zu empfinden. Vgl. Wright, Joy (s. Anm. 58), 59.

81 Vgl. dazu auch Maier, Glück (s. Anm. 1), 333.

82 Zu diesem ethischen Aspekt vgl. auch Zimmerli, Seligpreisungen (s. Anm. 11), 16. Möglicherweise entwickelt sich die Vorstellung von Glückseligkeit im Frühchristentum damit insgesamt von der Annahme eines Glücks in der Gegenwart hin zur Erwartung der eschatologischen Vollendung der Glückseligkeit. Diese eschatologische Verheißung halte ich für ein ambivalentes Phänomen, denn einerseits motiviert sie die Angesprochenen dazu, für ihre Sache einzustehen und ggf. einem ungerechten System Widerstand zu leisten; andererseits ist eine solche Sicht natürlich auch anfällig für manipulative Rhetorik.

sagen: Ihr könnt das Glück zwar nicht selbst herstellen, wohl aber die Rahmenbedingungen dafür schaffen, dass es sich in eurem Leben ereignet.[83] Mit anderen Worten, die Texte beinhalten den impliziten Appell: Werdet glücklich!

---

83 Ähnlich auch Saskia Wendel, Glück im Christentum. Gerechtigkeit und die Hoffnung auf Vollendung, in: Dieter Thomä/Christoph Henning/Olivia Mitscherlich-Schönherr (Hrsg.), Glück. Ein interdisziplinäres Handbuch, Stuttgart/Weimar 2011, 351–356, 352.

Anton Friedrich Koch

Gott, Glück und Gerechtigkeit

Überlegungen aus Sicht der Gegenwartsphilosophie

Der Aufsatz hat drei Teile. Im ersten werden drei Gotteskonzeptionen der Gegenwartsphilosophie vorgestellt, eine amerikanische, eine französische und eine deutsche. Peter van Inwagen von der University of Notre Dame in Indiana hat die Möglichkeiten rationaler Theologie mit den Mitteln der analytischen Philosophie und der Modallogik neu geprüft, Quentin Meillassoux von der Université Paris 1, Panthéon-Sorbonne, hat die Idee eines erst noch kommenden Gottes ventiliert, und der hermeneutische Realismus, den ich vertrete, konfligiert mit der Annahme eines personalen Gottes. Nach Meillassoux wie schon nach Kant müssen wir aber auf einen personalen Gott hoffen, der allein für Glück und Gerechtigkeit sorgen könne. Davon handelt der zweite Teil des Textes. Im dritten Teil wird untersucht, ob der hermeneutische Realismus dem Desiderat des Glückes und der Gerechtigkeit auch ohne personalen Gott Rechnung zu tragen erlaubt, so dass eine Fluchtlinie der Hoffnung bleibt.

1. Gott in der Gegenwartsphilosophie: Drei Positionen

1.1 Peter van Inwagen und die rationale Theologie der analytischen Religionsphilosophie

In seinem Buch »Metaphysics« untersucht van Inwagen unter anderem die drei klassischen Argumente für die Existenz Gottes.[1] Nach dem ontologischen Argument gehört zum Begriff Gottes als dem Begriff des vollkommenen Wesens auch das Begriffsmoment *Existenz*. Also existiert Gott. Nun hat Kant freilich gelehrt, Existenz sei kein Prädikat, sondern müsse zum Begriff einer Sache stets noch hinzukommen. Aber Kant hat, wie van Inwagen einwendet, keinen Grund geliefert, auch *notwendige* Existenz als Begriffsmoment auszuschließen.[2] Wenn wir Gott als

---

1 Peter van Inwagen, Metaphysics, Oxford 1993.

2 Vgl. a.a.O., 80.

das vollkommene Wesen definieren, so gehört die notwendige Existenz sicher zu seinen Vollkommenheiten; also existiert er. Allerdings hatte schon Leibniz darauf hingewiesen, dass dies nur gilt, wenn der Begriff des vollkommenen und notwendigen Wesens widerspruchsfrei und Gott daher möglich ist. Leibniz meinte, dies zeigen zu können, weil Vollkommenheiten affirmativ seien und einander nicht widersprächen. Aber in diesem Punkt ist van Inwagen skeptischer. Im Rückgriff auf die moderne Modallogik arbeitet er ein argumentatives Patt heraus: *Wenn* ein notwendiges Wesen möglich ist, also in *einer* möglichen Welt existiert, so existiert es in *allen* möglichen Welten, auch der wirklichen, und ist infolgedessen wirklich. Aber die Voraussetzung, dass Gott möglich sei, lässt sich eben nicht beweisen. Wenn Gott möglich ist, gibt es ihn; wenn nicht, nicht.

Im kosmologischen Argument wird angenommen, die Welt sei kontingent, und dann wird mit dem Satz vom zureichenden Grund auf Gott als die notwendige Weltursache geschlossen. Die Standardkritiken dieses Argumentes setzen am Satz vom zureichenden Grund an. Kant zum Beispiel lehrt, dieser Satz sei auf das innerweltliche Kausalprinzip einzuschränken und gelte nur für einzelne Ereignisse, nicht aber für die raumzeitliche Welt als Ganzes; die Welt nämlich sei kein wohlumgrenztes Objekt, sondern eine offene – ins unendlich Große wie ins unendlich Kleine sich entziehende – Erscheinung.

Van Inwagen lässt diese Kritik nicht gelten, weil er meint, die moderne wissenschaftliche Kosmologie habe gezeigt, dass der Kosmos durchaus ein wohlumrissenes Objekt sei, was ich indes nicht glaube. Aber er liefert andere Argumente für die Einschränkung des Satzes vom zureichenden Grund. Erstens, sagt er, gibt uns die Quantenmechanik Beispiele von absolut zufälligen Ereignissen, und zweitens wären bei unbeschränkter Geltung des Satzes alle Wahrheiten letztlich notwendig.[3] Es gäbe dann keine zufälligen Wahrheiten mehr. In diesen beiden Punkten stimme ich ihm zu und schließe mit ihm – wie auch ohne ihn mit Kant –, dass das kosmologische Argument ungültig ist.

Im kosmologischen Argument wird auf eine notwendige Weltursache geschlossen, die außerdem vollkommen und daher vernünftig ist. Im teleologischen Argument hingegen wird direkt auf eine vernünftige, zwecksetzende Weltursache geschlossen, von der allerdings nicht gezeigt werden kann, dass sie vollkommen ist. Sie könnte auch ein sehr mächtiger Dämon oder ein Team von Dämonen sein. Auf diese Einschränkung der theologischen Beweiskraft hat schon Kant hingewiesen,[4] aber von dieser Schwierigkeit sei hier abgesehen.

Traditionell setzte das teleologische Argument bei der Existenz von lebendigen Organismen an. Aber vielleicht, so räumt van Inwagen ein, sind aus zufälligen Kombinationen von Atomen einfachste Lebewesen entstanden, und dann hat die

---

3 Vgl. a.a.O., 104–107.

4 Vgl. Immanuel Kant, Kritik der Urteilskraft, Berlin [2]1793, § 85, 406f., wieder abgedruckt in: Kants gesammelte Schriften, hrsg. von der Königlich Preußischen Akademie der Wissenschaften, Band V, Berlin 1908/13, 165–486, 440.

Darwinsche Evolution sich durchgesetzt.[5] Die Existenz von Lebewesen ist insoweit noch kein zureichender Grund, auf eine vernünftige Weltursache zu schließen. Allerdings wissen wir inzwischen, dass die Wahrscheinlichkeit lebensfreundlicher Naturkonstanten und Anfangsbedingungen des Weltprozesses aus Sicht der Physik gegen Null geht. Daraus folgert van Inwagen wie schon beim ontologischen Argument ein argumentatives Patt[6]: Entweder ist unsere Welt eine von zahllosen Welten, deren allermeiste lebensfeindlich sind, einige jedoch, so die unsrige, lebensfreundlich. Oder unsere Welt ist die einzige Welt. Dann müssen wir annehmen, dass eine intelligente Weltursache den kosmischen Prozess auf künftiges Leben hin fein abgestimmt und intelligent gestaltet hat.

Im Ergebnis also lehnt van Inwagen das kosmologische Argument ab und führt das ontologische und das teleologische Argument zu bedingter Geltung: *Wenn* Gott möglich ist, gibt es ihn wirklich; nur wissen wir nicht, ob er möglich ist; und *wenn* unsere Welt die einzige ist, wurde sie intelligent gestaltet; nur wissen wir nicht, ob sie die einzige ist. Dieser Ertrag, der sich auf neue analytische, modallogische und physikalische Argumentationen stützt, ist nichts radikal Neues gegenüber der klassischen rationalen Theologie und im Übrigen auch unzutreffend, wie wir in der Folge sehen werden. Aber er repräsentiert eine prominente Art und Weise, wie heute in der Philosophie von Gott die Rede ist.

1.2 Quentin Meillassoux über den kommenden Gott

Ausgefallen und überraschend sind hingegen die Überlegungen, die Quentin Meillassoux im Ausgang von dem moralischen Skandal entsetzlicher Todesfälle anstellt, in einem kleinen Aufsatz mit dem Titel »Deuil à venir, dieu à venir« (»Kommende Trauer, kommender Gott«).[7] Menschen foltern und morden. Menschen töten Kinder vor den Augen der Eltern und Eltern vor den Augen der Kinder. Kaum eine Grausamkeit dürfte vorstellbar sein, die nicht schon begangen wurde. Für Meillassoux sind die entsetzlich zu Tode Gekommenen spectres essentiels, wesentliche Gespenster. Sie können nicht in Frieden gehen, und wir können sie nicht in Frieden betrauern. Sie suchen uns heim, bis vielleicht irgendwann doch eine Trauer um sie möglich wird, eine Trauer, die aus der Hoffnung wachsen müsste, dass den Toten Heil und Rettung zuteilwerde. Dazu bedarf es, meint Meillassoux, eines rettenden Gottes, der die Toten auferwecken und ihnen Gerechtigkeit und Glück verschaffen kann.

Doch mit diesem Gedanken steht er vor einem Dilemma: Der Gott, der den entsetzlich zu Tode gekommenen Menschen im Nachhinein Gerechtigkeit schaffen soll,

5 Vgl. van Inwagen, Metaphysics (s. Anm. 1), 128f.

6 Vgl. a.a.O., 144f.

7 Quentin Meillassoux, Deuil à venir, dieu à venir, in: Critique 704–705 (2006), 105–115. Auf Deutsch: Kommende Trauer, kommender Gott, in: Armen Avanessian (Hrsg.), Quentin Meillassoux. Trassierungen. Zur Wegbereitung spekulativen Denkens. Aus dem Französischen von Roland Frommel, Leipzig 2017, 160–172.

hätte ihr Leiden von vornherein verhindern können und hat es nicht getan. Ein solcher Gott, meint Meillassoux, wäre eine theologische Monstrosität. Die Auflösung ergibt sich für ihn aus der realistischen Metaphysik, die er in seinem Hauptwerk »Après la finitude« entwickelt hat.[8] Er nennt sie den spekulativen Realismus. Zu dessen Zentralthesen gehört die Kritik des sogenannten Korrelationismus. So nennt er die Ansicht, dass Denken und Sein wesentlich aufeinander bezogen sind. Den Satz vom zureichenden Grund und das Kausalprinzip lehnt er infolgedessen ab: Das Reale richtet sich *nicht* nach unseren Denkprinzipien, sondern ist totale Kontingenz.

Eben darin sieht Meillassoux die Lösung: Der rettende Gott ist kein Monster, weil es ihn jetzt, unter den Bedingungen von Leid und Elend, noch gar nicht gibt. Aber er könnte aus Zufall in Zukunft zur Existenz kommen und seine heilsame Wirkung entfalten. Vielleicht glaubt Meillassoux, dass es nur eine Frage der Zeit ist, bis nach vielen anderen Zufällen auch dieser besondere Zufall eintritt. Und selbst wenn es noch Jahrmillionen dauern sollte, wäre es für die entsetzlich Gestorbenen und überhaupt für alle Toten und Lebenden nicht zu spät; denn der allmächtige Gott könnte sie alle zu einem seligen und gerechten Leben erwecken. Allerdings halte ich Meillassoux' Metaphysik der absoluten Kontingenz für falsch. Sie widerspricht dem hermeneutischen Realismus.

1.3 Gott im hermeneutischen Realismus

Der extreme Realismus hält das Reale für vollkommen unabhängig von unseren Urteilen. Der extreme Idealismus andererseits hält, was wir real nennen, für konstituiert durch unsere kognitiven Haltungen und Aktivitäten, sei es durch Wahrnehmung, Imagination oder diskursives Denken. Für den Wahrnehmungsidealismus hat Berkeley die Formel »esse est percipi« geprägt; in die Rubrik des Imaginationsidealismus gehört die Ansicht, wir lebten in einer Computersimulation; und dem Diskursidealismus sind bestimmte poststrukturalistische Positionen zuzurechnen. Der *hermeneutische* Realismus ist dagegen ein gemäßigter Realismus, der die logisch-ontologische Verschränkung von Denken und Sein lehrt und begründet. Er könnte insofern auch als ein gemäßigter Idealismus oder als eine Zwischenposition zwischen Realismus und Idealismus klassifiziert werden.

Die argumentative Entwicklung des hermeneutischen Realismus geht aus von dem Begriff der Wahrheit und dem unbestreitbaren Faktum, dass wir Wahrheitsansprüche erheben, und legt in logisch-begrifflicher Archäologie Voraussetzungen und Bedingungen des Faktums der Wahrheitsansprüche offen. Dabei stellt sich heraus, dass die Wahrheit drei wesentliche Aspekte hat. Sie ist weder Unverborgenheit noch Korrespondenz noch berechtigte Behauptbarkeit, sondern die spannungsvolle Einheit dieser Aspekte: eines objektiven, realistischen, eines epistemischen, phänomenalen und eines normativen, pragmatischen Aspektes.

---

[8] Quentin Meillassoux, Après la finitude. Essai sur la nécessité de la contingence, Paris 2006, ²2012.

Daraus folgt ein Korrelationismus des von Meillassoux zurückgewiesenen Typs; denn unsere begrifflichen Aktivitäten und das objektive Reale sind kraft der Unverborgenheit des Realen in der Wahrnehmung wesentlich aufeinander bezogen bzw. logisch-ontologisch miteinander verschränkt.

Auf dieser Basis lassen sich weitere Theoreme begründen, so die These von der Notwendigkeit des Seienden, die These von der notwendigen Raumzeitlichkeit des Seienden und die Doppelthese, Subjektivitätsthese genannt, (a) von der notwendigen Leiblichkeit der Subjektivität und (b) der Notwendigkeit leiblicher Subjekte.

Die erste These ist eine Antwort auf Leibniz' Frage, »warum es überhaupt etwas gibt und nicht vielmehr nichts«.[9] Leibniz' Antwort lautete: Es gibt etwas, weil mit logischer Notwendigkeit Gott existiert, der sodann mit moralischer Notwendigkeit die beste aller möglichen Welten geschaffen hat. Das ist in nuce das kosmologische Argument. Der hermeneutische Realismus widerspricht, weil es logisch notwendig ist, dass es Seiendes gibt – kein bestimmtes Seiendes wie Gott oder die Welt, sondern irgendwelche Seiende, deren jedes kontingent sein mag. Der Grund liegt darin, dass es nicht nichts geben kann. Denn wenn es nichts gäbe, wäre es eine Tatsache, dass es nichts gibt. Tatsachen aber setzen Seiendes voraus, an denen sie ihr Bestehen haben, so die Tatsache, dass Schnee weiß ist, den weißen Schnee. Wenn es nichts gäbe, gäbe es aber nichts, woran die Tatsache, dass es nichts gibt, ihr Bestehen haben könnte, es sei denn, sie hätte ihr Bestehen ausnahmsweise an ihr selbst und wäre somit selbst ein Seiendes. Widerspruch!

Die Raumzeitlichkeit des Seienden folgt aus dem realistischen Wahrheitsaspekt. Da das Reale objektiv ist, ist es unabhängig von unseren jeweiligen Urteilen. Dann aber sind wir fehlbar bezüglich des Realen, und dann müssen unsere Urteile mindestens zweigliedrig sein, zusammengesetzt aus *onoma* und *rhēma* oder Subjekt und Prädikat, wie Platon im »Sophistēs« gezeigt hat. Folglich muss das Reale aus Einzeldingen mit allgemeinen Bestimmungen bestehen. Allgemeine Bestimmungen aber individuieren nur bis zu qualitativer, nicht bis zu numerischer Identität. Für die numerische Identität der Einzeldinge bedarf es daher einer Sphäre radikaler, quantitativer Einzelheit, eben des Raum-Zeit-Systems als der Generalform alles Seienden.

Was schließlich die Subjektivitätsthese angeht, so folgt ihr erster Teil, die Leiblichkeitsthese, aus der Raumzeitlichkeit des Seienden erstens unmittelbar, wobei freilich das Raumzeitsystem als Ganzes als ein übermäßiges Subjekt in Frage käme, zweitens auch mittelbar und dann im gewöhnlichen Sinn von Leiblichkeit. Da nämlich alles Reale raumzeitlich ist, kann es nur von innerhalb des Raumzeitsystems, also nur perspektivisch erkannt werden. Ein aperspektivisches Denken und Erkennen von außerhalb der Welt ist unmöglich; denn ein solches

9 »[L]a première question qu'on a droit de faire, sera, *pourquoi il y a plus tôt quelque chose que rien*«, Gottfried Wilhelm Leibniz, Principes de la Nature et de la Grace fondés en raison. Monadologie/Vernunftprinzipien der Natur und der Gnade. Monadologie, Hamburg 1956, 12 bzw.13 (= Principes bzw.Vernunftprinzipien, Ziffer 7).

Denken hätte keinen Begriff von Einzelheit, dann auch nicht den korrelativen Begriff der Allgemeinheit, also gar keinen Begriff. Es wäre kein Denken. Sofern der Theismus an die Existenz eines personalen außerweltlichen Gottes gebunden ist, ist die Leiblichkeitsthese atheistisch. Einen personalen Gott kann es ihr zufolge nicht geben.

Der zweite Teil der Subjektivitätsthese, die Notwendigkeitsthese, gilt, weil es qualitativ identische und dennoch numerisch verschiedene Einzeldinge geben könnte. Die numerische Identität der Einzeldinge hängt also an ihren perspektivischen Eigenschaften, ihrem Hiersein oder Dort-Sein, Jetztsein oder Vergangen-Sein (usw.). Perspektivische Eigenschaften aber gibt es nur relativ zu leiblichen Subjekten, die das Raumzeitsystem egozentrisch erleben, von sich als Blickpunkt aus. Also gibt es Einzeldinge nur, wenn einige von ihnen Subjekte sind.

Der hermeneutische Realismus ist eine weit ausgreifende Philosophie, deren thematisch relevante Theoreme hier nur angetippt, nicht begründet werden können. Zu den schon genannten werden später noch weitere hinzukommen, die kurz angekündigt seien: (1) die Übertragung der Drei-Aspekte-Struktur der Wahrheit auf die Dimensionen des Raums, auf die Modi der Zeit und auf die Aspekte des Glücks (Lust, Gelingen, Kontemplation), (2) die Freiheitstheorie des Zeitpfeils, (3) die These des ins Weite ausgedehnten Bewusstseins und (4) die Lehre von einem System der Wechselverhältnisse oder logischen Verschränkungen.

Was aber zunächst das ontologische Argument betrifft, so gilt nach dem hermeneutischen Realismus: Notwendig existiert Seiendes, aber kein Seiendes existiert notwendig. Allenfalls könnte das allgemeine Sein in allen Seienden als notwendig angesehen werden. Doch dieses allgemeine Sein ist kein einzelnes Seiendes. Also ist ein einzelnes ens necessarium unmöglich. Dem kosmologischen Argument widerspricht der hermeneutische Realismus aus drei Gründen. Erstens gilt der Satz vom zureichenden Grund nur als innerweltliches Kausalprinzip, denn die Welt als Ganzes ist kein Einzelding, sondern ein offenes System, zweitens gilt das Kausalprinzip auch innerhalb der Welt nicht durchgängig, und drittens liegt der Grund dafür, dass es überhaupt etwas gibt, in der bloßen Logik: Es ist logisch unmöglich, dass es nichts gibt. Mit Verweis auf die Logik widerspricht der hermeneutische Realismus auch dem teleologischen Argument. Da es gemäß der Subjektivitätsthese logisch notwendig ist, dass denkendes Leben im Kosmos entsteht, liegt dieser Sachverhalt jenseits der Gestaltungsmöglichkeit einer intelligenten Instanz. Denn was notwendig ist, kann von niemandem beschlossen oder verhindert werden. Insofern sind alle drei klassischen Gottesargumente ungültig.

Bleibt noch das Verhältnis des hermeneutischen Realismus zu Meillassoux' spekulativem Realismus zu klären. Meillassoux akzeptiert nur eine einzige außermathematische Notwendigkeit, die der Kontingenz aller Dinge. Notwendige Wahrheiten nämlich erkennen wir in reinem Denken, und nach Meillassoux kann das Denken dem Sein nicht vorgreifen, da keine Korrelation von Denken und Sein besteht. Der hermeneutische Realismus hingegen lehrt diese Korrelation und erkennt daher logische Notwendigkeiten im Sein an. Meillassoux begründet seine Kritik des Korrelationismus unter Verweis auf die *Anzestralität von Urfossilien.*

Anzestralität nennt er die Zeit vor der Entstehung bewussten Lebens, und Urfossilien (archifossils) sind Spuren anzestraler Phänomene. Urfossilien belegen, dass Seiendes war, bevor es denkende Wesen gab. Doch diesen Sachverhalt bestreitet der hermeneutische Realismus keineswegs. Er lehrt nicht, dass unserem Erkennen eine kausale Rolle bei der Hervorbringung der erkannten Objekte zukommt. Vielmehr ist die logische Verschränkung von Denken und Sein ebenso transkausal wie die quantenmechanische Verschränkung bestimmter Elementarteilchen und ebenso wenig wie diese an Signalübertragungen in Raum und Zeit gebunden. Die Subjektivitätsthese besagt nur, dass der Urknall aus rein logischen Gründen nicht hätte stattfinden können, wenn er nicht die Entstehung denkender Subjekte zur Folge gehabt hätte.

2. Glück und Gerechtigkeit als Desiderat

Dem objektseitigen Pol des Realen und dem subjektseitigen Pol des Denkens entsprechen der realistische und der pragmatische Wahrheitsaspekt. Gemäß dieser Polarität teilt sich die raumzeitliche, quantitative Mannigfaltigkeit in eine objektive und eine subjektbezogene Seite, in Raum und Zeit, und das Zentrum, in dem beide Seiten zusammenhängen, ist der Blickpunkt hier und jetzt, der dem phänomenalen Wahrheitsaspekt entspricht. Dass der Raum mehrdimensional ist, folgt dabei aus seinem Status als Sphäre des Objektiven; denn Objekte müssen auch dann existieren können, wenn sie nicht wahrgenommen werden, sondern abgeschattet sind. Und aus der Abschattung müssen sie auch wieder hervortreten, sich also im Raum nach allen Richtungen bewegen können.

Aus den Wahrheitsaspekten verstehen wir die Dimensionen des Raumes: aus dem realistischen Aspekt die Breite von rechts und links, aus dem pragmatischen die Länge von hinten und vorn und aus dem phänomenalen die Höhe von oben und unten.[10] Analoges gilt für die Modi der Zeit. Anders als der Raum verfließt die Zeit gleichförmig aus der Zukunft durch die Gegenwart in die Vergangenheit und lässt keine freie Bewegung zu. Ihr pragmatischer Modus, die Zukunft, ist die Offenheit für freies Wollen. Insofern wird der Zeitpfeil aus unserer Freiheit verstanden. Der realistische Zeitmodus, die Vergangenheit, ist die Seite des Unabänderlichen und der phänomenale Modus, die Gegenwart, unser zeitlicher Blickpunkt.

In allen acht raumzeitlichen Richtungen sind wir endlich, aber nur in einer Richtung bedrückt uns die Endlichkeit, in der Richtung unseres Wollens, also der Zukunft. Diese Art Endlichkeit heißt Sterblichkeit, und ihr Bedrückendes ist, dass mit dem Tod der Progress unserer Zielsetzungen nicht etwa in sein Ziel, sondern nur an ein faktisches Ende kommt. Er vollendet sich nicht, sondern wird abgebrochen. Freilich könnte er sich auch dann nicht vollenden, wenn kein Abbruch

---

[10] Vgl. Anton Friedrich Koch, Versuch über Wahrheit und Zeit, Paderborn 2006, §§ 73–81, 554–614.

geschähe, da er nach seiner zeitlichen Logik ins Endlose geht. Selbst dann nämlich, wenn alle meine Ziele einmal erreicht wären, würde sich als neues Ziel sofort die Erhaltung dieses Zustands geltend machen. Ohne faktischen Abbruch ginge der Progress des bewussten Lebens also bloß in eine offene Endlosigkeit, keineswegs in die wahre zeitliche Unendlichkeit, die Ewigkeit. Nicht unbegründet erscheint daher die Ansicht mancher, dass in endlosem Weiterleben wir allmählich bei lebendigem Leib in Langeweile ersterben würden.[11]

Selbst die vom Leben Gutgestellten leiden mithin an der Struktur der Zeit, denn gerade, wenn das Leben schön ist, würde man gern endlos weiterleben, und zugleich wäre andererseits das Weiterleben ein endloses Weiterstreben, das nie an ein bleibendes Ziel käme. In diesem Dilemma von Sterblichkeit und mühseliger Langeweile scheint für einige die Sterblichkeit ihren Schrecken zu verlieren. Das wahre Desiderat wäre jedoch der Ausgang aus dem Dilemma in ein unendliches Leben jenseits der endlichen Ziele. Doch der hermeneutische Realismus ist eine Philosophie der Endlichkeit und bietet dafür keine Anhaltspunkte, eher im Gegenteil.

Wenn aber schon die Gutgestellten mit bleibendem Glück nicht rechnen dürfen, dann viel weniger noch die Schlecht- und Schlechtestgestellten. So tritt zur Flüchtigkeit des Glücks verschärfend ein entsetzlicher Mangel an Gerechtigkeit, also ein moralischer Dauerskandal, dessen Unübersehbarkeit auch das fade Glück der Gutgestellten weiter schmälert. Doch mit dem Desiderat der Gerechtigkeit, insbesondere für die Toten, wissen Philosophien der Endlichkeit nicht umzugehen – am ehesten übrigens noch ihre reduktiv naturalistischen Varianten, denn diesen zufolge ist der Mensch ein bloßes Stück Natur wie Fichtes Stück Lava im Monde oder ein Kieselsein im Fluss; komplexer zwar, doch im Prinzip von gleicher Art. Menschen, Lava und Kieselsteine sind im kosmischen Maßstab unüberbietbar unbedeutend. Warum also sollte auf menschliches Glück und auf Gerechtigkeit im Weltprozess Rücksicht genommen sein?

So nonchalant wie der reduktive Naturalismus kann der hermeneutische Realismus sich nicht geben, denn er lehrt die kosmische Bedeutsamkeit des Menschen und trifft sich darin mit der hermeneutischen Phänomenologie Martin Heideggers, der den Menschen als den »Hirt[en] des Seins« apostrophiert.[12] Ohne sterbliche Subjekte gäbe es keine Seienden und kein Sein. Daher lässt die menschliche Misere sich nicht mit der Behauptung abtun, wir seien kosmisch bedeutungslos, sondern bleibt ein Skandal. Heidegger nimmt ihn hin. Aber für den hermeneutischen Realismus, der mit Kant der Vernunft eine wesentliche Rolle für die Moralbegründung einräumt, wird der strukturelle Gerechtigkeitsmangel zu einer herausfordernden Bedrohung der Widerspruchsfreiheit der Vernunft selber.

---

11 Vgl. Bernard Williams, The Makropulos Case: Reflections on the Tedium of Immortality, in: ders., Problems of the Self, Cambridge/England 1973, 82–100.

12 Martin Heidegger, Brief über den »Humanismus«, in: ders., Gesamtausgabe. Band 9. Wegmarken, Frankfurt am Main 1976, 313–364, 342.

Kant hat die Konsistenz der Vernunft durch seine Lehre von den Vernunftpostulaten zu wahren versucht. Erstens müssen wir uns als frei verstehen, weil wir als praktische Vernunft sonst Unmögliches von uns verlangen würden. Zweitens müssen wir annehmen, dass wir nach dem Tod endlos fortexistieren werden. Andernfalls wäre die moralische Selbstvervollkommnung, die als Gebot aus dem Vernunftgesetz folgt, für uns unmöglich. Nur in einem unendlichen Progress können wir uns ihr asymptotisch annähern. Drittens wäre die moralische Praxis als ganze widervernünftig, wenn die Vernunftforderung nach Gerechtigkeit unerfüllbar bliebe. Da das Glück weder von selbst noch durch unsere Macht mit der Moral korreliert, müssen wir also die Existenz eines gerechten Gottes annehmen, der den Grad der Glückswürdigkeit jedes Menschen kennt und in seiner Allmacht das tatsächliche Glück daran anpassen wird.

Diese Postulate lassen sich nach Kant nicht unabhängig vom Desiderat der Vernunftkonsistenz beweisen. Wir müssen sie für wahr halten, schlicht weil die Vernunft sonst in Widerspruch zu sich selbst geriete. Immerhin beansprucht Kant, in seiner Transzendentalphilosophie unabhängig gezeigt zu haben, dass die Postulate wahr sein *können*, sofern man denn in Rechnung stellt, dass der raumzeitlichen Welt eine intelligible Welt zugrunde liegt.

Der hermeneutische Realismus verhält sich uneinheitlich zu den Inhalten der Postulate. Die Realität der Freiheit beweist er in einer Freiheitstheorie des Zeitpfeils unter Anerkennung des naturgesetzlichen Determinismus und ohne Annahme einer intelligiblen Welt: Der Zeitpfeil setzt die Realität der Freiheit voraus.[13] Ein Freiheitspostulat aus praktischer Vernunft ist daher überflüssig. Das Postulat der Unsterblichkeit nimmt ein endloses Streben nach moralischer Vollkommenheit an, also keineswegs ein ewiges, wahrhaft unendliches und seliges Leben. Kant ergreift damit kaum verhüllt das Horn der Mühsal und Langeweile im Dilemma von Ende und endlos fortschreitendem Weiter so. Dem Postulat der Existenz eines personalen Gottes schließlich, der den endlos Weiterstrebenden die Langeweile durch Gerechtigkeit versüßen könnte, widerspricht der hermeneutische Realismus mit der Leiblichkeitsthese: Subjektivität ist notwendig endlich.

3. Die Fluchtlinie der Hoffnung

Wie die Wahrheit und die Zeit, so hat auch das Glück drei wesentliche Aspekte, und wie im Fall der Wahrheit und der Zeit, so sind auch diese schwer zu vereinbaren. Davon zeugt der Streit der einseitigen Konzeptionen, wie der Wahrheit und der Zeit, so des Glücks. In ihnen wird jeweils ein Aspekt fürs Ganze genommen. In der Wahrheitstheorie konkurriert in dieser Weise der extreme Realismus, der den realistischen Aspekt absolut setzt, mit dem antirealistischen Pragmatismus, der sich auf den pragmatischen Aspekt versteift. Was den Streit schlichten könnte,

---

13 Vgl. Koch, Versuch (s. Anm. 10), § 70, 526–533.

die Hinzuziehung des phänomenalen Aspektes, tritt als weitere Partei auf, die einseitig Wahrheit mit Unverborgenheit identifiziert.

Ähnlich konkurrieren in der Zeitphilosophie sogenannte A-Theorien, die die Modi der Zeit ernst nehmen mit B-Theorien, die die Modi herunterspielen und die Zeit allein aus dem realistischen Wahrheitsaspekt und de facto nach dem Muster der Vergangenheit verstehen. Entsprechend wird in B-Theorien das Raum-Zeit-System als vierdimensionaler, statischer Block vorgestellt. Eine A-Theorie, die die Zeit unter dem pragmatischen Wahrheitsaspekt aus dem Modus der Zukunft denkt, ist die Auffassung, dass der Raum-Zeit-Block bis zu der Kante der Gegenwart reicht und dort in die Zukunft weiterwächst. Zu den A-Theorien gehören ferner präsentistische Positionen, die sich einseitig auf den phänomenalen Aspekt und den Modus der Gegenwart konzentrieren, etwa die Lichtspieltheorie, die den Film der Ereignisreihe durch das helle Licht der stehenden Gegenwart in die Vergangenheit laufen lässt.

In vergleichbarer Manier treten im endlichen Glück die drei Lebensformen auseinander, die Aristoteles einst unterschied. Im Genussleben fällt die Aufmerksamkeit vom realistischen Wahrheitsaspekt und vom Zeitmodus der Vergangenheit her ganz auf das sich immer schon in Lust oder Unlust Befinden und auf die Lust als Ziel. Analog tritt im politisch-praktischen Leben unter der Herrschaft des pragmatischen Wahrheitsaspekts und des Modus der Zukunft die Alternative von Gelingen und Misslingen in den Vordergrund mit dem Ziel des Gelingens. Und im philosophisch-theoretischen Leben lassen der phänomenale Wahrheitsaspekt und der Modus der Gegenwart die beseligende *theōria* als das Gute erscheinen im Kontrast zur gehetzten Zerstreuung in vielerlei Besorgungen.

Wer gegen die Tendenz des hermeneutischen Realismus einen Versuch mit dem Standpunkt der Unendlichkeit machen möchte, sollte diese Einseitigkeiten vermeiden und die unendliche Wahrheit nicht als abstrakte Unverborgenheit, die Ewigkeit nicht als abstrakte Gegenwart und das unendliche Glück nicht als abstrakte *theōria* missverstehen. Es gilt, die flankierenden Aspekte jeweils mit zu berücksichtigen und sie als im Zentralaspekt aufbewahrt anzuerkennen. Unendliche Wahrheit wäre demnach Unverborgenheit, die Korrespondenz und Behauptbarkeit, Ewigkeit wäre Gegenwart, die Vergangenheit und Zukunft, und unendliches Glück wäre *theōria*, die Gelingen und Lust einschließt.

Zum Schluss ist zu fragen, welchen Spielraum für Spekulationen dieser Art der hermeneutische Realismus lässt. Zu seinen Gunsten sei zunächst vermerkt, dass er kein Theodizee-Problem hat. Erstens kennt er keinen personalen Gott, der verantwortlich zu machen wäre, und zweitens betrachtet er das irdische Jammertal als eine logische Notwendigkeit. Leibliche Subjekte *muss* es geben, und an ihrer Leiblichkeit sind sie dann zu packen und somit den Zufällen der Natur und ihren eigenen wechselseitigen Taten und Untaten ausgesetzt. Anders geht es nicht. Denn Individuen können sich nur unter diesen prekären Bedingungen konstituieren.

Die entscheidende Frage ist daher diese: Können Individuen, zumindest die denkenden, wenn sie denn einmal konstituiert sind, sich von den prekären

Bedingungen ihrer Konstitution im Nachhinein emanzipieren, ohne ihre Individualität zu verlieren? Direkter gefragt: Was geschieht mit einem denkenden Individuum, wenn es stirbt? Die Leiblichkeitsthese ist antidualistisch. Wenn der Mensch stirbt, stirbt er mit Leib und Seele, also auch erfreulicherweise inklusive aller körperlichen Gebrechen und seelischen Traumata und aller endlichen Bedürfnisse und Ziele. Das klänge hoffnungsvoll, wenn es nicht zugleich das Ende der Person konnotieren würde. Doch vielleicht muss man, wenn man nach postmortalem Leben fragt, weniger die einzelne Person fokussieren als ihre doppelte Einbettung in das raumzeitliche Feld und in die logische Verschränkung aller Personen und Dinge. Beiderlei Einbettung gehört zu den Theoriebeständen des hermeneutischen Realismus, erstere als die These des ausgedehnten Bewusstseins, letztere als die Lehre vom System der Wechselverhältnisse.

Die These des ausgedehnten Bewusstseins besagt, dass unser sinnliches, qualitativ-phänomenales Bewusstsein nicht im Kopf ist, sondern draußen bei den Dingen. Das Bewusstsein wird nicht vom Gehirn erzeugt, sondern wir werden mittels des Gehirns an das allgemeine raumzeitliche Bewusstseinsfeld nur angeschlossen. Wir teilen dieses Feld mit allen empfindenden Wesen, überschneiden uns alle in ihm und zentrieren es jeweils perspektivisch um uns selbst. Lebewesen sind weniger streng voneinander geschieden, als ihre Körpergrenzen es vermuten lassen, und dies nicht nur wegen des geteilten Bewusstseinsfeldes, sondern auch weil sie in verschiedenen Wechselverhältnissen logisch miteinander verschränkt sind.

Logisch verschränkt ist nach der Subjektivitätsthese das Reale im Ganzen mit raumzeitlicher Subjektivität, und dieser Sachverhalt lässt sich in ein facettenreiches System von Wechselverhältnissen entfalten. Eines darunter ist das Wechselverhältnis zwischen allen Subjekten, das Fichte 1798 als die moralische Weltordnung fasste und mit Gott gleichsetzte. Man kann es zu einem Wechselverhältnis zwischen Menschen und Dingen überhaupt erweitern und mit dem absoluten Sein und auch erneut mit Gott gleichsetzen, wie Fichte es später, 1806, in der »Anweisung zum seligen Leben« tat. Aus der Quantenphysik kennen wir den Dualismus von Welle und Teilchen. Ein und dieselbe physikalische Realität kann sich als Welle und unter anderen Bedingungen als Teilchenstrom realisieren, also in zwei Formen, die einander ausschließen. In analoger Weise realisiert sich das absolute und göttliche Sein zum einen als das nicht objektivierbare, allseitige Wechselverhältnis, das dem Raum-Zeit-System zugrunde liegt, und zum anderen als das materielle Raum-Zeit-System, das dank der leiblichen Subjekte, die in ihm vorkommen, das Prinzip der Individuation aller Dinge ist. In dieser zweiten Realisierungsweise ist das allseitige Wechselverhältnis ein objektiviertes und nach Fichte ein entgöttlichtes und totes Sein, eben das irdische Jammertal, ohne welches es freilich keine Individuation und damit auch kein Sein gäbe. So gewinnt der Erdenjammer einen ontologischen Rang.

Des ungeachtet könnte man aber spekulieren, dass ein Mensch, der sich als ein leibliches Subjekt im quantitativen Raum-Zeit-Feld konstituiert hat, damit zugleich eine abgeleitete Individualität im qualitativen Feld des allseitigen

Wechselverhältnisses erwirbt und dass die so erworbene Mitgliedschaft im allseitigen Wechselverhältnis ebenso beständig ist wie das Wechselverhältnis selbst, das fortbestehen wird über den etwaigen Wärmetod oder Zusammenbruch des physischen Universums hinaus, weil letzteres nicht zu schlechthin nichts zerfallen kann.

Für einen Menschen, der nach seinem Tod frei von seinem materiellen Körper im Wechselverhältnis fortbestünde, würde sich sein Dasein fundamental verwandeln. Im qualitativen Feld könnte er sich nun frei bewegen, sogar rückwärts in der Zeit. Die Schwerkraft müsste nicht mehr überwunden werden, und es gäbe keine Obergrenze für die Geschwindigkeit der Fortbewegung mehr. Zudem wären mit dem materiellen Körper alle materiegebundenen Bedürfnisse und Triebe entfallen. Man sähe im Rückblick sein bisheriges Leben ohne verhüllend-beschönigende irdische Motive. Begangene Untaten würden sich rein als Untaten präsentieren, und ihre Präsentation würde zum gegebenenfalls schrecklichen Purgatorium, durch das dem Desiderat der Gerechtigkeit ohne Zutun eines personalen Gottes Genüge geschähe. Auch wären die Opfer der Untaten längst jenseits alles Leids und hätten es nicht nötig, nachtragend zu sein. Einer Allversöhnung stünde nichts mehr im Wege.

Damit träte ein Glück ein, dessen endlichen Vorgeschmack vielleicht die romantische Liebe im Augenblick ihres Gelingens vermittelt. Dabei vertritt in der liebenden Imagination ein Mensch dem anderen die ganze gleichgültige, oft unfreundliche Menschenwelt, mit der die Versöhnung gesucht und nun im Stellvertreter imaginativ gefunden wird. Diese übermäßige Vertretungsleistung kann kein Mensch einem anderen durchgängig erbringen. Im angenommenen postmortalen Szenarium aber wäre die Allversöhnung und Allvereinigung der Individuen realisiert und das Glück beständig. Der Progress der Zielsetzungen wäre außer Kraft gesetzt und die Mühe und Langeweile endlosen Strebens aufgelöst in Wohlgefallen.

Von der philosophischen Theorie sind wir ins Gebiet der Fiktion, nicht der Science-Fiction, sondern der Religionsfiktion, und in einen Irrealis geraten, der bestenfalls zu einem Potentialis aufgewertet werden dürfte. Was bleibt nun über Glück und Gott im religionsfiktionalen Potentialis zu sagen? Gott, um mit ihm zu beginnen, wäre das lebendige, nicht objektivierte Wechselverhältnis aller Dinge oder das absolute Sein. Aber er wäre keine Person, allenfalls eine Quasiperson, wie juristische Personen es sind oder dichterische Personalisierungen von Städten, Ländern, Flüssen, Bergen (usw.). Das Glück seinerseits wäre das unendliche Urbild des Gelingens der romantischen Liebe: die Versöhnung und Vereinigung nicht mit einem individuellen Stellvertreter des Ganzen, sondern mit dem Ganzen selbst – all dies im qualitativen, raumzeitanalogen Feld des absoluten Wechselverhältnisses und ohne die Einschränkungen, denen wir im materiellen Raum-Zeit-System unterliegen.

Als Fazit bleibt der Hinweis auf ein Theoriedesiderat und ein Forschungsprogramm: Zu untersuchen wäre, welche Denkmöglichkeiten für ein ewiges und seliges Leben sich unter den Vorgaben des hermeneutischen Realismus in der angedeuteten Fluchtlinie eröffnen. Es geht wohlgemerkt nur um Denkmöglichkeiten. Nicht die Philosophie, sondern nur die Empirie könnte uns hier definitiv belehren. Entweder nämlich werden wir, wenn wir sterben, erfahren, ob es sich verhält, wie in der Religionsfiktion entworfen, oder ganz anders. Oder wir werden nichts mehr erfahren, dann nämlich, wenn mit dem Tod das Subjekt an sein Ende kommt, wie es der hermeneutische Realismus an seiner philosophischen Basis nicht anders erwarten lässt.

Barbara Müller

Ist Gott das große Glück?

Im Gespräch mit Augustin und Zeitgenoss:innen

Für Augustin könnte die Titelfrage schlicht bejaht werden. Allerdings bedarf es einiger Präzisionen und Erklärungen, um den spezifischen Charakter der Augustinischen Glücksvorstellung zu verstehen, gerade auch, um sie nicht unbesehen mit modernen Glücksvorstellungen zu verwechseln. Denn die Glücksvorstellungen Augustins und einer umfangreichen christlichen und auch nichtchristlichen vormodernen Tradition sind wenig kompatibel mit gegenwärtigen allgemeinen Glücksvorstellungen, in deren Zentrum oft ein Gefühl steht.[1] Die Frage nach Glücksgefühlen wird im zweiten Teil des Beitrags gleichwohl aufgegriffen, gerade auch, um damit potentiell eine Brücke zu modernen Vorstellungen zu schlagen. Vorab ist allerdings in einem ersten Teil zu klären, worin die Augustinische Glücksvorstellung im Kern besteht.

1. Augustin im Gespräch über das Glück[2]

Augustins Ausführungen zum Thema Glück haben sich im Verlauf seines Lebens verändert. Die Ausführungen des frühen Augustin unterscheiden sich von denjenigen des späten Augustin und sollen im Folgenden auch chronologisch behandelt werden – mit Fokus allerdings auf das Frühwerk, da hier bei allen späteren Unterscheidungen doch grundlegende Kategorien eingeführt werden.

---

1 Vgl. Marcel Sarot, Art. Glück/Glückseligkeit III. Theologiegeschichtlich und dogmatisch, in: RGG[4] Bd. 3, 2000, 1018–1020, 1018f.

2 Überblicksdarstellungen zu Augustins Glücksverständnis: Christan Tornau, Happiness in This Life? Augustine on the Principle that Virtue Is Self-sufficient for Happiness, in: Øyvind Rabbås u.a. (Hrsg.), The Quest for the Good Life. Ancient Philosophers on Happiness, Oxford 2015, 255–280; Peter Eardley, Art. Happiness, in: Willemien Otten/Karla Pollmann (Hrsg.), The Oxford Guide to the Historical Reception of Augustine, Oxford 2014 (DOI 10.1093/acref/9780199299164.001.0001; Stand: 22.05.2024). Nach wie vor grundlegend: Ragnar Holte, Beatitudo och sapientia. Augustinus och de antika filosofkolornas diskussion om människans livsmål, Uppsala 1958 (mit dt. Zusammenfassung, 382–395).

1.1 Der frühe Augustin in »De beata vita«

1.1.1 Rahmen und biographischer Kontext

Augustins umfangreichste Ausführungen, die zur Rekonstruktion seiner frühen Glücksvorstellung relevant sind, finden sich im Dialog »De beata vita«.[3]

Das Werk geht auf im Jahr 386 tatsächlich geführte Gespräche zurück.[4] Diese fanden vom 13. bis 15. November 386 statt. Mit einer Art philosophischem Symposion feierte Augustin nämlich seinen 32. Geburtstag (13. November). Augustin hatte eine Gruppe philosophisch und religiös Interessierter auf ein Landgut in Cassiciacum, nördlich von Mailand, eingeladen, um mit ihm die Frage nach dem Glück zu erörtern. Vorher war er als Rhetorikprofessor am Kaiserhof in Mailand tätig gewesen und hatte damit den prestigeträchtigsten Lehrstuhl im lateinischen Westen inne.[5]

Der dramaturgische und literarische Rahmen, der hinter »De beata vita« steht, gemahnt an philosophische Symposien, wenngleich der äußere Rahmen von Augustins Geburtstagsfeier weit karger war. An der Stelle der für antike Symposien typischen opulenten Mahle und auch feucht-fröhlicher Gespräche stehen bei Augustin täglich ein frühes und leichtes Frühstück, gefolgt von disziplinierten Gesprächsgängen auf dem Programm.[6]

Konkret trifft man sich an den ersten beiden Tagen in dem von der Villa etwas entfernten und im November leeren Badehaus.[7] Die Unterredung des dritten Tages findet im Freien statt.

Augustin hatte kurz zuvor in Mailand einen Zusammenbruch erlitten. Von seinen Beschwerden schreibt er auch in »De beata vita«: »Und so packte mich ein solcher Brustschmerz (*pectoris dolor*), dass ich nicht mehr imstande war, die Last meines Berufes zu ertragen[...].«[8] Krankheitsbedingt sah er sich gezwungen,

---

3 Lateinisch: Aurelius Augustinus, *De beata vita*, hrsg. von Simone Adam, in: Aurelius Augustinus, *Contra academicos, De beata vita, De ordine*, dies./Therese Fuhrer (Hrsg.), BT 2022, Berlin u.a., 2017, 85–113. Deutsch ausgehend von: Augustinus, *De beata vita*/Über das Glück, hrsg. von Ingeborg Schwarz-Kirchenbauer/Willi Schwarz, Stuttgart 1982.

4 Vgl. Gerard J.P. O´Daly, Art. Cassiciacum, in: Augustinus-Lexikon Bd. 1, 1986–1994, 771–781, 774–777; Ingeborg Schwarz-Kirchenbauer/Willi Schwarz, Nachwort, in: Augustinus, *De beata vita*/Über das Glück (s. Anm. 3), 79–109, 89.

5 Zu Augustins Biographie vgl. Jochen Rexer/Volker Henning Drecoll, Person. Art. Vita: wichtigste lebensgeschichtliche Daten, in: Volker Henning Drecoll (Hrsg.), Augustinus Handbuch, Tübingen 2007, 36–49.

6 Aug., beata v. 6 (Adam/s. Anm. 3), 91. Zur antiken Symposientradition vgl. Konrad Vössing (Hrsg.), Das römische Bankett im Spiegel der Altertumswissenschaft, Stuttgart 2008; Barbara Müller, Die Tradition der Tischgespräche von der Antike bis in die Renaissance, in: Katharina Bärenfänger/Volker Leppin/Stefan Michel (Hrsg.), Martin Luthers Tischreden. Neuansätze der Forschung, Tübingen 2013, 63–78, 63–70.

7 Vgl. Aug., beata v. 6 (Adam/s. Anm. 3), 91: »in balneas [...] locus secretus«.

8 Aug., beata v. 4 (Adam/s. Anm. 3), 90; Schwarz-Kirchenbauer/Schwarz, Glück (s. Anm. 3), 11.

seinen Lehrstuhl aufzugeben. Dies alles schätzte er aber als nur scheinbar feindlichen Sturm ein; faktisch erkannte er darin eine Hilfe, um ihn auf den richtigen Weg zu Gott zu bringen.[9] Zuvor hatte er in Mailand auch sein berühmtes Bekehrungserlebnis, das er später in seinen »Confessiones« beschreibt.[10] Um eine Konversion zum Christentum handelt es sich dabei sicher nicht; denn ein irgendwie gläubiger Christ war Augustin immer gewesen. Vielmehr wurde ihm im Spätsommer 386 in Mailand definitiv klar, eine neue Lebensform wählen zu müssen, um sich Gott gänzlich zuwenden zu können. Über seine damalige Theologie lassen die überlieferten Quellen keine konsistenten Aussagen zu. Unstrittig ist indes, dass ein Bruch mit der Welt erfolgte: Die Aufgabe der weltlichen Karriere, ebenso die Trennung von seiner langjährigen Konkubine sowie die Entscheidung, die von der Mutter arrangierte Ehe nicht eingehen zu wollen, damit faktisch der Entscheid für ein asketisches Leben. Exakt aus dieser Zeit des Umbruchs stammt Augustins Werk »De beata vita«.

1.1.2 Terminologie und inhaltliche Schwerpunkte

Im Zentrum des Augustinschen Geburtstagssymposions steht die *beata vita*. Wenn dieser Titel im Deutschen gängiger Weise mit Glück übersetzt wird, dann handelt es sich dabei um eine Interpretation.[11] Denn hinter Augustins lateinischem Titel verbirgt sich Ciceros Formel der *vita beata*, die wiederum dessen Übersetzung des griechischen Begriffs εὐδαιμονία bildet.[12] Mit der εὐδαιμονία und ihrem lateinischen Äquivalent der *beata vita* befinden wir uns im Rahmen antik-philosophischer Glücksvorstellungen, in deren Zentrum das tugendhafte Leben steht.[13] Dadurch unterscheiden sie sich von anderen Glücksvorstellungen, insbesondere von der hedonistischen Epikurs.[14] Eine klare philosophische Zuordnung von Augustins Fragen und Kategorien ist allerdings über die Abgrenzung von einer Lusttheorie hinaus insofern schwierig, als sich alle spätantiken Philosophenschulen mit dem glücklichen Leben beschäftigten und sich ihre Positionen und Begriffe nicht konsequent auseinanderhalten lassen. Hinzu kommt, dass im christlichen Kontext das zentrale Adjektiv *beatus* gleichzeitig ein wichtiger biblischer Begriff, z.B. der Bergpredigt (Mt 5,3–12), ist.[15] Augustins Ausführungen bewegen sich somit in einem vielfältigen und mehrdeutigen antik philosophischen und christlichen

---

9 Vgl. Aug., beata v. 4 (Adam/s. Anm. 3), 90.

10 Vgl. Aug., conf. 8, 29f, zit. nach Aurelius Augustinus, *Confessionum libri tredecim*, hrsg. von Luc M.J. Verheijen, CChr.SL 27, Turnholt 1981, 131f.; vgl. Volker Henning Drecoll, Art. Die ›Bekehrung‹ in Mailand, in: ders., Handbuch (s. Anm. 5), 153–164.

11 So z.B. in der Übersetzung von Schwarz-Kirchenbauer/Schwarz, Glück (s. Anm. 3).

12 Vgl. Henrique de Noronha Galvao, Art. Beatitudo, in: Augustinus-Lexikon Bd. 1, 1986–1994, 624–638, 624-627; Ragnar Holte, Art. Glück, in: RAC 11 (1981), 246–270, zu Augustin: 264–268.

13 Vgl. Eardley, Happiness (s. Anm. 2).

14 Vgl. ebd.

15 Vgl. de Noronha Galvao, Beatitudo (s. Anm. 12), 625, mit Bezug auf μακαριότης.

Rahmen. Klar ist immerhin, dass er mit der Frage nach dem Glück gleichsam die Urfrage antiker Philosophie aufnimmt: Was ist das gute Leben?[16] Diese trieb ihn in seiner damaligen fragilen biographischen Situation, in der sich alles im Umbruch befand.

»De beata vita« besteht aus vier Teilen: Einem Widmungsschreiben an einen Philosophen Namens Theodor, das als Einleitung fungiert, sowie drei Gesprächsgängen. Diese sollen im Folgenden kurz zusammengefasst werden:

Das Widmungsschreiben an seinen Mailänder Freund Theodor besteht aus einem umfangreichen Rekurs auf traditionelle nautische Metaphern.[17] Entsprechend verortet Augustin das Glück geographisch auf dem »(Fest-)land (*regio*)«.[18] Er sieht den Menschen als Seefahrer, der auf das stürmische Meer geworfen ist und dessen Ziel darin besteht, zurück auf das sichere Festland zu gelangen.[19] Der Zugang erfolgt über den Hafen, den er mit der Philosophie gleichsetzt.[20] Diese ist somit der Zugang zum Glück. Die Philosophie liefert weitgehend auch die Methode, der in »De beata vita« gefolgt wird: Sei es das Lehrgespräch, sei es die Logik. Als Endziel der *vita beata* und damit des guten Lebens wähnt er in der Vorrede die »Ruhe (*tranquillitas*)«.[21]

Die drei Gesprächsgänge finden an drei aufeinanderfolgenden Tagen statt. Oberflächlich betrachtet, bewegen sich die Gespräche der beiden ersten Tage schwerpunktmäßig im Rahmen der antiken Philosophie. Das Gespräch des dritten Tages transponiert anschließend die philosophische Vorarbeit der Vortage in den christlichen Kontext. Bei genauem Hinsehen ist allerdings ersichtlich, dass der Gesprächsfluss von Anfang an eine christliche Unterströmung hat. Werden doch bereits an den ersten beiden Gesprächstagen, einigermaßen verdeckt zwar, Formulierungen eingebaut, die am dritten Tag dann unmissverständlich christlich gefüllt werden.

Im Gespräch des ersten Tages werden einige Prämissen formuliert. Dazu gehört die Eingangsthese: »Wir alle wollen glücklich sein (*beatos nos esse*

---

[16] Augustin zitiert entsprechend Varro mit »nulla est homini causa philosophandi nisi ut beatus sit«; Aug., civ. 19,1, zit. nach Augustinus von Hippo, *De civitate Dei*, 2, hrsg. von Bernhard Dombart/Alfons Kalb, CChr.SL 48, Turnhout 1955, 659.

[17] Vgl. Aug., beata v. 1–6 (Adam/s. Anm. 3), 87–91.

[18] Aug., beata v. 1 (Adam/s. Anm. 3), 87.

[19] Vgl. ebd. Eine ähnliche Rhetorik nutzt Gregor der Große, der allerdings die Hoffnung, das Festland je wieder zu erreichen, aufgab; vgl. Barbara Müller, Nautische Metaphern bei Gregor dem Großen, in: Studia patristica 48 (2010), 165–170.

[20] Vgl. Aug., beata v. 1 (Adam/s. Anm. 3), 87.

[21] Terminologisch ist Augustin an dieser Stelle in seinem Frühdialog unscharf. Manchmal spricht er von *tranquillitas* (beata v. 2 [Adam/s. Anm. 3], 87), manchmal von *vita quieta* (beata v. 2 [Adam/s. Anm. 3], 88). Später unterscheidet er die Begriffe, *quies* und *quiescere* beziehen sich fortan auf das Jenseits, vgl. Hermann Josef Sieben, Augustinus zum Thema ›Ruhe‹ unter Berücksichtigung der Termini *quies* und *requies*. Ein chronologischer und systematischer Überblick, in: ThPh 87 (2012), 161–192.

volumus).«[22] Ebenso: »Wer Gott *hat*, ist glücklich (*Deum [...] qui habet, beatus est*)«.[23] Diese zweite Prämisse ergibt sich aus Reflexionen über Mangel und unerfülltes Streben. Wer an Mangel leidet, ist nicht glücklich. Oder wer das Erstrebte hat, ist wahrscheinlich glücklich. Sicher glücklich ist indes, wer das Allerbeste, weil Ewige hat, nämlich Gott. Dass es sich bei *deum habere* um ein christliches Konzept handeln muss, ist nicht zwingend. Sowohl sprachlich als auch inhaltlich ähnliche Formulierungen finden sich insbesondere bei Plotin, den Augustin in »De beata vita« explizit erwähnt.[24] In seiner Rolle als Gesprächsleiter hakt Augustin an dieser Stelle nach und fragt, was es denn bedeute, Gott zu haben. Dabei verständigen sich seine Gäste auf ein Dreifaches. Es gehe darum, gut zu leben, Gottes Willen zu befolgen sowie keusch zu leben, gemeint ist mit letzterem, ausschließlich nach Gott zu streben.[25]

Am zweiten Tag wird gefragt, ob auch glücklich ist, wer Gott noch nicht hat, sondern ihn erst sucht. Hier verständigt sich der Gesprächskreis nach einigem Hin und Her auf die Vorstellung, dass der Gottsucher ebenfalls glücklich ist – unter der Bedingung allerdings, dass er nach einem »geneigten (*propitium*) Gott« sucht.[26] Aus der Ferne leuchtet hier bereits Augustins spätere Gnadentheorie entgegen.

Am dritten Tag wird noch einmal auf das Konzept des Mangels rekurriert; denn Mangel und damit das Ersehnte nicht zu haben, ist das Gegenteil von Glück. Dabei ist der Mangel an Dingen irrelevant. In gut platonischer Weise wird als schlimmster Mangel das Ermangeln an Weisheit (*egere sapientia*) bezeichnet.[27] Dieser Mangel ist nicht nur gleichzusetzen mit Torheit, sondern erscheint nachgerade als das Gegenteil von Sein.[28]

An dieser Stelle kippt dann das Gespräch gewissermaßen. Bisher unspezifisch benutzte philosophische Begriffe werden nun christlich gefüllt. Weisheit wird kurzum mit Wahrheit gleichgesetzt und mit Rückgriff auf Joh 14,6 biblisch

---

[22] Aug., beata v. 10 (Adam/s. Anm. 3, 94). Es handelt sich dabei um ein Zitat aus Ciceros Hortensius, Cic. Hort. frg. 59a (vgl. textkritischer Apparat).

[23] Aug., beata v. 11 (Adam/s. Anm. 3), 96. Vgl. Hermann Hanse, ›Gott haben‹ in der Antike und im frühesten Christentum. Eine religions- und begriffsgeschichtliche Untersuchung, Religionsgeschichtliche Versuche und Vorarbeiten 27, Berlin 1939; Christoph Horn, Art. Glück bei Augustin und im Neuplatonismus, in: Dieter Thomä/Christoph Henning/ Olivia Mitscherlich-Schönherr (Hrsg.), Glück. Ein interdisziplinäres Handbuch, Stuttgart 2011, 121–124.

[24] Vgl. Aug., beata v. 4 (Adam/s. Anm. 3), 90; vgl. Hanse, Gott haben (s. Anm. 23), 51–60. Plotin behandelt die εὐδαιμονία in Enneade I,4f., zit. nach: Porphyrii vita *Plotini*, Enneades I-III, Plotini opera, 1, hrsg. von Paul Henry/Hans-Rudolph Schwyzer, Oxford 1964, 69–91.

[25] So lautet die Zusammenfassung der Ergebnisse des Gesprächs des ersten Tages; vgl. Aug., beata v. 17f. (Adam/s. Anm. 3), 100f.

[26] Aug., beata v. 21 (Adam/s. Anm. 3), 102.

[27] Vgl. Aug., beata v. 27 (Adam/s. Anm. 3), 108: »habet non habere«, zu *deum habere* s.o.

[28] Vgl. Aug., beata v. 29 (Adam/s. Anm. 3), 107.

verankert. Weiter wird die Weisheit mit dem Sohn Gottes gleichgesetzt. Dieser führt zur vollständigen Erkenntnis (*perfecte[que] cognoscere*) der Wahrheit und deren Genießen (*perfrui*).[29] In der Folge dieser definitorischen Spitzensätze stößt Augustins Mutter betend aus: »Den Betern hilf, Dreieinigkeit (*fove precantes, trinitas*).« Und sie fügte hinzu: »Das ist zweifellos das Glück (*beata vita*), das ist vollkommenes Leben (*vita perfecta*). Ihm (*ad quam*) eilen wir entgegen, und wir erwarten mit Recht, dorthin gelangen zu können, in festem Glauben, freudiger Hoffnung und flammender Liebe.«[30] Dieser Schlusssatz weist mindestens eine eschatologische Färbung auf.

Augustins Werk ist ein spannender Versuch, die christliche Lehre in den damaligen philosophischen Kategorien zu fassen und für weitere Kreise anschlussfähig zu machen. Jörg Lausters Urteil, das Werk sei »blutleer«, leuchtet nicht ein, denn Augustin legt darin einen reflektierten und lebensnahen Versuch vor.[31] Etwas unbefriedigend ist allenfalls die ungeklärte Frage, wie Augustin zum eschatologisch gefärbten Finale seiner Mutter steht. Ist ihr letztes Wort auch sein letztes Wort zum Thema?

Nach der Rückkehr aus Cassiciacum ließ sich Augustin in der Osternacht 387 von Ambrosius taufen und hat damit die im Dialog in den Vordergrund gerückte Gottesbeziehung auch sakramental vollzogen.[32]

1.1.3 »De beata vita« – als Gespräch

»De beata vita« geht wie erwähnt auf tatsächlich geführte Gespräche zurück. Diese wurden mitstenographiert, und aus diesen Notizen hat Augustin dann sein Werk komponiert.[33] Die Rolle Augustins vor Ort ist diejenige des Gastgebers und Gesprächsleiters. Daneben nehmen teil: seine Mutter Monnica, seine drei ebenfalls aus Nordafrika stammenden Schüler Navigius, Trygetius und Licentius, weitere zwei Vettern, von denen er sagt, dass »sie nicht einmal Grammatikunterricht genossen haben.«[34] Als jüngster Teilnehmer ist Augustins Sohn Adeodatus dabei.[35] Adeodatus war zu jener Zeit 14-jährig, Augustin bezeichnet ihn als »Knaben (*puer*)« und »große Begabung«.[36] Von den sieben Gesprächsteilnehmern konnten allenfalls seine drei Schüler Augustin entfernt das Wasser reichen. Insgesamt handelt es sich aber bei den Gesprächen akademisch gesehen nicht um eine Veranstaltung auf Augenhöhe. Umso interessanter ist es, gerade die Voten derjenigen zu verfolgen, deren Teilnahme in einem solchen Gespräch nicht zu erwarten ist:

---

29 Vgl. Aug., beata v. 35 (Adam/s. Anm. 3), 113.

30 Ebd., vgl. dt. Schwarz-Kirchenbauer/Schwarz, Glück (s. Anm. 3), 63–65.

31 Jörg Lauster, Gott und das Glück. Das Schicksal des guten Lebens im Christentum, Gütersloh 2004, 57. Lauster kontrastiert an dieser Stelle Augustin mit Gregor von Nyssa.

32 Vgl. Aug., conf. 9,14 (Verheijen/s. Anm. 10), 140f.

33 Vgl. Schwarz Kirchenbauer/Schwarz, Nachwort (s. Anm. 4), 89.

34 Aug., beata v. 6 (Adam/s. Anm. 3), 91.

35 Vgl. ebd.

36 Aug., beata v. 12 (Adam/s. Anm. 3), 96; beata v. 6 (Adam/s. Anm. 3), 91.

Seine Mutter, der als Frau mindestens in einem paganen *convivium* der Zutritt verwehrt worden wäre und auch sein sich erst in Ausbildung befindlicher Sohn.[37]

Seine Mutter führt Augustin in der Präsentation der Gesprächsteilnehmer als erste auf, mit dem Beisatz, »der ich alles verdanke, was ich bin.«[38] Über Augustins, bisweilen auch als neurotisch eingeschätzte Mutterbeziehung gibt es eine umfangreiche Forschung. Mit Alfred Schindler würde ich in Cassiciacum die Neurose doch mindestens kleinhalten wollen.[39] Denn ähnlich wie in den »Confessiones« erfüllt die Monnica in »De beata vita« eine auch überpersonale Rolle. Sie tritt hier als einigermaßen naive, aber gleichzeitig umso treffsicherere Gesprächspartnerin auf. Was Augustin aus den anderen erst herausholen muss, nämlich sich ganz auf Gott zu konzentrieren, das scheint für Monnica selbstverständlich zu sein. Sie vertritt die Einfalt in ihrer weisen Ausprägung. So kann sie etwa anhand eines praktischen Beispiels vom Frühstückstisch den Unterschied von körperlichem und geistigem Mangel erläutern.[40] Oder sie bezeichnet die Akademiker, nachdem man ihr deren Position erklärt hat, zielsicher als überheblich.[41] Einmal quittiert Augustin ihren Beitrag mit der Bemerkung: »Mutter, du hast gerade die innerste Festung der Philosophie erobert. Denn ohne Zweifel fehlen dir nur die Worte [...].«[42] Später attestiert Augustin seiner Mutter, dass ihr Beitrag *divino fonte* fließt.[43] Die Mutter ist sozusagen unmittelbar vom inneren Lehrer, d.h. Christi göttlicher Weisheit, geführt.[44] Ihre Beiträge bringen das Gespräch mehrfach entscheidend voran. Die Dialoggemeinschaft wundert sich deshalb auch über sie, spricht sie doch weise wie Cicero.[45] Nichtsdestotrotz zeichnen sich ihre Beiträge, wie Augustins Schüler

---

37 Zu Monnica: Larissa Carina Seelbach, Art. Monnica, in: Augustinus-Lexikon Bd. 4, 2012, 68–74; dies., »Wie sollte ich selbst da nicht mit Freuden dein Schüler werden wollen?« Augustin über Monnicas Weg zu Gott, in: Augustiniana 55 (2005), 297–319, 310–315. Anders mit der Teilnahme von Frauen an Symposien verhält es sich mindestens literarisch bei Methodios von Olympos, an dessen Symposion gleich zehn Jungfrauen teilnehmen: Methodios von Olympos, *Convivium de virginitate*/Symposium über die Jungfräulichkeit, hrsg. von Janina Sieber, Fontes Christiani 100, Freiburg i.Br. 2023.

38 Aug., beata v. 6 (Adam/s. Anm. 3), 91.

39 Vgl. Alfred Schindler, Didos Selbstmord und Augustins Entwicklung, in: Manuel Baumbach/Helga Köhler/Adolf Martin Ritter (Hrsg.), Mousopolos Stephanos. FS Herwig Görgemanns, Bibliothek der klassischen Altertumswissenschaften NF 102, Heidelberg 1998, 352–359. Schindler bezieht sich auf die »Confessiones«, damit aber auch auf den frühen Augustin und spricht von einer »indifferenten Haltung« Augustins der Mutter gegenüber und kritisiert die Projektionen psychohistorischer Studien, 359.

40 Vgl. Aug., beata v. 8 (Adam/s. Anm. 3), 92f.

41 Vgl. Aug., beata v. 16 (Adam/s. Anm. 3), 99.

42 Aug., beata v. 10 (Adams/s. Anm. 3), 94.

43 Aug., beata v. 10 (Adams/s. Anm. 39), 95.

44 Vgl. Therese Fuhrer, Art. Frühschriften, in: Drecoll, Handbuch (s. Anm. 5), 261–275, 269f (über *De magistro*).

45 Vgl. Aug., beata v. 10 (Adams/s. Anm. 3), 94.

sagt, durch »vulgäres und schlechtes Latein aus.«[46] Schließlich lässt sie, wie oben zitiert, den Dialog in ein Gebet zum trinitarischen Gott einmünden.

In anderer Weise auffällig ist die Rolle des jungen Sohnes.[47] In anderer Weise zwar als Monnica ist auch Adeodatus ein roher, noch ungeschliffener Geist. Auf Adeodatus Beitrag geht die wichtigste Klärung des *deum habere* zurück. Adeodatus sagt nämlich, Gott zu haben sei identisch damit, keinen unreinen Geist (*spiritum inmundum*) zu haben.[48] Die weitere Diskussion führt dann dazu, darunter das Streben nach Gott allein (*qui deum attendit et ad ipsum solum se tenet*) zu verstehen.[49] Breit ausgeführt und detailliert erklärt wird in »De beata vita« insgesamt nichts. Aber man könnte sich vorstellen, dass Augustin hier auch mit dem Wort *in-mundus* spielte, dessen Etymologie man als Abwendung von der Welt (*mundus*) deuten kann, um sich Gott zuzuwenden. Weiter standen wohl die biblischen Exorzismen Pate.[50] Die anderen Gesprächspartner sind weniger auffällig, obschon sie sich durchaus aktiv am Gespräch beteiligen.

1.2 Der späte Augustin: »Retractationes« und »De civitate Dei«

Augustin hat in seinen letzten Lebensjahren seine Werke einer Relecture unterzogen. Er schreibt, in »De beata vita« habe man die *vita beata* definiert als »vollständige Gotteserkenntnis (*perfectam cognitionem dei*)«.[51] Deswegen kritisiert er im Nachhinein das Werk. Vollkommene Gotteserkenntnis, so der späte Augustin, ist erst im Jenseits möglich. Der einzelne kann nur hoffen, dass er zu denjenigen gehört, denen diese Gnade *in futura vita* zukommt.[52]

Breit führt er diese Sicht in seinem späten *opus magnum* über den Gottesstaat »De civitate Dei« aus. Anlass dazu war die Plünderung Roms im Jahr 410, die gleichsam das 9/11 der Spätantike war. Augustin bezeichnet in diesem Werk das Erdenleben als Jammertal, aus dem kein Entrinnen ist.[53] Pessimistisch wie die Welt sieht er auch den Menschen: Dieser ist nun nicht mehr, wie noch in Cassiciacum frei, sich dem Guten zuzuwenden. Vielmehr ist er im Gefolge Adams mit der

---

46 Aug., beata v. 20 (Adams/s. Anm. 3), 102. Augustins Endredaktion hat Monnicas Sprache stilistisch offensichtlich gehoben.

47 Zu Adeodatus vgl. Goulven Madec, Art. Adeodatus, in: Augustinus-Lexikon Bd. 1, 1986–1994, 87–90.

48 Aug., beata v. 12 (Adams/s. Anm. 3), 96).

49 Aug., beata v. 18 (Adams/s. Anm. 3), 101.

50 Vgl. Aug., beata v. 18 (Adams/s. Anm. 3), 100.

51 Aug., retr. 1,2, zit. nach Augustinus von Hippo, *Retractationum libri duo*, hrsg. von Almut Mutzenbecher, CChr.SL 57, Turnhout 1984, 11. Seine weitere Kritik am Werk bezieht sich auf die allein auf den Geist fokussierte Perspektive.

52 Ebd.

53 Aug., civ. 22,22 (Dombart u. Kalb/s. Anm. 16), 842.

Erbsünde belastet.[54] Der Mensch ist dem späteren Augustin zufolge definitiv ein Mängelwesen, das gänzlich auf die göttliche Gnade angewiesen ist.

Das Leben auf der Welt ist eine mühselige Pilgerreise – Ziel ist die *beatissima vita* im jenseitigen Gottesreich.[55] Zugespitzt auf die Frage nach dem Glück meint dies auch, dass in diesem Leben niemand vollständiges Glück finden kann, nicht einmal die ganz Tugendhaften: Wenn solche meinen, sie könnten sich durch ihre eigenen Anstrengungen Glück schaffen, dann irren sie.[56]

Auch in der »Civitas Dei« schreibt Augustin über die Ruhe. Selbst die *tranquillitas* verortet er nun aber im Paradies und damit an einem nicht-weltlichen Ort: Im Paradies konnte der Geist gänzlich ruhig sein (*in animo tota tranquillitas*), nicht jedoch auf dieser Welt.[57] Weitere Merkmale der Paradiesbewohner überschneiden sich beim späten Augustin mit dem, was der junge Augustin als auf Erden erreichbar betrachtet hat: Gott zu genießen, keinen Mangel zu haben.[58] Der späte Augustin transferierte all dies auf Hoffnung hin ins Jenseits.[59] In der »Civitas Dei« kritisiert er das Konzept der *eudaimonia* theologisch und mit Blick auf das faktische Elend auf dieser Welt.[60] Dies meint nicht, dass es für Augustin auf der Welt kein Glück gibt; bloß ist dieses im Vergleich zum andauernden jenseitigen Glück lediglich punktuell.

2. Emotional Turn: *hilaritas*[61] – spätantike und moderne christliche Glückserfahrungen

Da wir uns in der Spätantike philosophisch betrachtet in einer Zeit befinden, in der sich eine »Privatisierung des Glücks« bzw. allmählich eine »Subjektivierung«

---

54 Zu Augustins Verständnis der Erbsünde vgl. Christoph Horn, Anthropologie, in: Drecoll, Handbuch (s. Anm. 5), 479–487, 482–485.

55 Aug., civ. 19,20 (Dombart u. Kalb/s. Anm. 16), 687.

56 Vgl. Aug., civ. 19,4 (Dombart u. Kalb/s. Anm. 16), 664.

57 Vgl. Aug., civ. 14,26 (Dombart u. Kalb/s. Anm. 16), 449.

58 Vgl. ebd.: »uiuebat [homo] fruens deo, ex quo bono erat bonus; uiuebat sine ulla egestate«.

59 Vgl. ebd.: »[vita] beata erit, quando aeterna erit«.

60 Die theologische Kritik bezieht sich dabei auf die irrige Vorstellung der Mittlerschaft von Dämonen, der Augustin Christus entgegensetzt, vgl. Aug., civ. 9,15, zit. nach Augustinus von Hippo, *De civitate Dei*, 1, hrsg. von Bernhard Dombart/Alfons Kalb, CChr.SL 47, Turnhout 1955, 262f.

61 Zum Emotional Turn in der Geschichtswissenschaft vgl. Johannes F. Lehmann, Geschichte der Gefühle. Wissensgeschichte, Begriffsgeschichte, Diskursgeschichte, in: Martin von Koppenfels/Cornelia Zumbusch (Hrsg.), Handbuch Literatur und Emotionen, Handbücher zur kulturwissenschaftlichen Philologie 4, Berlin u.a. 2016, 140–157; zu Emotionen in der Antike vgl. Ed Sanders/Matthew Johncock (Hrsg.), Emotion and Persuasion in Classical Antiquity, Stuttgart 2016.

in der Definition des Glücks durchsetzt, soll im Folgenden nach dem emotionalen Glücksbefinden gefragt werden.[62] Potentiell ergibt sich hier eine Nähe zu modernen Glücksvorstellungen.

Auf der Suche nach überdauernden, besonders positiven Emotionen oder vielleicht besser emotionalen Haltungen in christlichen Texten sticht insbesondere die Heiterkeit (*hilaritas*) heraus. Heiterkeit ist im antiken Christentum eine Art von Fröhlichkeit, die sich auch mit Güte verbindet; dies ist dem gehaltvollen Artikel im »Theologischen Wörterbuch zum Neuen Testament« zu entnehmen ist, den Rudolf Bultmann verfasst hat.[63] Die *hilaritas* ist in der antiken Literatur Festfreude, zeigt sich beim freiwilligen Geben und charakterisiert auch den Weisen.[64] Im christlichen Kontext ist Heiterkeit spezifisch das Resultat der empfangenen Gaben Gottes.[65]

Die besondere emotionale Qualität der Heiterkeit soll im Folgenden am etwas drastischen Beispiel der auch aus Nordafrika stammenden »Passio Perpetuae et Felicitatis« illustriert werden.[66]

Im Jahr 202 oder 203 wurde eine Gruppe von Christinnen und Christen, rund um die vornehme Römerin Perpetua und ihre Dienerin Felicitas anlässlich der Spiele zum Geburtstag von Kaiser Geta in der Arena von Karthago getötet. Zuschulden hatten sie sich kommen lassen, das kurz vorher erlassene Verbot des Übertritts zum Christentum ignoriert, sich offensiv zum Christentum bekannt und das Opfer für den Kaiser verweigert zu haben. Die Märtyrergeschichte kulminiert im Tod der Perpetua und der Felicitas. Voraus gehen Tage des Prozesses und des Aufenthaltes im Gefängnis. Hinsichtlich der emotionalen Befindlichkeit der Perpetua fällt insbesondere die *hilaritas* auf. Im Anschluss an die Befragung Perpetuas durch den Prokuratoren Hilarius und an dessen, an ihr Bekenntnis – *Christiana sum* – anschließendes Todesurteil ist zu lesen: »Und heiter (*hilares*) stiegen wir hinab zum Kerker.«[67] An dieser Stelle kontrastiert die *hilaritas* Perpetuas in auffälliger Weise mit dem Schmerz des Vaters über das Schicksal seiner Tochter, aber auch Perpetuas vorausgegangenen Schmerz um den verzweifelten Vater. Die Heiterkeit kennzeichnet hier diejenigen, die sich von der Welt bereits ein Stück weit gelöst haben. Der Begriff fällt an weiteren Stellen der »Passio Perpetuae«, etwa in einer visionär erfahrenen Entrückung in den Himmel unter die Engel. Perpetua beschreibt die dort erlebte Heiterkeit als Steigerung: »Wie ich im Fleisch

---

62 Malte Hossenfelder, Einleitung, in: ders. (Hrsg.), Antike Glückslehren. Kynismus und Kyrenaismus, Stoa, Epikureismus und Skepsis. Quellen in deutscher Übersetzung mit Einführungen, Stuttgart 1996, XIII–XXXIV, XVIf.

63 Rudolf Bultmann, Art. ἱλαρός, ἱλαρότης, in: ThWNT Bd. 3, 1938, 298–300.

64 Vgl. Bultman, ἱλαρός (s. Anm. 63).

65 Vgl. Bultmann, ἱλαρός (s. Anm. 63), 300; vgl. 1Petr 4.

66 Text der *Passio* in: Habermehl Peter, Perpetua und der Ägypter oder Bilder des Bösen im frühen afrikanischen Christentum. Ein Versuch zur Passio sanctarum Perpetuae et Felicitatis, TU 140, Berlin [2]2004, 6–29.

67 P. Perpetuae 6 (Habermehl/s. Anm. 66), 12f.

heiter (*hilaris*) gewesen bin, so viel heiterer (*hilarior*) bin ich nun hier.«[68] Dieselbe eschatologische Färbung trägt auch die Heiterkeit, die sie unmittelbar vor ihrem Martyrium einnimmt. Diese erwächst ihr aus der Sicherheit, die Martern zu bestehen und zu Gott zu gelangen: »Licht brach der Tag ihres Sieges an, und sie zogen vom Kerker zum Amphitheater wie in den Himmel, heiter (*hilares*), schön von Angesicht, zitternd, wenn überhaupt, vor Freude (*gaudio*) und nicht Furcht (*timore*).«[69] Aus der *Passio der Perpetua* ist zu schließen, dass es sogar in einer Extremsituation, wie dem anstehenden gewaltsamen Tod, ein spezifisch christlich motiviertes Glückserleben gibt.

Deshalb ist an dieser Stelle noch einmal Augustin auf emotionale Aspekte hin zu befragen. Angesichts seiner schließlich sehr negativen Sicht auf die Welt und den Menschen versteht es sich von selbst, dass von Augustin keine Oden auf die Freude zu erwarten sind. Augustin setzt sich auch von philosophischen Konzepten der ἀπάθεια bzw. *impassibilitas* ab – also von Idealvorstellungen des Gemütszustandes, die Abwesenheit oder mindestens Kontrolle von Leidenschaften beinhalten: Von Gemütsregungen frei zu sein, erscheint ihm angesichts des Elends auf Erden illusorisch.[70] Er vertritt die Auffassung, dass selbst sehr gläubige Menschen nebst von Freude und Liebe auch von Furcht und Schmerz erfasst sind und dass gerade auch negative Empfindungen schlicht zum Menschsein im Hier und Jetzt gehören.[71] Glück ist für Augustin definitiv ein jenseitiges Gut, und damit sind es weitgehend auch Glücksgefühle.

Gleichwohl ist der Mensch selbst bei Augustin nicht permanent von Weltenverdruss bestimmt. Auch beim ihm liest man oft von *hilaritas*.[72] Ganz ähnlich wie in der »Passio Perpetuae« ist auch für Augustin Heiterkeit »die angemessene Grundstimmung des auf das Eschaton blickenden Christen«.[73] Augustin verbindet *hilaritas* oft mit Gaben der Barmherzigkeit. Diese sind in Heiterkeit zu geben, weil sie eigentlich von Gott kommen. *Hilaritas* ist damit die Stimmung der religiös motivierten Barmherzigkeit. Diese Form von Barmherzigkeit symbolisiert der Querbalken des Kreuzes: Am freudigen Geben zeigt sich für Augustin die Weite des Kreuzes.[74]

Heiter sollte weiter der Umgang der Christinnen und Christen untereinander sein. Was insgesamt heißt: Heiterkeit ist für Augustin eine in diesem Leben

---

68 P. Perpetuae 12 (Habermehl/s. Anm. 66), 18. Habermehl übersetzt diese Stellen mit »glücklich«, 19.

69 P. Perpetuae 18 (Habermehl/s. Anm. 66), 22f.

70 Vgl. Aug. civ. 14,9 (Dombart u. Kalb/s. Anm. 16), 428.

71 Vgl. Aug. civ. 14,9 (Dombart u. Kalb/s. Anm. 16), 425–430.

72 Vgl. Barbara Müller, Art. Hilaritas, in: Augustinus-Lexikon Bd. 3, 2006, 339–341.

73 A.a.O., 339.

74 Vgl. z.B. Aug., serm. 165,4, zit. nach Augustinus, *Sermones in epistolas Apostolicas*, 157–183, hrsg. von Shari Boodts, CChr.SL 41Bb, Turnhout 2016, 293–306 [s. 165], 297–299.

realisierbare und sogar durch systematische Übung zu gewinnende Haltung. Freudige Erfahrungen gehören somit für Augustin konstitutiv zum christlichen Leben.

Könnte Heiterkeit so etwas wie ein Proprium christlichen Glückserfahrens sein, dann fallen entsprechende Stellen in der Korrespondenz zwischen Dietrich Bonhoeffer und seinem Freund Eberhard Bethge auf. Aus Bonhoeffers Zeit in Gefangenschaft sind aus dem Jahr 1944 Briefe an Bethge überliefert, in denen der Begriff *hilaritas* explizit fällt.[75] In weiteren, ebenfalls allesamt Briefen an Bethge ist allgemein von Heiterkeit die Rede. Bethge nimmt in seinen Antworten Bonhoeffers Aussagen zum Thema jeweils auf. In dieser Korrespondenz wird *hilaritas* zum einen als Schaffen aus freier Eingebung gepriesen. So stellt Bonhoeffer im Januar 1944 als Kriterium »jeder wirklich großen und freien geistigen Leistung« die *hilaritas* auf.[76] Bethge seinerseits bestätigt, »daß die ›hilaritas‹, wie Du das schreibst, ein wesentliches Merkmal der guten Produktion ist.«[77] Bethge grenzt solche ab von Produktionen, die »vernarrt, fanatisch und angestrengt und verbissen [...] mit einem angebundenen Rückgrat« sind.[78] Umgekehrt kennzeichnet Werke der *hilaritas* eine »Überzeugtheit« und Selbständigkeit.[79] *Hilaritas* meint in diesem Korrespondenzgang ein Schaffen, das aus einem ureigenen freien schöpferischen Quell kommt. Auch in Bonhoeffers Aufschlag wird das Gegenteil von *hilaritas* fassbar: als »Eindruck eines etwas gequälten und erzwungenen Machens«.[80] Glück, verstanden als *hilaritas*, wäre somit sich frei entfaltende Kreativität.

In Bonhoeffers letzter Korrespondenz finden sich zum anderen Formulierungen, die an Perpetua gemahnen. Auch bei Bonhoeffer liest man von der quasi übermenschlichen Gelassenheit des zu Tode Verurteilten – wobei es sich dabei um eine Außensicht handelt, die Bonhoeffer Bethge gegenüber selbstkritisch kommentiert: »Um mich brauchst Du Dir wirklich keine Sorgen zu machen; es geht mir unverhältnismäßig gut, und Du würdest Dich wundern, wenn Du mich besuchen kämest. Die Leute hier sagen mir immer wieder, – was mir, wie Du siehst, stark schmeichelt – daß von mir ›eine solche Ruhe ausstrahle‹ und daß ich ›immer so heiter‹ sei, – so daß meine gelegentlichen persönlichen Erfahrungen mit mir

---

75 Erinnert sei an dieser Stelle an Bonhoeffers Zeitgenossen, die sich ebenfalls mit diesem Thema beschäftigten: Bultmann und sein ThWNT-Artikel ἱλαρός, ἱλαρότης (s. Anm. 63). Aufschlussreich sind auch Erinnerungen Eberhard Buschs an Karl Barth, der sich als »Gottes fröhlicher Partisan« porträtiert wissen wollte und in Buschs Anekdoten oft durch Humor auffällt, vgl. Eberhard Busch, Glaubensheiterkeit. Karl Barth. Erfahrungen und Begegnungen, Neukirchen-Vluyn 1986, 8.

76 Dietrich Bonhoeffer, Ep. 101 an Eberhard Bethge (ca. Januar 1944), in: ders., Widerstand und Ergebung. Briefe und Aufzeichnungen aus der Haft, hrsg. von Christian Gremmels et al., DBW 8, Gütersloh 1998, 284–286, 285.

77 Eberhard Bethge, Ep. 107 an Dietrich Bonhoeffer vom 1.2.44, in: DBW 8 (s. Anm. 76), 305–308, 307).

78 Ebd.

79 Ebd.

80 Dietrich Bonhoeffer, Ep. 101 an Eberhard Bethge (s. Anm. 76), 285.

selbst wohl auf einer Täuschung beruhen müssen (was ich allerdings durchaus nicht wirklich glaube!).«[81]

Aus diversen Briefen Bonhoeffers an Bethge geht hervor, dass dieser im Gefängnis durchaus auch verzweifelt war. Gleichwohl sind Parallelen zwischen der Heiterkeit der Perpetua und dem von Bonhoeffer mindestens angestrebten Zustand augenfällig. Beide sind zutiefst in ihrem Glauben verwurzelt und distanzieren sich gleichzeitig von ihrer unmittelbaren physischen Welt. Diese heitere Gelassenheit könnte ein christliches Glücksmodell sein.

3. Fazit

Der Blick auf frühe christliche Schriften über das Glück, hier exemplarisch vor allem Augustins Werk »De beata vita«, zeigt, dass sich vormoderne und gegenwärtige Glücksvorstellungen unterscheiden. Geht es in der Vormoderne primär um das tugendhafte Leben, so erweist sich in der Gegenwart das Glück in emotionalen Erfahrungen der Fülle. Solche Höchsterfahrungen, die für die Antiken im Kern in der Gottesschau bestehen, werden dort im Eschaton verortet. Der späte Augustin kritisierte sich entsprechend für die in jungen Jahren vertretene Möglichkeit, bereits in diesem Leben glücklich zu sein.

Von diesem Glück als Zustand der gänzlichen Erfüllung ist die heitere Stimmung der *hilaritas* zu unterscheiden. Diese ist für Christinnen und Christen nicht nur eine Aufgabe, sondern auch realisierbar. Als Vorbilder dieser freudigen Gelassenheit gingen Perpetua und ihre Mitmärtyrer:innen in die christliche Tradition ein. Ausführungen über diese Art von Heiterkeit finden sich auch in der späten Korrespondenz zwischen Dietrich Bonhoeffer und Eberhard Bethge. Auch dort begegnet Heiterkeit als Ideal der Losgelöstheit von der Welt und ihren Formen, einschließlich des Leidens. Christlich verstanden wäre Glück demnach so etwas wie heitere Gelassenheit aus der Glaubensgewissheit heraus.

---

[81] Dietrich Bonhoeffer, Ep. 137 an Eberhard Bethge vom 30.4.44; in: DBW 8 (s. Anm. 76), 401–408, 402.

Hans-Peter Großhans

Vom Glück eines guten Lebens

Über Glückserwartungen des Gottesglaubens und menschlichen Perfektionismus

Das *gute Leben* ist klassisch ein Thema der Ethik und insofern etwas von Menschen in ihrem Handeln und Wollen, also durch eigene Bemühungen und Anstrengungen, Anzustrebendes. Die Überschrift dieses Beitrags signalisiert gleich einen Widerspruch zu einer solchen Auffassung. Es ist auch ein Glück, wenn jemand sagen kann, dass er oder sie ein gutes Leben hat und sein oder ihr Leben ein gutes ist. Ein gutes Leben ist keineswegs selbstverständlich. Im Blick auf das je eigene Leben mag es dazu subjektiv differente Einschätzungen geben. Wenn wir über das möglicherweise gute Leben anderer Menschen urteilen, mag es einfacher sein, ein solches zu verneinen. Kann im Iran ein gutes Leben möglich sein, wenn bei allen sonstigen Vorzügen dieses Landes die Freiheit höchst eingeschränkt ist? Kann das Leben baptistischer Theologiestudierender in Myanmar als ein gutes bezeichnet werden, die sich nach dem 1. Februar 2021 im Kampf gegen eine Militärjunta der Kachin Independence Army angeschlossen haben, nachdem ihre Aktionen zivilen Ungehorsams von Militär und Polizei mit Gewalt bekämpft wurden? Es mag sein, dass ein Leben in den Bergen im Nordosten Myanmars im Kampf gegen eine bösartige Militärregierung befriedigender ist und sinnvoller und erfüllender erscheint als in Seminarräumen und Bibliotheken sich mit Exegese und Dogmatik zu beschäftigen. Reicht das jedoch, um ein solches Leben als gut zu qualifizieren? Ich denke: nein! Die Frage des guten Lebens ist nicht nur individualethisch zu behandeln, sondern auch sozialethisch bzw. güterethisch. Oder anders formuliert: Es liegt nicht nur an mir und meinen Selbsteinschätzungen, ob mein Leben ein gutes ist und wird, sondern auch an allgemeinen Lebensbedingungen und an den sozialen institutionellen Kontexten meines Lebens. Schon allein deshalb hat es mit Glück zu tun, ob mein Leben ein gutes ist bzw. von mir selbst und von anderen als ein gutes betrachtet werden kann. Ob freilich das Glück, dass die kontextuellen Bedingungen meines Lebens ein gutes Leben ermöglichen, auch ausreicht, um tatsächlich ein gutes Leben zu realisieren – also ein gutes Leben zu leben –, ist damit keineswegs ausgemacht. Dies wirft dann die Vermutung auf, dass die Güte eines Lebens nicht durch Glück realisiert wird, obwohl die Möglichkeit dazu selbst ein Glück ist und auch die Verwirklichung in gewisser Weise des Glücks bedarf.

Nach dieser Erläuterung zur Überschrift soll nun zuerst 1. auf das *gute Leben* und 2. auf *das gute Leben in christlicher Perspektive* eingegangen werden. Danach werden wir uns 3. in einem längeren Abschnitt dem *Glück* und seinem *Verhältnis zum Gottesglauben* zuwenden.

1. Das gute Leben

1998 hat Holmer Steinfath in einem von ihm herausgegebenen Aufsatzband zur Frage »Was ist ein gutes Leben?« eine »gegenwärtige Renaissance der Frage nach dem guten Leben« festgestellt.[1] Er bezieht sich dabei u.a. auf einen Aufsatz von Martin Seel 1991 über »Die Wiederkehr der Ethik des guten Lebens«[2] und Seels Buch aus dem Jahr 1995 »Versuch über die Form des Glücks«.[3] Weitere Publikationen könnten hier genannt werden, wie der Aufsatzband, herausgegeben von Ellen Frankel Paul, Fred D. Miller und Jeffrey Paul »The Good Life and the Human Good«[4] und dann natürlich Ursula Wolfs »Die Suche nach dem guten Leben. Platons Frühdialoge«.[5] In der Einleitung zu dem von ihm herausgegebenen Aufsatzband setzt Holmer Steinfath ein gutes Leben sogleich mit einem glücklichen Leben eins: »Die Frage, was ein glückliches, gelingendes und gutes Leben ist, erlebt in der gegenwärtigen philosophischen Diskussion eine erstaunliche Renaissance«.[6] Im Blick auf den Sinn der Frage nach dem guten Leben hält er fest, dass »meist [...] die Frage nach dem guten Leben als Frage nach dem Glück verstanden worden« ist – obgleich die Rede vom Glück notorisch mehrdeutig sei. Er verweist auch auf Platon, der »wechselweise von einem guten oder glücklichen Leben« redete.[7] Steinfath selbst hat seine Zweifel an dieser Gleichsetzung und sieht, dass deshalb gerne vom »gelingenden« statt vom »guten« Leben gesprochen wird. Ihm selbst scheint Glück »eher ein Aspekt des guten Lebens als dieses selbst zu sein«, da zu

---

1 Holmer Steinfath, Die Thematik des guten Lebens in der gegenwärtigen philosophischen Diskussion. Einführung, in: Holmer Steinfath (Hrsg.), Was ist ein gutes Leben? Philosophische Reflexionen, Frankfurt 1998, 7–31, 10.

2 Vgl. Martin Seel, Die Wiederkehr der Ethik des guten Lebens, in: Merkur 45 (1991), 42–49.

3 Vgl. Martin Seel, Versuch über die Form des Glücks, Frankfurt 1995.

4 Vgl. Ellen Frankel Paul/Fred D. Miller/Jeffrey Paul (Hrsg.), The Good Life and the Human Good, Cambridge 1992.

5 Vgl. Ursula Wolf, Die Suche nach dem guten Leben. Platons Frühdialoge, Reinbeck 1996. Vermutlich ist hier auch das Bemühen um eine »Lebenskunst« zu erwähnen: Vgl. Wilhelm Schmid, Auf der Suche nach einer neuen Lebenskunst. Die Frage nach dem Grund und die Neubegründung der Ethik bei Foucault, Frankfurt 1991.

6 Steinfath, Die Thematik des guten Lebens (s. Anm. 1), 7.

7 A.a.O., 13.

einem guten Leben auch gehören könnte, »daß es ein sinnvolles Leben ist oder ein bewundernswertes oder ein moralisch wertvolles«.[8]

Auch in dem 2004 erschienenen Buch von Jörg Lauster »Gott und das Glück. Das Schicksal des guten Lebens im Christentum« wird ein gutes Leben mit Glück identifiziert. So sieht er in den von ihm dargestellten historischen positiven und negativen »christlichen Glückslehren« »geschichtliche Möglichkeiten, im Kontext des Christentums die Frage zu beantworten, was ein gutes Leben ausmacht«.[9] Im zusammenfassenden Epilog wird dieses Ineinssetzen von Glück und gutem Leben von Lauster nochmals bestätigt: »Nach dem Glück zu fragen, bedeutet, nach dem Ausschau zu halten, was ein gutes und ein gelingendes Leben ausmacht. Das Glück ist eine Form, in der menschliches Dasein zur Erfüllung gelangt.«[10]

Meiner Meinung nach macht das Glück ein Leben nicht zu einem guten. Was ist also ein gutes Leben?

Seit Kant das Prädikat »gut« nicht durch die Glückseligkeit bestimmt sehen wollte, ist die Verbindung von gutem und glücklichem Leben fraglich geworden. Zudem wurde das Prädikat »gut« fürs Leben häufig durch andere Attribute ersetzt.[11] Vom Leben kann vieles prädiziert werden. Ein Leben kann als gelungen bezeichnet werden, analog zu einem gelungenen Vortrag. Wie ein Vortrag kann auch ein Leben misslingen bzw. mehr oder weniger gelingen. Ein Leben kann als schön bezeichnet werden oder als erfolgreich oder als zufrieden oder als aufregend usw. und dann jeweils auch als das Gegenteil davon als unschön, erfolglos, unbefriedigend, langweilig – oder im Mehr oder Weniger dazwischen.

Wir sprechen auch von einem glücklichen, einem richtigen oder gar wahren, einem zufriedenen, einem gelungenen, oder – religiös – von einem seligen und gar ewigen Leben. Die leicht vermehrbare Vielfalt dieser Attribute fordert zu einer Präzisierung ihrer jeweiligen Bedeutung und des Sinns ihrer Verwendungen heraus. Falls wir alle diese Adjektive nicht als Äquivalente zu »gut« in ihrer Prädizierung vom Leben verwenden (was natürlich auch möglich wäre), so müssten die Unterschiede bestimmt werden können.

So wäre beispielsweise ein gutes und ein glückliches Leben in mindestens zweifacher Hinsicht voneinander zu unterscheiden: zum einen in Hinsicht auf die

---

8 Ebd.

9 Jörg Lauster, Gott und das Glück. Das Schicksal des guten Lebens im Christentum, Gütersloh 2004, 13.

10 A.a.O., 188.

11 Dies lag auch an George Edward Moore (vgl. u.a. sein Werk Principia Ethica, Cambridge 1903), der das Prädikat »gut« für undefinierbar erklärte (wegen seiner Einfachheit). Dies machte die Rede von einem guten Leben sinnlos. Später kommt die kultur- und individualrelativistische Verwendung von »gut« hinzu. Was für Euch und Dich gut ist, muss nicht gut für uns und mich sein. Insgesamt gab es im 20. Jahrhundert aufgrund der politischen Katastrophen, der ideologischen Diktaturen und dem Kolonialismus keinen Anlass, von einem guten Leben zu reden. Daran änderten auch die neuen Demokratien und die erfolgreichen Befreiungskriege gegen die Kolonialstaaten von Indonesien bis Zimbabwe nichts.

Art und Weise des Involviertseins und zum anderen in Hinsicht auf den Umfang. Glück fällt einem Menschen zu und vergeht auch wieder. Diese Passivität – jedoch nicht das Vergehen – teilt ein glückliches Leben mit einem seligen Leben, für das ein Mensch auch nichts tun kann. Dagegen befinden wir Menschen uns zu einem guten Leben im Verhältnis der Aktivität: Für ein gutes Leben kann und soll und muss ich – können und sollen und müssen wir – etwas tun. Ein gutes Leben unterscheidet sich von einem glücklichen Leben auch dem Umfang nach: Glück mag individuell oder partikular sein. Ein gutes Leben jedoch ist ein solches, in dem das Gesamte des Lebens stimmt: also die Freiheit der Individuen, deren Partizipation, Gerechtigkeit, ein zufriedenstellendes Gemeinwohl und dergleichen vorhanden sind.

Ist ein Leben gut, wenn von ihm all die positiven Prädikate ausgesagt werden können? Noch einmal: Was ist die spezifische Bedeutung des Wortes »gut«, wenn es vom Leben ausgesagt wird?

Klassisch ist dazu die Auffassung, dass das Leben als solches gut ist. Jedes Leben ist ein Gut; eine Beraubung des Lebens ist böse; und das Ende eines Lebens ist das Ende eines Gutes.

Aufgrund dieser Kongruenz könnte man sagen, dass die Rede vom guten Leben eine Tautologie ist. Nun lehrt uns allerdings die Erfahrung, dass jedes Leben immer fragil und gefährdet ist: aus sich selbst heraus, durch anderes Leben und durch die natürlichen und sozialen Lebensbedingungen – von den allgegenwärtigen Dementoren, die uns auf vielfältige Weise die Wärme aus dem Leib saugen und unsere Herzen und Empfindungen einfrieren lassen, ganz zu schweigen. Insofern ist auch die Gutheit des Lebens gefährdet, eingeschränkt, eingefroren, genichtet.

Dann stellt sich die Frage neu, wann von dem eigentlich, sozusagen ontologisch, guten Leben wirklich gesagt werden kann, dass es gut ist.

Die spezifische Frage nach dem guten Leben wird also aufgeworfen durch die Möglichkeit eines nicht guten, schlechten oder gar bösen Lebens. Davon ist die theologische Diskussion um das gute Leben mitgeprägt. Am Anfang der Bibel heißt es im priesterschriftlichen kosmologischen Schöpfungsbericht: »Gott sah an alles, was er gemacht hatte, und siehe, es war sehr gut« (Gen 1,31). So ein Urteil über den prälapsarischen Urzustand ist freilich nur möglich aufgrund des Bewusstseins vom Fall des Menschen und des Verlustes des Paradieses. Die Verheißung der verführenden Schlange im biblischen Sündenfall-Mythos besteht ja nicht nur darin, dass der Mensch sein werde wie Gott, sondern auch wisse, was gut und böse sei (Gen 3,5). Es kennzeichnet die *conditio humana*, dass der Mensch die Unterscheidung von gut und böse gebrauchen kann, ja, gebrauchen muss. Dies gilt im Blick auf das Leben der Menschen als Individuen und in der Gesamtheit der Menschen. Diese Frage stellt sich irgendwie jedem Menschen. Wie lässt sie sich überhaupt beantworten? Wie lässt sich ein gutes Leben, das diesen Namen verdient, inhaltlich profilieren?

Viele Beiträge zu diesen Fragen empfehlen eine Disziplinierung menschlichen Lebens durch die Vernunft, um ein gutes Leben zu realisieren. Dazu habe ich oben schon mal auf Kant hingewiesen. Es gibt jedoch auch Vorschläge dazu, die weniger von der Orientierung an der menschlichen Vernunft geprägt sind und insofern auch eine gewisse Skepsis im Blick auf die Realisierung eines guten Lebens durch die Vernunft artikulieren.

So fragt beispielsweise Berthold Brecht in der »Dreigroschenoper«: »Wovon lebt der Mensch?« Brechts Antwort: »Indem er stündlich/Den Menschen peinigt, auszieht, anfällt, abwürgt und frißt.«[12]

Brecht fasst dann singularisch vom Menschen redend zusammen, was das menschliche Leben kennzeichnet: »Der Mensch lebt nur von Missetat allein!«[13]

Hier gewinnt die Frage nach dem guten Leben des Menschen ihre Bedeutung vor allem vor dem Hintergrund der Möglichkeit des Menschen, unmenschlich zu sein, unmenschlich zu handeln und unmenschlich zu leben. Es lässt sich eben nicht selbstverständlich voraussetzen, der Mensch sei wirklich gut, sei wirklich menschlich. Es ist ja auch so, dass wir der Vernunft zwar durchaus einiges an Gutem, jedoch auch alles erdenkliche Böse und Unmenschliche zutrauen. Berthold Brecht hat die Lösung des Problems und damit die Besserung des Menschen auch nicht durch die Vernunft gegeben gesehen, sondern hatte dazu eine ganz eigene Empfehlung: »Der Mensch ist gar nicht gut./Drum hau ihn auf den Hut!/Hast Du ihn auf den Hut gehaut,/Dann wird er vielleicht gut.«[14]

Der Dichter der Dreigroschenoper scheint jedoch auch dieser seiner Antwort nicht so recht getraut zu haben und fügt dem Ratschlag, den bösen Menschen auf den Hut zu hauen und dadurch zu einem guten Menschen zu machen, noch eine andere Möglichkeit hinzu, die er am Ende der Dreigroschenoper vor Augen führt: »Verehrtes Publikum, wir sind soweit,/Und Herr Macheath wird aufgehängt,/Denn in der ganzen Christenheit,/Da wird dem Menschen nichts geschenkt./Damit ihr aber nun nicht denkt,/Das wird von uns auch mitgemacht,/Wird Herr Macheath nicht aufgehängt,/Sondern wir haben uns einen anderen Schluß ausgedacht./Damit ihr wenigstens in der Oper seht,/Wie einmal Gnade vor Recht ergeht.«[15]

So viel ist jedenfalls in der »Dreigroschenoper« klar: Der Mensch wird nicht aus sich selbst heraus gut.

Und so stellt sich auch die Frage bei der Frage nach dem guten Leben, wie ein nicht gutes Leben und wie Menschen, die sich nicht an den Kriterien für ein gutes Leben orientieren oder orientieren können, in ein güterethisch begriffenes gutes Leben integriert werden können. Brechts »Dreigroschenoper« gibt dazu zumindest den Hinweis, dass mit dem Prinzip »Gnade vor Recht« das nicht gute, böse Leben ins gute Leben integriert wird. Oder anders formuliert: Das gute Leben muss sich im Umgang mit dem Nicht-Guten und Bösen bewähren, insofern es diesem

---

12 Berthold Brecht, Die Dreigroschenoper. Nach John Gays »The Beggar's Opera«, Berlin [1968] [47]2022, 70.

13 Ebd.

14 A.a.O., 79.

15 A.a.O., 96.

gegenüber »gut« bleibt – vielleicht gemäß dem biblischen Motto: »Überwinde das Böse mit Gutem« (Röm 12,21).

2. Das gute Leben in christlicher Perspektive

Im Christentum mag als ein gutes Leben – als ein Leben, das gut ist – ein Leben mit Gott und ein Leben in der Liebe gelten. Es ist dann die Liebe im Sinne von Agape als hingebender Liebe, die das Böse – das Lebensverneinende – überwinden soll. Im Leben mit Gott und in der Liebe – gewissermaßen im Doppelgebot der Liebe – wird christlich gesehen ein gutes Leben realisiert.

Beim Verständnis eines guten Lebens als Leben in der (hingebenden) Liebe haben wir es mit einer perfektionistischen Konzeption zu tun. Zugespitzt wird dies in der Bergpredigt deutlich, in der die Liebe auf die Feinde – und also auf solche Menschen, die das eigene Leben bedrohen – ausgedehnt wird. Dies gilt auch im Blick auf einen schwachen Perfektionismus, wie ihn Franz-Josef Bormann im Blick auf eine Konzeption des guten Lebens empfiehlt.[16] Welche Rolle spielt die Vorstellung von moralischer Perfektion und umfassender Gutheit eigentlich im menschlichen Leben, wenn das zu erstrebende *gute* Leben einen Perfektionismus darstellt?

Nun sind alle Vorstellungen moralischer Perfektion Idealisierungen. Stanley Cavell hat sich in seinem Buch »Cities of Words. Pedagogical Letters on a Register of the Moral Life« mit dem Thema moralische Perfektion beschäftigt.[17] Darin will er an einer ganzen Reihe von philosophischen Entwürfen – aber auch von Hollywood-Filmen zum Thema »remarriage« – zeigen, dass jeweils Vorstellungen vom guten Leben bzw. von dem guten Gemeinwesen entwickelt werden, die gar nicht auf das aktuelle Leben passen, sondern nur in unseren geistigen Begegnungen miteinander existieren. Diese Differenz führt häufig zu Enttäuschungen und wird ebenso häufig beklagt. Die Enttäuschung rührt nach Cavell vor allem daher, dass die Vorstellung moralischer Perfektion uns nicht besser macht, als wir sind – und uns zumindest im Blick auf unser Leben auch nicht beruhigt. Doch genau damit geht eine positive Bedeutung der Vorstellung moralischer Perfektion einher, die darin besteht, dass sie eine Kritik des faktisch gelebten, individuellen und gemeinschaftlichen (politischen) Lebens ermöglicht. Auch Enttäuschungen über das faktische Leben sind nur möglich durch eine Gegenüberstellung von idealisierten Vorstellungen des guten Lebens. Genau aus dieser Differenz erwächst jedoch die

---

16 Vgl. Franz-Josef Bormann, ›Handlungsfähigkeit‹ und ›gutes Leben‹. Plädoyer für einen schwachen Perfektionismus, in: Matthias Hoesch/Sebastian Muders/Markus Rüther (Hrsg.), Glück – Werte – Sinn. Metaethische, ethische und theologische Zugänge zur Frage nach dem guten Leben, Berlin/Boston 2013, 177–194.

17 Vgl. Stanley Cavell, Cities of Words. Pedagogical Letters on a Register of the Moral Life, Cambridge 2004.

produktive Kraft für die Weiterentwicklung des faktischen, individuellen und gemeinschaftlichen Lebens. Als Idealisierung gewinnt die Vorstellung eines guten Lebens – wie immer es im Einzelnen inhaltlich profiliert ist – eine unbedingt erforderliche regulative Bedeutung für das gelebte Leben.

Franz-Josef Bormann hat als Voraussetzung für ein Leben, das gut genannt zu werden verdient, formuliert, »dass die Situation des Handelns für den Menschen schlechthin alternativlos«[18] sei. Wenn wir Handeln von anderen Lebensvollzügen des Menschen u.a. dadurch unterschieden sehen, dass Handeln immer ein Nicht-Handeln-Können voraussetzt – Handeln also Freiheit voraussetzt –, dann sei doch die Frage aufgeworfen, ob dies das Leben von Menschen umfassend erfasst. Wird dabei nicht die Bedeutung der grundsätzlichen Passivität des Menschen für die Frage nach dem guten Leben ausgeblendet? Diese Frage stelle ich ganz allgemein, möchte sie jedoch auch mit der Einsicht des Apostels Paulus unterstreichen, dass gerade dem Menschen, der nicht tätig ist (Röm 4,5), der jedoch an den glaubt, der die Gottlosen gerecht macht, dieser Glaube zur Gerechtigkeit gerechnet wird.

Die Freiheit des Menschen würde dann nicht nur auf der Handlungsfähigkeit, sondern auch auf der Bejahung eigener Passivität und auf der Anerkennung jedes menschlichen Lebens aufbauen und insofern immer schon im Horizont der Relationen verstanden werden, in denen sich ein Mensch befindet. Die Freiheit des Menschen, zu der dann auch auf jeden Fall eine Handlungsfähigkeit gehört, würde dann als bedingte Freiheit verstanden, der im Zusammenhang des *empirisch erfassbaren* Lebens, also im Blick auf die Erkenntnis der Welt und die Gestaltung der Welt, keine Grenzen gesetzt sind, die jedoch im Blick auf ihre eigenen Grenzen und die Erwartungen an Ganzheit und Perfektion des guten Lebens sich auch ihrer eigenen Grenzen bewusst wäre.

Damit ginge eine Enttheologisierung bzw. Entdivinisierung des guten Lebens einher, das weder an Perfektionserwartungen noch überhaupt an Erwartungen gemessen würde, sondern als Aufgabe und Anstrengung verstanden würde, die Menschen gemeinsam mit ihrer Vernunft – und in Glaube, Liebe und Hoffnung – zu bewältigen suchen. Dafür ist die von Franz-Josef Bormann betonte Handlungsfähigkeit zweifellos ein zentrales Moment. Ob ein individuelles oder gemeinsames Leben verdient, ein gutes genannt zu werden, hängt jedoch zugleich auch von Umständen und Ereignissen (und manchem mehr) ab, denen Menschen ausgesetzt sind und die sie passiv, im Guten und im Schlechten erleidend, hinnehmen müssen – zumindest zuerst einmal.

Ich bin damit an einem Punkt angelangt, an dem ich mich dem Glück und dessen Verbindung mit Gott zuwenden sollte.

---

18 Bormann, Handlungsfähigkeit (s. Anm. 16), 188.

3. Glück und Gottesglaube

Im Blick auf die Bedeutung von »Glück« in den vielfältigen Verwendungen des Wortes in der deutschen Sprache könnte ich hier den 49 Spalten langen Artikel »Glück« im »Grimm'schen Wörterbuch der Deutschen Sprache« referieren. Angesichts der vielen Bedeutungen und Verwendungen von »Glück« würde uns dann schön vor Augen gestellt, was Ludwig Wittgenstein als »Familienähnlichkeit« verstand.[19] Ich wähle hier nun einen anderen Weg, um uns dem »Glück« anzunähern.

1798 hat Friedrich Schiller ein langes Gedicht - eine Elegie – mit der Überschrift »Das Glück« verfasst.[20] Hier wird schön der Glückscharakter des Glücks, das sich allein der Gunst der Götter verdankt, hervorgehoben[21]:

> »Selig, welchen die Götter, die gnädigen, vor der Geburt schon
> Liebten, welchen als Kind Venus im Arme gewiegt.«

Solchen Menschen gelingt alles aufgrund göttlicher Gunst und Gnade. Dagegen kann der arbeitende und sogar schöpferische Mensch damit nicht das Glück erzwingen:

> »Groß zwar nenn ich den Mann, der, sein eigner Bildner und Schöpfer,
> Durch der Tugend Gewalt selber die Parze bezwingt;
> Aber nicht erzwingt er das Glück, und was ihm die Charis
> Neidisch geweigert, erringt nimmer der strebende Mut.«

Und so hebt Schiller hervor:

> »Alles Höchste, es kommt frei von den Göttern herab.
> Wie die Geliebte dich liebt, so kommen die himmlischen Gaben.«

---

[19] Vgl. Ludwig Wittgenstein, Philosophische Untersuchungen, § 67.

[20] Vgl. Jochen Hörisch, Gott, Geld und Glück. Zur Logik der Liebe in den Bildungsromanen Goethes, Kellers und Thomas Manns, Frankfurt [1983] [2]2015, 30. Schillers Gedicht ist vier Jahre nach Goethes »Wilhelm Meisters Lehrjahre« erschienen, in dem über 600mal das Wort »Glück« verwendet wurde. Schiller »opponiert paradigmatisch ein an Kant orientiertes Konstitutionsverständnis von Glückswürdigkeit und ein Goethe abgelesenes Glücksverständnis, das seine Emphase aus der prinzipiellen Unableitbarkeit kairologisch sich einstellenden Glücks bezieht« (ebd.).

[21] Alle Zitate aus: Friedrich Schiller, Das Glück [1798], in: Schillers Werke. Vollständige Ausgabe in fünfzehn Teilen, hrsg. von Arthur Kutscher, Erster Teil: Gedichte, Berlin u.a. 1909, 170–172.

Das Glück ist eine freie Gabe der Götter (wie auch der Geliebten) und beruht allein auf unergründlicher Gunst und Hinneigung:

> »Wem er geneigt, dem sendet der Vater der Menschen und Götter
> Seinen Adler herab, trägt ihn zu himmlischen Höhn,
> Unter die Menge greift er mit Eigenwillen, und welches
> Haupt ihm gefället, um das flicht er mit liebender Hand
> Jetzt den Lorbeer und jetzt die herrschaftgebende Binde;
> Krönte doch selber den Gott nur das gewogene Glück.«

Und so gibt Schiller den Rat denen, die Glück haben und von den Göttern im Leben begünstigt werden, nicht missgünstig zu sein:

> »Zürne dem Glücklichen nicht, daß den leichten Sieg ihm die Götter
> schenken, daß aus der Schlacht Venus den Liebling entrückt. [...]
> Zürne der Schönheit nicht, daß sie schön ist, daß sie verdienstlos
> Wie der Lilie Kelch prangt durch der Venus Geschenk!
> Laß sie die Glückliche sein, du schaust sie, du bist der Beglückte,
> Wie sie ohne Verdienst glänzt, so entzücket sie dich.
> Freue dich, daß die Gabe des Lieds vom Himmel herabkommt,
> Daß der Sänger dir singt, was ihn die Muse gelehrt!
> Weil der Gott ihn beseelt, so wird er dem Hörer zum Gotte;
> Weil er der Glückliche ist, kannst du der Selige sein.
> Auf dem geschäftigen Markt, da führe Themis die Wage,
> Und es messe der Lohn streng an der Mühe sich ab;
> Aber die Freude ruft nur ein Gott auf sterbliche Wangen,
> Wo kein Wunder geschieht, ist kein Beglückter zu sehn.«

Das Glück fällt Menschen zu. Es kann nicht erarbeitet und erwirtschaftet werden. Da es aus weltlichen, irdischen Zusammenhängen auch nicht erklärbar und ableitbar ist, wird es den Göttern zugeschrieben. Dies kann für das Ganze eines Lebens gelten oder für die Schönheit des Leibes und der Seele, und dann auch für viele Lebensmomente, in denen Menschen Glück zukommt wie himmlische Gaben oder die Liebe der Geliebten. In Schillers Sicht sind weder die Handlungsfähigkeit des Menschen noch das tatsächliche Handeln von Menschen die entscheidenden Bedingungen für das Glück im Leben, sondern die Gunst der Götter bzw. des Gottes (und gelegentlich auch – wie in der erotischen Liebe – die Gunst von Mitmenschen). Das Glück geschieht. Es ist immer ein Wunder.

In seiner kontemplativen Religionsphilosophie ist der Walisische Religionsphilosoph Dewi Zephaniah Phillips der Frage nachgegangen, wie sich Gnade ereignet und mitteilt. In seinem 1991 erschienenen Buch »From Fantasy to Faith« schreibt Phillips: »From an indifferent sky the rain falls on the just and the unjust. But from this very indifference comes the conception that we are creatures, who are dependent on grace, having no claims against providence. The impartiality on the skies is beyond our ›Whys?‹ and ›Wherefores?‹. Believers are purged of the idea that anything is theirs by right.«[22]

Die sich inmitten der Gleichgültigkeit der Natur dem einzelnen Menschen ereignende Gnade, z.B. als Glück, kann auch als Ausdruck des unergründlichen Willens Gottes wahrgenommen werden. Als Reaktion auf die Erfahrungen von unerforschlichen, (positiv oder negativ) kontingenten Ereignissen im Leben sprechen dann Glaubende davon, dass das menschliche Leben in Gottes Händen sei. In solchen Erfahrungen wird für Phillips der Glaube und die Rede von Gott inhaltlich gefüllt. Wenn alle Erklärungen dessen, was geschehen ist, geprüft worden sind, dann wird nach der Bedeutung und dem Sinn von dem allem gefragt. Dann geht es nicht um weitere Erklärungen, sondern um Wege und Möglichkeiten, mit dem kontingent Geschehenen – dem Zugefallenen – zu leben. Nochmals zitiere ich Phillips mit einem Beispiel aus der Erfahrungswelt eines Walisers, der am Meer lebt: »In moments of extreme peril, such as being in a storm at sea, a person may say that his life is in God's hands. God's will will be made manifest in his survival or destruction, as it is in the raging storm. Above the waves, above the thunder and the lightning, is the omnipotence of God [...] The notion of God's will get its sense *in* such reactions.«[23]

Auf Gott wird in solchen Lebenslagen nicht als auf eine Art höherer Erklärung Bezug genommen.[24] Es geht in solchen Lebenslagen, in denen sich jemand in Gottes Hand fühlt und sich ganz von Gottes Barmherzigkeit abhängig sieht, nicht um Erklärung, sondern um Ehrfurcht und Staunen über die Kontingenz des Lebens, über das Wunder menschlicher Existenz.[25]

---

22 Dewi Zephaniah Phillips, From Fantasy to Faith. The Philosophy of Religion and Twentieth Century Literature, Basingstoke 1991, 209.

23 A.a.O., 281f.

24 »The notion of God's will is formed, not in search for explanations, but in the abandonment of explanations [...]. The person comes to see that his own fate is not the primary consideration. Being at the mercy of God's will leads to a sense of wonder, wonder at the contingency of Life, the miracle of existence« (a.a.O., 282).

25 Natürlich möchte der menschliche Geist, wenn er mit einer letzten Undurchschaubarkeit des Verlaufs des jeweiligen Lebens, ja, des Lebens im Gesamten, konfrontiert ist, das Geheimnis enthüllen, das hinter oder über oder unter dem menschlichen und überhaupt jeglichem Leben liegt. Gerne wird hier dann auf die Grenzen menschlicher Erkenntnis und Sprache verwiesen, an denen dann ein solcher Erkundungsversuch scheitern muss. Auf diese Weise wird dann das Staunen erzeugende Geheimnis Gottes in eine Unbegreiflichkeit und Unaussagbarkeit Gottes transformiert. Ein religiöses Thema wird zu einem epistemologischen. Nach Phillips wird die Besonderheit religiöser Geheimnisse verfehlt, wenn diese epistemologisch missverstanden werden. Wenn religiöse Geheimnisse als epistemologische missverstanden werden, dann führt dies notwendigerweise in den Skeptizismus. Was im Blick auf die erkenntnistheoretische Problematik gilt, kann auch sprachphilosophisch variiert werden und also auf die Behauptung, dass die menschliche Sprache für das Begreifen des Geheimnisses Gottes inadäquat sei, bezogen werden. Doch es ergibt keinen Sinn, die menschliche Sprache als religiös oder theologisch inadäquat zu degradieren. Vielmehr hat eine theologische und religionsphilosophische Besinnung auf Gott geradezu davon

Auf der Linie der Beispiele von D.Z. Phillips hat das Thema »Glück« seinen dogmatischen Ort vor allem in der Schöpfungslehre und darin in der Lehre von der Erhaltung, also der Lehre von der Providenz. Natürlich können wir das Thema »Glück« auch in der Soteriologie präsent sehen, insofern es ein Glück ist, dass Gott durch Jesus Christus und durch den Heiligen Geist dem Menschen einen Weg aus dem Unguten ins Gute bietet; wie beispielsweise Martin Luther dies im Kirchenlied »Nun freut euch, liebe Christen g'mein« formuliert hat. Die Möglichkeit der Umkehr vom Unguten (im Kirchenlied Luthers: »es war kein Guts im Leben mein«) hin zum Guten und also zum guten Leben ist in einem möglicherweise auch als kontingent zu begreifenden Geschehen in Gott und durch Jesus Christus und den Heiligen Geist auch ein Glück. Und entsprechend kann ein Mensch, der dieses Glück konstruktiv aufnimmt, als ein glücklicher bezeichnet werden. Davon will ich vorerst absehen und mich dem Thema »Glück« in der Lehre von der Providenz (Vorsehung) widmen.

Glück ist ein passives Geschehnis. Jemand hat Glück. Glück fällt zu; wie auch das Gegenteil, das Pech oder das Unglück. Ich könnte auch sagen: Ohne Zufall und ohne Kontingenz gibt es kein Glück.[26] Wie über das Glück zu denken ist, hängt mit der Bestimmung des Verhältnisses von Gott und Zufall, wie es in der Schöpfung und Erhaltung der Welt sowie in der Geschichte des Menschen anzutreffen ist, zusammen.

Populär ist die Auffassung, dass alles in der Welt so sein und bleiben müsse, wie es ist, wenn die Welt von Gott gut geschaffen ist. Angenommen wird dabei, dass Gott den Kosmos konzipiert und ihm eine Ordnung gegeben habe, die notwendigerweise genau so zu sein habe. Dies kommt den grundsätzlich konservativen Einstellungen der allermeisten Menschen entgegen. Verbunden wird diese Weltsicht zudem gerne mit einem mechanistischen Weltbild in Analogie zur technischen Kreativität des Menschen.

Im Blick auf die Gestaltung der sozialen Welt finden sich in der Neuzeit entsprechende Analogien zur schöpferischen Aktivität Gottes, z.B. bei Thomas Hobbes gleich im ersten Satz der Einleitung zu seinem »Leviathan«: »Die Natur (das

---

auszugehen, dass Menschen von Gott reden – und zwar aufgrund der Erfahrungen, die sie im letztlich undurchschaubaren kontingenten Verlauf des Lebens machen. So von Gott zu reden, ist für Phillips wesentlich davon geprägt, dass Gott selbst als verborgener Gott begriffen und thematisiert wird. Phillips bezieht sich hier auf Jes 45,15: »Vere tu es deus absconditus: Fürwahr, du bist ein verborgener Gott, du Gott Israels, der Heiland.« Das ist die eigentliche Erkenntnis eines angemessenen Erkundungsversuch im Anschluss an die Erfahrung mit kontingenten Ereignissen im Leben – und zwar ganz besonders mit positiven, beglückenden Ereignissen.

[26] Im Blick auf die Terminologie verwende ich den Ausdruck »Zufall« – wie auch den Ausdruck »Kontingenz« – zuerst einmal als Sammelbegriff für verschiedene ähnliche Begriffe wie Koinzidenz, Kontingenz oder Wahllosigkeit bzw. Beliebigkeit (randomness). Der Ausdruck »Zufall« scheint der weitreichendste unter diesen deutschsprachigen Begriffen zu sein, der verschiedene Aspekte einschließt, die nochmals eigens und vielleicht auch präziser mit den anderen genannten Begriffen bedacht werden können.

ist die Kunst, mit der Gott die Welt gemacht hat und lenkt) wird durch die *Kunst* des Menschen wie in vielen anderen Dingen so auch darin nachgeahmt, daß sie ein künstliches Tier herstellen kann.« Hobbes fährt dann fort: »Denn durch Kunst wird jener große *Leviathan* geschaffen, genannt *Gemeinwesen* oder *Staat*«.[27] Auch dem dann so konzipierten Staat gegenüber gibt es eine Perfektionserwartung der Bürgerinnen und Bürger, die notwendigerweise nur durch einen höchst autoritären Staat befriedigt werden kann. Autoritär regierte Staaten erhielten gerade in den Zeiten der Covid-19-Pandemie Zuspruch von ihren Bürgerinnen und Bürgern, wenn es ihnen durch ihren Autoritarismus gelang, die Infektionen weitgehend zu stoppen und insofern Leben zu retten – oder die Kommunikation über das Misslingen zu unterbinden. Dagegen drohten die Appelle von Regierenden in liberalen Demokratien, dass es darum ginge, »Leben zu retten«, zu verpuffen und gar Widerstände hervorzurufen, wenn die politischen Maßnahmen nicht modern, nicht pragmatisch und vor allem nicht effektiv waren.

Ähnliche Perfektionserwartungen gibt es auch im Blick auf die Natur und die Welt insgesamt. In modernen westlichen Gesellschaften gibt es zunehmend mehr die Auffassung, die Natur selbst sei insgesamt quasi perfekt und der Mensch sei darin der große Störfaktor. Auch hier liegt selbst eine mechanistische Auffassung von der Natur mit fest strukturierten Ordnungen zugrunde. Vernachlässigt wird dabei der evolutionäre Charakter der Natur und insgesamt des Kosmos bzw. – theologisch formuliert – das evolutionäre Wesen der Schöpfung. Die christliche Theologie hat dies immer schon gelehrt, wenn sie von der *creatio continua*, der fortwährend geschehenden Schöpfung, sprach. Martin Luther hatte dies ganz zutreffend erfasst: »Einige scharfsinnige Köpfe haben behauptet, dass die Erhaltung eines Dinges eine fortgesetzte Erschaffung desselben sei. Schaffen aber ist immer ein Neumachen: dicunt acuti quidam, quod conservatio rei sit eius continuata creatio. Sed creare est semper novum facere«.[28] Es wird im geschichtlichen Gang der Schöpfung eben nicht nur (erneuernd) erhalten, was geschaffen ist, sondern immer wieder Neues geschaffen. Mit dieser Einsicht in die Evolution der Schöpfung verbindet sich dann auch eine positive Bewertung von Kontingenz und Zufall in der Theologie.[29]

Der christliche Glaube wie insgesamt die Religionen sind Lebensformen, mit der Kontingenz und dem Zufall umzugehen, mit denen jeder Mensch zum Guten oder zum Schlechten, und dabei auch zum Glück oder zum Unglück, laufend konfrontiert ist. Das menschliche Leben ist laufend durch allerlei gefährdet, wird aber

---

27 Thomas Hobbes, Leviathan oder Stoff, Form und Gewalt eines kirchlichen und bürgerlichen Staates, hrsg. und eingel. von Iring Fetscher, übers. von Walter Euchner, Frankfurt 1984, 5.

28 Martin Luther, Resolutiones disputationum de indulgentiarum virtute (1519), WA 1, 563,7f.

29 Vgl. Hans-Peter Grosshans, Contingency – Religion – God. A paradigmatic reflection on the relation of science, metaphysics and religion, in: Evandro Agazzi (Hrsg.), Science, Metaphysics, Religion, Milano 2014, 143–153.

zugleich auch immer wieder durch glückliche Zufälle und Umstände unterstützt. Im Glauben und insgesamt in ihrer religiösen Praxis setzen sich Menschen mit diesen Momenten und Ereignissen des Lebens auseinander, die nicht notwendigerweise so sein müssen, wie sie sind, sondern anders oder überhaupt nicht sein könnten. Da dies insgesamt im Leben so ist, kann jeder Moment und jedes Element des Lebens Thema des Gottesglaubens werden, um mit dem Kontingenten und Zufälligen – sei es absurd, unbegreiflich und widersinnig, übel und böse, oder sei es überraschend und extraordinär beglückend – zurecht zu kommen. Anders als Gott, der nicht nicht sein und auch nicht anders sein kann, als Gott ist, ist die Welt und das Leben in der Welt durch und durch kontingent: Was ist, könnte auch nicht sein und alles, was ist, könnte immer auch anders sein. Nur ein Spinozist könnte dies anders sehen. Natürlich bleibt Gott dabei der Schöpfer von allem, was ist. Gott ist auch in diesem Modell theologischer Kosmologie die alles bestimmende Wirklichkeit – allerdings nicht im Sinne eines mechanistischen Weltbildes mit einer absolutistischen Zentralverwaltung. Gott entwickelt den Kosmos und das Leben in ihm evolutionär in partizipatorischer Kooperation mit seinen Geschöpfen weiter. Die Wege, auf denen der dreieinige Gott die Herrschaft über die Welt ausübt, sind vielfältig. Sie sind für den Menschen trotz seines aktiven Mitwirkens nicht immer ersichtlich. Der Glaube, dass der dreieinige Gott, der die Liebe ist, fortwährend aktiv ist und evolutionär die Welt erneuernd schafft, hält daran inmitten der zwiespältigen Erfahrungen in der Welt fest.

Es ist eben keineswegs so, dass mit dem Gottesglauben alles klar wäre. Das Leben wirft viele Fragen auf, die keine Antwort finden. Die Frage beispielsweise nach dem Sinn von physischem Übel lässt sich nicht beantworten, weil es keinen Sinn hat (auch wenn wir im weiteren Gang des Lebens daran jeweils sinnvoll anknüpfen können). Manche Fragen können jedoch auch eine Antwort finden, wenn wir uns von fehlorientierten Vorstellungen befreit haben. Dazu gehört beispielsweise die Frage, wie Gottes herrschendes Begleiten des Lebens genau aussieht, wenn wir uns zugleich als selbständige und selbstverantwortliche Menschen verstehen. In Zeiten einer rechtsstaatlichen partizipatorischen Demokratie ist eine solche Vorstellung von kooperativem Herrschen und Zusammenleben durch die tägliche Anschauung gestützt. Spannungen entstehen dabei nur dann, wenn beispielsweise autoritär regiert und durch paternalistische Regierungsanordnungen die Selbstverantwortung der Bürgerinnen und Bürger unterschätzt wird.

Im Grunde ist es auch mit dem kooperativen Herrschen Gottes und seinem fortwährenden Schöpfungshandeln so, dass es – wie der dreieinige Gott selbst – sprachlich vermittelt ist, so dass sich für jeden Menschen laufend die Frage stellt, ob er oder sie bei dem Schaffen und Herrschen Gottes selbstverantwortlich mitmachen will oder nicht. Gott schafft fortwährend seine sich evolutionär fortentwickelnde Schöpfung und herrscht kooperativ mit dem Menschen über sie mit seinen Worten.

In diesem hier knapp skizzierten Modell ist es für die dogmatische und religionsphilosophische Wahrnehmung menschlichen Lebens geradezu wesentlich, die Spontaneität des Lebens zu sehen, der Menschen zuerst passiv ausgesetzt sind, um daran dann in freier Spontaneität anzuknüpfen und so den weiteren Gang des Lebens zu gestalten. Menschen müssen mit den glücklichen wie den unglücklichen Schickungen des Lebens leben. Gerade deren Zufallscharakter, also auch Glück und Unglück, ruft eine religiöse Praxis hervor. Entscheidend ist jedoch, was Menschen daraus machen und wie sie mit dem Geschehenen leben.

Dazu gehört dann auch, wie sie das Geschehene im Kontext ihres Lebens und ihrer Welt deuten (z.B. als Glück). Die Interpretation eines Geschehens oder Ereignisses als Glück, wie z.B. bei Fußballspielen oder bei Begegnungen mit anderen Menschen, impliziert die Anerkennung, dass es nicht verdient oder normal ist und nicht abgeleitet, eingeordnet und erklärt werden kann. Glück ist etwas Außerordentliches und Unerklärliches. Es ist natürlich nicht unmöglich und die entsprechenden Geschehnisse und Ereignisse gehören zur Menge des Möglichen. Insofern kann man auf sein oder ihr Glück hoffen und vielleicht – wie beim Spiel – die Möglichkeit des Glücks ins Kalkül einbeziehen. Im Fußball sind nicht die erarbeiteten und verdienten Siege die freudigsten, sondern die durch Glück zustande gekommenen – wie es in der Bundesliga Saison 2023/24 der Trainer des 1. FC Heidenheim (in dessen erster Bundesliga Saison), Frank Schmidt, nach dem Sieg bei Werder Bremen am 10. Februar 2024 formulierte: »Wir haben es mit Geschick und dem notwendigen Glück geschafft!«[30] Doch auch das Glück, das ins Spielkalkül mit einbezogen wird, bleibt eine Gunst des Spiels, des Lebens, der Natur oder – wie bei Schiller – der Götter.

Fromme Christenmenschen danken Gott für ihr Glück und klagen ihm ihr Pech und Unglück. Mit dem Glück verbindet sich intensive Freude – gerade, weil es eine unverdiente Gunst ist – und Dank. Nach Kant »fühlt« ein Mensch in einer solchen Stimmung seines Gemüts »in sich ein Bedürfnis, irgend jemand dafür dankbar zu sein«.[31] Vorhin habe ich Ähnliches mit D.Z. Phillips zum Ausdruck gebracht, nach dessen Auffassung in solchen Lebenslagen die Rede von Gott geradezu gebildet wird, wenn Menschen Gott für ihr Glück danken – und für die Gunst, die ihnen gewährt wurde. Es gibt, wie Phillips hervorhebt, keinen Rechtsanspruch auf Gnade und auf Glück. Wer trotz immerwährendem Streben und Bemühen Pech im Spiel, in der Liebe, im Geschäftsleben oder in der Wissenschaft hat, kann das – bei wem auch immer – beklagen, doch nichts lässt sich hier einklagen, nicht einmal bei sich selbst. Dass jemand Pech hat und etwas nicht gelungen ist, hat der Pechvogel selbst ja auch nicht zu verantworten. Im Wissenschaftsbetrieb wird diese Einsicht leider häufig ignoriert: wenn die Versuche nicht klappen und eine Untersuchung nichts Sinnvolles ergibt, dann wird der so Pech habende Doktorand doch dafür verantwortlich gemacht. Er wird nicht promoviert oder erhält kein Prädikat für die Dissertation. Dabei hat solches Pech nichts mit wissenschaftlicher Befähigung zu tun.

---

30 https://www.fc-heidenheim.de/news/detailansicht/archiv/2024/februar/fch/wir-haben-es-mit-geschick-und-dem-notwendigen-glueck-geschafft.html (Stand: 24. 07.2024).

31 Immanuel Kant, Kritik der Urteilskraft, B 416.

Aristoteles, der die Glückseligkeit als das höchste Gut – nach dem alle streben – verstand, und sich auch schon an der Auffassung abarbeitete, dass das gute Leben mit dem glückseligen identisch sei, hat in der »Nikomachische[n] Ethik« auch die Frage nach dem unverdienten Charakter von Glückseligkeit und Glück aufgeworfen. So fragte er, »ob die Glückseligkeit durch Lernen, Gewöhnung oder anderweitige Übung angeeignet werden könne oder ob sie einem durch eine göttliche Zuteilung oder durch das Glück gewährt werde«. Seine erste Auskunft dazu lautet: »Wenn es nun überhaupt irgendein Geschenk der Götter an die Menschen gibt, so ist anzunehmen, dass die Glückseligkeit gottgegeben sei«.[32]

Aristoteles weist hier darauf hin, dass dieses Thema eher einer anderen Wissenschaft zugehört als der Ethik: das Erlangen der Glückseligkeit (Eudaimonia) durch göttliche Zuteilung oder durch Glück (Tyche). Die Tyche bzw. die Eutychia ist ja selbst auch göttlich und wohnt den ganz und gar kontingenten Umständen, den Geschicken des Lebens, inne. Die Eudaimonia, die Glückseligkeit, ist hier dann gewissermaßen die subjektive Seite zur göttlichen Zuteilung und zur Eutychia, dem Glück: das Fühlen der Gunst und der Freude daran.

Diese Unterscheidung ist wichtig, denn sie ermöglicht das Bewusstsein dafür, dass uns möglicherweise häufiger Glück widerfährt, als wir subjektiv empfinden. Warum wir das Glück, das uns widerfährt, nicht sehen bzw. empfinden, kann vielerlei Gründe haben. Möglicherweise blenden wir den kontingenten Charakter des eigenen Lebens und seiner Welt bewusst aus im Bemühen um Permanenz und Sicherheit. Daran wirkt ja auch der Glaube kräftig mit: in der Reduktion der Unruhe in den Stürmen des Lebens durch die zeitlose Ruhe von Geist und Seele in Gott. Augustinus hat in seiner Schrift »Über das glückliche Leben« formuliert: »Wenn jemand glücklich zu sein begehrt, dann muss er sich das verschaffen, was immer bleibt, was von keiner stürmenden Fortuna geraubt werden kann«.[33]

Zwangsläufig muss dann das Glück im Sinne der Eutychia höchst beunruhigen – mindestens so sehr wie Pech und Unglück. Glaube und Religion als Kontingenzreduktion verstanden muss auch das Glück reduzieren und möglichst vermeiden helfen, indem es erst gar nicht wahrgenommen und empfunden wird.

Möglicherweise sehen und empfinden wir das uns laufend widerfahrende Glück auch deshalb nicht, weil wir spezifischen Glücksvorstellungen und Glückserwartungen anhängen, wie zum Beispiel denen von Nietzsches letzten Menschen, die von sich sagen »Wir haben das Glück erfunden« und dabei »blinzeln«. Nach Nietzsche haben sie das Glück – wie auch sonst alles – klein gemacht, das für sie nur darin besteht, den Nachbarn gelegentlich zu lieben, um beim körperlichen Reiben aneinander ein wenig Wärme zu erzeugen; und dann natürlich auch das Glück von »ein wenig Gift ab und zu«[34] für die angenehmen Träume – bei

---

32 Aristoteles, Nikomachische Ethik, 1099b 11ff.

33 Augustinus, De beata vita II,11: »si quis beatus esse statuit, id cum sibi conparare debere, nec ulla saeviente fortuna eripi postest«.

34 Alle Zitate aus: Friedrich Nietzsche, Also sprach Zarathustra. Ein Buch für Alle und Keinen, Werke in drei Bänden, hrsg. von K. Schlechta, Bd. 2, Darmstadt [5]1966, 284.

aller Pflege der Gesundheit. Wer es als Glück im Leben betrachtet, einigermaßen ordentlich und gesund durchs Leben zu kommen und alt zu werden, kann das Glück nicht sehen und fühlen, das ihm und ihr laufend widerfährt. Dann werden auch die Anlässe für Freude und Dank weniger und Freude und Dank verschwinden möglicherweise ganz aus dem Leben eines Menschen – wie natürlich auch die Klage, obwohl diese im Falle von Unglück und Leiden dann doch gebraucht und auch an Gott gerichtet wird. Dann wird die Kontingenz wahrgenommen, im Falle des Glücks jedoch ignoriert (bzw. in der so manchem Menschen eigenen Hybris auch als ein natürliches Recht betrachtet).

Meiner Meinung nach sollte in der evangelischen Theologie die Kontingenz und der Zufall positiver wahrgenommen werden als dies gemeinhin in ihr der Fall ist. Unser Leben findet in einem durch und durch kontingenten sozialen und natürlichen Umfeld statt. Der an den dreieinigen Gott glaubende Mensch nimmt diese Geschehnisse und Widerfahrnisse aus Gottes Hand, an den er oder sie als lebens- und welterhaltenden Schöpfer glaubt. Entscheidender als dieser providentielle Glaube selbst sind jedoch – wie immer im Leben – die sich an die Geschehnisse und Widerfahrnisse anschließenden nächsten Schritte.

In einer stimmigen evangelischen Vorsehungslehre wird die Geschichte, sei es eine Lebensgeschichte oder die Weltgeschichte, nicht als determiniert oder vorhersehbar verstanden, sondern in ihrer Kontingenz und insofern mit ihren unzähligen Möglichkeiten wahrgenommen. Mit der Vorsehungslehre wird die Geschichte gerade nicht als ein vorab vorgelegter oder antizipierter Ereignisverlauf vorgestellt, sondern in ihren vielen mehr oder weniger wahrscheinlichen Möglichkeiten denkbar, für die alle Gott sich vorgesehen hat.

In diesem Verständnis von Geschichte sind von jedem zeitlichen und räumlichen Punkt aus jeweils unzählig viele mögliche Welten denkbar und realisierbar. Nie gibt es nur eine einzige Möglichkeit an ein bestimmtes geschichtliches Geschehen anzuknüpfen und fortzufahren. Für jeden Menschen stellt sich immer wieder die Frage, wie er oder sie fortsetzt, was geworden ist. Dies gilt auch für Gott. Der Gottesgedanke steht nicht im Widerspruch zu der Einsicht, dass in der menschlichen Geschichte alles, was war, immer auch anders hätte sein können, und im Blick auf die Zukunft fast alles und höchst Verschiedenes möglich ist.

In der Geschichte von Joseph und seinen Brüdern heißt es: »Ihr gedachtet es böse mit mir zu machen, aber Gott gedachte es gut zu machen, um zu tun, was jetzt am Tage ist, nämlich am Leben zu erhalten ein großes Volk« (Gen 50,20). Gott kommt hier als verborgenes Subjekt der Menschheitsgeschichte oder zumindest seines Volkes in den Blick, der hier ein sehr allgemeines Versprechen eines Erhaltungswillens gibt, das sich an jedem Punkt der Geschichte auf vielfältige Weise realisieren lässt. Selten gibt es bei geschichtlichen Ereignissen nur ein Subjekt. Geschichtliche Ereignisse formieren sich meist im Zusammenspiel mehrerer und oft vieler Subjekte. Diese optieren in ihren Lebensvollzügen an jedem Punkt der Geschichte jeweils für bestimmte mögliche Welten. Dass aus dieser vielfältigen Gestaltung der Geschichte insgesamt etwas Sinnvolles wird, liegt dann meist nicht mehr in menschlicher Hand. Das ist dann in theologischem Urteil Sache Gottes. Wie an das Geschehene jeweils angeknüpft wird, wie von dort aus fortgeschritten wird und wie sich dies alles zu einem Zusammenhang fügt, daran ist dann nach traditioneller evangelischer Lehre wie der Mensch so auch Gott auf kreative Weise beteiligt. In diesen Kontext gehört auch das Glück in Form von überraschenden, unerwarteten und auch unverdienten Begünstigungen des Lebens, das nun jedoch - anders als bei einem glücklichen Sieg in einem Fußballspiel - bei aller Freude und bei allem Dank keinen Schlusspunkt bildet, sondern einen Auftakt zu und die Eröffnung von neuen Möglichkeiten. So kann beispielsweise jede Begegnung mit einem anderen Menschen ein Glück sein - oder sich als ein Glück herausstellen -, wenn sie neue Möglichkeiten eröffnet.

Dies gilt auch für die Begegnung mit Gott, die in evangelischer Perspektive vermittelt durch sein verbales und sakramentales Wort in unserem durch und durch kontingenten Leben und seiner Lebenswelt geschieht.

Hier bei einer Tagung der Rudolf Bultmann-Gesellschaft möchte ich zum Schluss meines Beitrags dann doch noch eine kleine Referenz auf Rudolf Bultmann unterbringen. In seiner »Theologischen Enzyklopädie« hat sich Bultmann u.a. auch mit der Mystik auseinandergesetzt. In seinem Urteil folgt er der Kritik, die seit Albrecht Ritschls erstem Band seiner »Geschichte des Pietismus« in der deutschen Theologie verbreitet war, dass die Mystik eine »prononcirte Stufe der katholischen Frömmigkeit« sei und die Mystik keine nahe Verwandtschaft zur lutherischen Reformation habe.[35] Der Mystik geht es nach Bultmann letztlich darum Gott, das ganz Andere, zu schauen, wozu ein Mensch »von sich selbst frei [...] werden, [...] entwerden« muss.[36] Inmitten seiner scharfen Kritik an der Mystik kommt Bultmann dann doch den eigentlichen Einsichten der Mystik ganz nahe, wenn er behauptet, der Fehler der Mystik sei »die Verkennung der Geschichtlichkeit des Menschen und deshalb schließlich auch ein Fehler im Gottesgedanken selbst: er ist nur formal richtig. Aber die Vorstellung von einem formalen ἐπέκεινα ist schon falsch. Denn wie ›der Mensch‹ nichts Formales ist, sondern jeweils der bestimmte Mensch in einer konkreten geschichtlichen Situation, so ist auch sein Jenseits nur das, was ihn ins Diesseits weist. Ein Jenseits ist immer sein konkretes Jenseits; es ist nicht das Bestimmungslose, sondern das Unverfügbare, das über ihn Verfügende, ihn Beschenkende.«[37] Bultmann erkennt die Nähe seiner Formulierungen zur Mystik nicht, weil er sich in den Bahnen der seit Ritschl üblich gewordenen Mystik-Kritik bewegte und zudem von Rudolf Ottos Darstellung der östlichen und der westlichen Mystik abhängig war.

Die Pointe der Mystik – jedenfalls des Großteils der christlichen Mystik – liegt in der Erfahrung einer Begegnung mit Gott; und zwar mit Gott nicht als des Anderen seiner selbst, sondern als des ganz Anderen und insofern Fremden und

---

35 Albrecht Ritschl, Geschichte des Pietismus, Bd. 1: Geschichte des Pietismus in der reformierten Kirche, Bonn [1880] 1966, 28.

36 Rudolf Bultmann, Theologische Enzyklopädie, hrsg. von Eberhard Jüngel und Klaus W. Müller, Tübingen 1984, 116.

37 Ebd.

Jenseitigen; also dessen, das fremd, ja, transzendent bleibt und dem alle Versuche, es zu erkennen und zu begreifen und so in den Kontext der bekannten und vertrauten Welt einzuordnen, nicht zu entsprechen vermögen. So lebt die Mystik von der Hoffnung auf eine geistige, seelische Begegnung mit dem ganz und gar unbekannten ganz Anderen und der Hoffnung, dass der geheimnisvoll bleibende, transzendente Gott sich zeige und ins Gemüt, aber auch ins Denken einfalle.

Rudolf Bultmann hat in seiner »Theologischen Enzyklopädie« der Mystik sein Konzept des Glaubens als geschichtlicher Tat entgegengestellt.[38] In dessen Mitte steht die Definition des Glaubens als Gehorsam, der nicht als Werk, sondern als Tat verstanden wird. Dies wird veranschaulicht als »gehorsame Annahme der Botschaft von der Sündenvergebung und dem neuen Leben in Christus«, womit keine »gläubige Kenntnisnahme«, sondern »die Anerkennung« gemeint ist, »daß mit dieser Botschaft etwas über *mich*, weil über meine Geschichte gesagt ist«.[39] Gehorsam ist insofern ein Hören und ein durchs Hören geschehendes Erkennen eines eigenen Erkanntseins durch Gott. Dieses basiert auf Offenbarung und kann auch gar nicht anders verstanden werden, weil es sich nicht aus der endlichen und begreifbaren Welt ergibt. Bultmanns Verständnis des Glaubens als Gehorsam und der christlichen Mystik geht es um eine offene und vorurteilsfreie Rezeptivität des Menschen für Gott, der als ganz Anderes und Transzendentes nicht endlichen Rationalisierungen unterworfen werden soll, sondern dem in aller Freiheit zu begegnen (im Hören, Schauen, etc.) anzustreben ist. Und es ist dann sowohl in der Mystik als auch im Glauben ein Glück, ein ganz großes Glück, wenn es zu solcher Begegnung kommt: in der mystischen Schau oder im Hören auf die Worte, in denen sich Gott selbst kommuniziert und sich selbst dem Menschen verspricht.

Der Glaube an Gott ist insofern ein Glück für einen Menschen, dem die Begegnung mit Gott in dessen Worten (um es evangelisch zu formulieren) widerfährt. »Man kann sich nicht selbst zum Kind Gottes machen. Und Gott schauen, kann nur der, dem sich Gott zeigt. Das aber stellt Jesus den glücklich Gepriesenen in Aussicht: daß sie Kinder Gottes werden, daß sie Gott schauen werden usw. Daß ein Kind Gottes zu werden, daß Gott zu schauen glücklich macht, das setzt er dabei voraus.«[40]

Eberhard Jüngel, den ich hier aus einem Text mit der Überschrift »Was hat des Menschen Glück mit seiner Seligkeit zu tun?« zitiere, hat in diesem Text auch versucht, die Differenz von Glück und Seligkeit zu bestimmen. Wenn in den kontingenten Ereignissen des Lebens, die Dankbarkeit empfinden lassen, auf Gott Bezug genommen wird, dann – so Jüngel – »steigert sich des Menschen Glück zur Seligkeit. [...] sie ist ein ›begleitender Gefühlswert‹, der von etwas Anderem

38 A.a.O., 130–158.

39 A.a.O., 131.

40 Eberhard Jüngel, Was hat des Menschen Glück mit seiner Seligkeit zu tun? In: Lutherischer Weltbund/Päpstlicher Rat zur Förderung der Einheit der Christen (Hrsg.), 10 Jahre Gemeinsame Erklärung zur Rechtfertigungslehre. Dokumentation der Jubiläumsfeier in Augsburg 2009, Paderborn/Frankfurt 2011, 13–32, 24.

hervorgerufen wird, das er nun begleitet. Das Andere, das den Menschen selig macht, ist die sich uns zusprechende Liebe Gottes und das durch sie ermöglichte gelingende Zusammenleben des Menschen mit Gott. [...] Das Zusammenleben von Gott und Mensch gelingt dann, wenn Gott und Mensch darin übereinstimmen, darin zusammenstimmen, daß sie Ja zueinander sagen und dabei zugleich sich selbst bejahen. Und das auch dann, wenn uns Anfechtung heimsucht, so daß wir alles andere als glücklich sind. [...] Jesus spricht die Leidenden als Leidende selig. Und damit wird deutlich, daß Glück und Seligkeit nicht identisch sind. Das Glück schließt das Unglück aus. Die Seligkeit hat die Erfahrung des Leidens, der Schuld und der Trauer als überwundene in sich.«[41]

Glück ist also weder mit einem guten Leben noch mit einem seligen Leben identisch. Gleichwohl begleitet das Glück – sozusagen als Gottesgabe (aus der Sicht der Glaubenden formuliert) – wohltuend, inspirierend und aktivierend das Leben, auch das Glück der Begegnungen mit dem dreieinigen Gott. Ist Gott nun das große Glück? Kann sein! Er ist es jedoch nicht grundsätzlich. Ohne Gott gibt es jedoch kein seliges (auch kein glückseliges) und auch kein ewiges Leben – und dies natürlich inmitten des endlichen Lebens.

---

41 A.a.O., 31.

Thomas Erne

Glück und Seligkeit

Das Streben nach Glück in der Praktischen Theologie

In einer Talkshow des SWR, dem »Nachtcafe«, geht es 2013 um die Kirche. »Mehr Schein als Heiligkeit« ist der Titel der Sendung. Der katholische Bischof Overbeck und die evangelische Kulturbeauftragte Petra Bahr müssen sich kritischen Fragen stellen. Der Vertreter des Bundes der Konfessionsfreien, einer der bissigsten Kritiker, trägt ein T-Shirt mit der Aufschrift: »Gottlos glücklich – ein erfülltes Leben braucht keinen Glauben«. In der Mitte der Sendung stellt der Moderator Weiland Backes die Frage, was der Welt fehlen würde, wenn es keine Kirche mehr gäbe. »Meine Großmutter«, war Petra Bahrs Antwort. Ihre Großmutter habe das Gleichnis vom barmherzigen Samariter gelebt. Ohne die Kirche würde es solche selbstlosen und herzensguten Großmütter nicht geben. Selbstlos könne sie auch ohne Kirche sein, erwidert der junge Mann mit dem T-Shirt. Und Bischof Overbeck? Er sieht offensichtlich die Lücke, die Petra Bahr mit ihrer Antwort lässt und antwortet: Gott. Der Welt würde Gott fehlen ohne die Kirche. Die Antwort ist so anmaßend wie katholisch. Nun ergänzen sich ja beide Antworten. Gott ist nur dann ein Verlust für die Welt, wenn die Welt etwas Positives und Erstrebenswertes mit Gott verbinden kann, beispielweise Petra Bahrs Großmutter. Und die wiederum steht nur dann für den Verlust, den das Verschwinden der Kirche für die Welt bedeutet, wenn ihre Güte mit Gott zu tun hat. Aber warum sagen Petra Bahr oder Bischof Overbeck nicht Glückseligkeit? Das T-Shirt des jungen Atheisten bietet ja die Vorlage. Glück ist, glaubt man der aktuellen Glücksforschung, ein weltweit positiv besetzter Begriff, im Unterschied etwa zu Großmüttern. Und in der hochgemuten Variante, der Glückseligkeit, steht Glück »in einem wesenhaften Zusammenhang zur Religion«[1], gehören also Glück und Gott untrennbar zusammen. Was würde der Welt fehlen, wenn es keine Kirchen mehr gäbe? Glückseligkeit wäre eine Antwort, die lebenspraktische Evidenz und religiöses Unendlichkeitsbewusstsein, also Großmutter und Gott, zwanglos verbindet. Allerdings ist das eine sehr unwahrscheinliche Antwort. Außer Jörg Lauster und Johann Hinrich Claussen käme

---

[1] Jörg Lauster, Art. Glück in der Theologie II. »Mitten in der Endlichkeit eins werden mit dem Unendlichen«, in: Dieter Thomä/Christoph Henning/Olivia Mitscherlich-Schönherr (Hrsg.), Glück. Ein interdisziplinäres Handbuch, Stuttgart 2011, 439–443, 439.

vermutlich kein evangelischer Theologe oder evangelische Kirchenvertreterin in Deutschland gegenwärtig auf die Idee Glückseligkeit zu sagen, wenn sie in einer Talkshow gefragt werden würden, was der Welt denn fehlte, wenn es keine Kirche mehr gäbe. »Warum ist das so?«, fragte sich unlängst Ulrich Barth. »Warum tun wir uns in der evangelischen Theologie so schwer damit, der Glückserfahrung des Menschen eine religiöse Tiefendimension zuzugestehen?«[2] Die Frage lässt sich beantworten, denn die Gründe für die Glücklosigkeit des Protestantismus sind begriffsgeschichtlich ausreichend erforscht und reichen von Martin Luther, der »Glück mit egoistischer Lusterfüllung gleichsetzt«[3], und deshalb ablehnte bis zu Kant, der »im menschlichen Glücksstreben eine instrumentelle Klugheit am Werke sieht, in der der Mensch auf seinen eigenen Vorteil aus sei.«[4] Gibt es denn für die kirchliche Praxis eine Möglichkeit sich auf das weltweite Streben nach Glück einzustellen, ohne das protestantisches Profil preiszugeben, zu dem eben auch die Glückskritik von Luther über Kant gehört?

Meine These ist die, dass Glück als Endzweck des Handelns in der evangelischen Kirche wieder eine Chance hat, wenn die Theologie einen Weg findet, das flüchtige Glück im Augenblick mit dem Streben nach Glück als höchstem Gut zu versöhnen. Die religiöse Praxis, in der sich das realisieren lässt, kann dann aber nicht den Charakter der Leistung annehmen. Der religiöse Mensch ist nicht der berühmte Schmied seines eigenen Glücks. Es muss vielmehr einem Spiel gleichen, so wie die Weisheit zu Gottes Füßen spielt (Spr 8, 22–36).

Zunächst stelle ich (1.) das neue Glück der Theologie vor und benenne die wesentlichen Aspekte der theologischen Rehabilitierung des Glücks. Dann folgt als zweiter Punkt (2.) das Glück im Augenblick, die kritische Rekonstruktion des Glückstrebens in der Praktischen Theologie, und schließlich skizziere ich als dritten Punkt (3.) eine Pragmatik des Augenblicks, wie Glückseligkeit zum Endzweck des kirchlichen Handelns werden könnte.

1. Das neue Glück der Theologie

Zu Beginn dieses Jahrtausends haben Jörg Lauster und Johann Hinrich Claussen nahezu zeitgleich Monographien zum Glück veröffentlicht, die eines verbindet,

---

2 Ulrich Barth, Symbole des Christentums. Berliner Dogmatikvorlesung, hrsg. von Friedemann Steck, Tübingen 2021, 312.

3 Saskia Wendel, Art. Glück im Christentum. Gerechtigkeit und die Hoffnung auf Vollendung, in: Thomä, Glück (s. Anm. 1), 351–356, 354.

4 Olivia Mitscherlich-Schönherr, Art. Glück bei Kant. Der Bruch mit dem Eudämonismus, in: Thomä, Glück (s. Anm. 1), 183–188, 185.

beide wollen das Glück theologisch rehabilitieren.[5] Ich konzentriere mich auf die wesentlichen Punkte bei Jörg Lauster in fünf Schritten.

1.1 Augenblicksglück

Jörg Lauster setzt nicht beim Streben nach Glück an, der Eudaimonia oder Beatitudo[6], der Gestaltung eines erfüllten Lebens, dem sich aktuell die wissenschaftliche Glücksforschung und die professionelle Glücksberatung widmen,[7] sondern beim Augenblicksglück, der Fortuna. Wer im Spiel gewinnt oder in der Liebe oder auf andere Art und Weise vom Schicksal begünstigt wird, ist von Fortuna beschenkt worden. Die Göttin des Augenblicksglücks steht auf dem Schicksalsrad und schüttet ihr Füllhorn wahllos aus über Würdige und Unwürdige.

1.2 Eins mit dem Unendlichen

Unschwer lässt sich im Augenblicksglück die Erfahrung einer Fülle erkennen, die nicht etwas in der Welt betrifft, sondern den Horizont verändert, in dem ich die Welt, mich und mein Leben in ihr sehe. In der romantischen Sprache Schleiermachers, die Lauster für den »prinzipiell zugänglichen begrifflichen Rahmen«[8] für solche Ganzheitserfahrungen hält, wird dieses Augenblicksglück beschrieben als »Mitten in der Endlichkeit eins werden mit dem Unendlichen und ewig sein in einem Augenblick.«[9]

1.3 Ewigkeit in der Zeit

Das Eigentümliche ist drittens, dass das Glück, das sich im erfüllten Augenblick zeigt und wieder verbirgt, da es der chronologischen Zeit ausgesetzt ist und der Augenblick eben nicht verweilt, weil er so schön ist, dass dieses zufällige Glück an sich selbst kein Zufall ist. Was sich im Zufall des Glücks vielmehr zeigt, ist das Gegenteil von Zufall. Es ist die Ewigkeit, das Unendliche, das diesen Augenblick wie auch alle anderen endlichen Augenblicke umfasst. Die Erfahrung des Glücks im Augenblick lässt sich daher als eine Vergegenwärtigung des ewigen Gottes im

---

5 Jörg Lauster, Gott und das Glück. Das Schicksal des guten Lebens im Christentum, Gütersloh 2004. Lauster hat die wesentlichen Punkte zusammengefasst in seinem Beitrag zum Handbuch Glück (s. Anm. 1); Johann Hinrich Claussen, Glück und Gegenglück. Philosophische und theologische Variationen zu einem alltäglichen Begriff, Tübingen 2005.

6 Vgl. Jörg Lauster, Art. Glück im Lateinischen, in: Thomä, Glück (s. Anm. 1), 12.

7 Vgl. Leo Bormans (Hrsg.), Glück. The World Book on Happiness. Das Wissen von 100 Glücksforschern aus aller Welt, Köln [3]2015.

8 Lauster, Art. Glück (s. Anm.1), 440.

9 Ebd.

endlichen Menschen begreifen. »Das, was sich als Glück im endlichen Bewusstsein ereignet, ist eine Form der Gotteserfahrung.«[10]

1.4 Glück als Zufall und Zustand

Das Beglückende am Glück im Augenblick ist, dass ich mich in diesem Moment eingebettet erfahre in eine umfassende sinnhafte Wirklichkeit. Daher hat das Glück viertens trotz seiner Augenblickshaftigkeit Konsequenzen für das eigene Leben. Hier nun ist der aufregendste Punkt an Jörg Lausters Rehabilitierung des Glücks. Denn hier ergeben sich Verbindungslinien zwischen dem Augenblicksglück und dem Glücksstreben, das in der Moderne eine unübersehbare Konjunktur erlebt, also zwischen Fortuna, dem Glück, das mir zufällt und der Beatitudo, der Seligkeit als höchstem Gut, nach dem ich strebe: »Seligkeit ist der Genuß des höchsten Gutes.«[11]

1.5 Augenblicksglück als Voraussetzung des Strebens nach Glück

Jörg Lauster führt nun fünftens Fortuna und Beatitudo, Glück im Augenblick und das Glück als höchstes Gut und Seligkeit, zusammen. Im erfüllten Augenblick leuchtet das höchste Gut auf, nach dem der Mensch in seinem Streben sucht. Glück im Augenblick und Glück als Seligkeit sind so miteinander verschränkt, dass das eine antizipiert, wonach das andere strebt, das gelungene Leben, das Leib, Seele und Geist integriert. Das Streben nach Glück ist daher »nicht die Voraussetzung, um dieses Glück zu finden [...] sondern die Folge davon, dass Menschen sich von dem, was sie als Glück erleben, zutiefst ergriffen wissen.«[12] Beides zusammen, die Glückseligkeit, wäre demnach, dass das Augenblicksglück zur Grundlage des ganzen Lebens wird: »Glückseligkeit ist nie eine einzelne Lust, sondern immer eine solche, welche zur Grundlage des Lebens geworden ist.«[13]

2. Die kritische Rekonstruktion des Glücksstrebens in der Praktischen Theologie

Glückseligkeit ist als Begriff aus der Praktischen Theologie der Gegenwart verschwunden. Eine der wenigen Ausnahmen findet sich in Dietrich Rösslers »Grundriss der Praktischen Theologie«: »Alle Tätigkeiten, die im Auftrag [...] der christlichen Kirche ausgeübt werden, haben [...] ein Ziel: Die Seligkeit des Einzelnen und

---

[10] Lauster, Art. Glück (s. Anm.1), 441.

[11] Martin Kähler, Art. Seligkeit, in: RE Bd. 18, 1906, 179–184, 181.

[12] Lauster, Art. Glück (s. Anm.1), 442.

[13] Vgl. Carl von Weizäcker, Art. Glückseligkeit, in: RE Bd. 6, 1899, 716–717, 716.

zwar jedes einzelnen Menschen«[14]. Doch Rössler geht es an dieser Stelle, obwohl der Wortlaut anders lautet, gerade nicht um die Seligkeit als Endzweck des kirchlichen Handelns. Sein Interesse gilt vielmehr der Tatsache, dass alle Handlungen dem *einzelnen* Menschen gelten. Der einzelne Mensch ist die letzte Absicht und das Ziel der kirchlichen Handlungen und auch das Zentrum von Rösslers »Grundriss der Praktischen Theologie«. Die Seligkeit spielt in diesem Standardwerk keine Rolle. Und nicht nur in diesem. Auch das Lehrbuch von Kristian Fechtner, Jan Hermelink, Martina Kumlehn und Ulrike Wagner-Rau, das in vielerlei Hinsicht beispielhaft ist, räumt weder dem Glück noch der Seligkeit eine Bedeutung für religiöse Praxis ein, zumindest keine zentrale.[15] Auch sonst ist kein Kandidat ersichtlich, der die Rolle des höchsten Gutes übernimmt. Es sieht so aus, als sei mit der Seligkeit der Praktischen Theologie auch die Bestimmung eines Endzwecks aller kirchlichen Handlungen verloren gegangen.

Nun lassen sich Menschen offensichtlich nicht davon abhalten nach einem solchen Endzweck in ihrem Leben zu streben, nur weil die Praktische Theologie einer solchen Ausrichtung auf ein höchstes Gut keine religiöse Relevanz einräumt. Das zeigt die weltweite Konjunktur der Glücksforschung und Glücksberatung. Es ist diese Abstimmung mit den Füßen, die die Praktische Theologie nötigt, sich mit dem Phänomen des Strebens nach Glück als einem höchsten Gut auseinanderzusetzen. Auch hier konzentriere ich mich auf eine exemplarische Position, die von Isolde Karle, die das moderne Glückstreben in drei Schritten kritisch-konstruktiv aufgreift.[16]

2.1 Soziologie des Glücks

Isolde Karle setzt ein mit einer Analyse der gesellschaftlichen Situation, in der das Streben nach Glück eine Konjunktur erfährt, wie sie zur Zeit zu beobachten ist. Dabei zeigt sich, dass in einer Leistungsgesellschaft das Glück eines gelingenden Lebens, in dem die Bedürfnisse von Kopf, Bauch, Herz und Geist gleichermaßen befriedigt sind[17], selbst zu einer Leistung wird. Aus diesem prinzipiellen Widerspruch, dass in der Work-Life-Balance die Arbeit, die in Balance mit der Lust und der Muße gehalten soll, diese Balance herstellt, ergibt sich einerseits der hohe Beratungsbedarf und erklärt sich andererseits, dass trotz dieses hohen Aufwands an Glücksforschung und Glücksberatung die moderne Gesellschaft nicht so recht glücklich wird. Wenn daher »dem Glücksstreben tragischerweise etwas Unglück-

---

14 Dietrich Rössler, Grundriß der Praktischen Theologie, Berlin/New York 1986, 63.

15 Vgl. Kristian Fechtner u.a. (Hrsg.), Praktische Theologie. Ein Lehrbuch, Stuttgart 2017, 274.

16 Isolde Karle, Das Streben nach Glück. Eine Auseinandersetzung mit der Beratergesellschaft, in: Heinrich Bedford-Strohm (Hrsg.), Glück-Seligkeit. Theologische Rede vom Glück in einer bedrohten Welt, Neukirchen-Vluyn 2011, 51–68.

17 Vgl. Annemarie Pieper, Art. Glück zwischen Sinnlichkeit und Geist. Von der Lust zur geistigen Ekstase und zurück, in: Thomä, Glück (s. Anm. 1), 25–31, 25.

seliges anhaftet«[18], gewinnt die Theologie in dem Maße an Bedeutung, wie es ihr gelingt, diese Ambivalenz aufzugreifen und zu »einer Präzisierung und Differenzierung der Frage nach dem Glück«[19] beizutragen. Die »allgegenwärtige Suche nach Glück« soll ja nicht abgewertet, sondern auf das eigentliche und wahre Glück zurückgeführt werden. Das tut Isolde Karle in einem zweiten Schritt.

2.2 Die Gnade als Augenblicksglück

Die entscheidende Präzisierung des modernen Glückstrebens liefert ihr Jörg Lausters Begriff des Augenblicksglücks. Denn ersichtlich ist dieses Glück, das mich wie der Pfeil Amors überraschend und unverhofft ins Herz trifft, jeglicher Machbarkeit entzogen und damit auch der unglückseligen Ambivalenz, die dem Streben nach Glück in der modernen Gesellschaft anhaftet. Zugleich erfüllt das Augenblicksglück auch die strengen Anforderungen an Passivität, die Luthers Gnadenbegriff auszeichnet. Und so kann Isolde Karle das Augenblicksglück, das Einsseins mit dem Unendlichen, als Rechtfertigung sola gratia nach CA IV interpretieren, gewissermaßen Luther im Schutzumschlag von Schleiermacher. Im erfüllten Augenblick zeigt sich ein unverdientes »göttliches Gnadenhandeln«. Dieses »befreit von sich selbst und durchbricht die curvatio in se ipsum.«[20]

Was ist aber nun das Beglückende an dem als Rechtfertigungsgnade verstandenen Augenblicksglück? At Face-Value verströmen die Begriffe der lutherischen Rechtfertigungslehre, trotz gegenteiliger Beteuerungen, es ginge da um das umfassende Heil, wenig Glücksgefühle. Drei Momente, die glücklich machen, hebt Isolde Karle hervor, Geborgenheit, Flow und Fülle. Zunächst zur Geborgenheit: Im Augenblick des Einsseins mit dem Unendlichen erlebt sich das Selbst in einer ihm wohlwollend zugewandten und guten Macht geborgen. »Von guten Mächten treu und still umgeben« wäre der passende Liedvers (EG 541,1) von Dietrich Bonhoeffer. Dann das Erlebnis des Flow: Das in einer göttlichen Macht geborgene Subjekt wird frei von der Sorge um sich selbst. Sich-selbst-los-Sein führt in den Flow, in das Da-sein, ganz in der Gegenwart, so selbstvergessen wie ein Kind. Schließlich die Erfahrung der Fülle: Wer so selbstvergessen ganz in der Gegenwart lebt, wird berührbar und verletzlich wie die nackte Haut. Die Schutzvorkehrungen der Selbstsorge fallen weg, das Selbst wird durchlässig für die qualitative Fülle der Welt. Man könnte auch sagen, im Augenblicksglück wird der Mensch geöffnet für eine imaginativ-poetische Weltbeziehung, »dichterisch wohnet der Mensch«[21], die Martin Heidegger an Hölderlins Gedichten herausarbeitet und die nach Hartmut

---

18 Karle, Streben (s. Anm. 16), 58.

19 A.a.O., 59.

20 Karle, Streben (s. Anm. 16), 60.

21 Martin Heidegger, „...dichterisch wohnet der Mensch ...“. Vorträge und Aufsätze, Stuttgart 1954, 181–198.

Rosa »eine andere Weltbeziehung ist als die steigerungsorientierte, auf Verfügbarmachung zielende«[22].

Diese radikale Gegenwart klingt nicht schlecht und könnte als veritable Alternative zu dem steigerungsorientierten und verfügenden Glücksstreben in der Moderne durchgehen, wäre da nicht eine Crux, auf die Isolde Karle selber aufmerksam macht. Es handelt sich beim Augenblicksglück wie auch bei Vertrauen und Freiheit um »fragile und flüchtige Erfahrungen, die wir nicht festhalten [...] können.«[23] Zu einem Glück, das sich festhalten ließe, wenn man es denn dann noch wollte, wird es erst in der Eschatologie, in der visio beatifica, der Seligkeit der unmittelbaren Gottesschau. Für das endliche Leben muss die Hoffnung »auf ein ewig gültiges Leben in Gott«[24] genügen. Obwohl also das Augenblicksglück uns »mit dem Unveränderlichen und Ewigen« vereint, so die Formulierung Fichtes aus der »Anweisung zum seligen Leben«,[25] liefert es für unsere endliche und kontingente Lebenspraxis keine Perspektive, die wir übernehmen könnten, um im Horizont des Ewigen und Unveränderlichen die hochgradig veränderlichen und widersprüchlichen Dimensionen unserer endlichen Existenz in einem ganzheitlichen Konzept des gelingenden Lebens zu integrieren. Eben dies aber macht die Attraktivität des säkularen Glücksstrebens aus, trotz der Ambivalenz, die dem hergestelltem und gemachten Glück anhaftet. Die Integration der Wechselfälle des Lebens in einem Endzweck beansprucht nicht nur Momente, sondern das Leben im Ganzen glücklich zu machen.

Hier nun ein Blick auf dieses moderne Glückstreben. Das Konzept wurde von Valentin Schellhaas von Zentor, einer »academy for the pursuit of happiness«, die sich dem großen Glücksversprechen der amerikanischen Unabhängigkeitserklärung verpflichtet fühlt, vor der Max-Planck Gesellschaft in Tübingen vorgestellt.[26] Glück, so die Ausgangsformel, entsteht, wenn unsere subjektiven Erwartungen in der Wirklichkeit erfüllt oder übertroffen werden. Da aber Erwartungen an konkrete Lebensumstände gebunden sind, etwa an materielle Bedürfnisse und ihre Befriedigung, tritt die objektive Seite des Glücks in den Hintergrund. Sie wird im Glücksdiskurs nur noch mitgesetzt auf eine signifikant diskrete Weise.[27] Ein erfülltes Leben ergibt sich jedoch erst in einem zweiten Schritt. Die einzelnen Glückmomente müssen in ihrer Gesamtheit wahrgenommen, bewertet und gewichtet werden. Erst in dieser evaluativen Wahrnehmung, die den Gesamteindruck der

---

22 Hartmut Rosa, Demokratie braucht Religion, München 2023, 67.

23 Karle, Streben (s. Anm. 16), 62.

24 Karle, Streben (s. Anm. 16), 64.

25 Johann Gottlieb Fichte, Anweisung zum seligen Leben (1806), in: Sämtliche Werke, hrsg. v. Immanuel Hermann Fichte, Berlin 1971, Bd. 5, 410.

26 Zentor academy for the pursuit of happiness, vgl. https://zentor.de/en/ (Stand: 19.01.2024)

27 Zur objektiven und subjektiven Seite des »pursuit of happiness«, vgl. Dieter Thomä, Vom Glück in der Moderne, Frankfurt a.M. 2003, 150.

erfüllten und der unerfüllten Erwartungen gegeneinander abwägt, lässt sich von einem erfüllten Leben reden.

Die komplexe subjektive Bewertung des eigenen Lebens, von der das Glück abhängt, ist das Ausgangsszenario. Ersichtlich bietet es nun verschiedene Strategien, das eigene Verhalten zu ändern, etwa um den Gesamteindruck zugunsten der Glücksmomente zu verschieben. Man kann etwa an den Erwartungen arbeiten. Wer seine Erwartungen senkt, wird häufiger durch Übererfüllung beglückt. Oder man kann am Framing arbeiten, an dem, was für einen als Glücksmomente in Betracht kommt, oder an der Wahrnehmung des Gesamteindrucks, der dadurch belastet wird, dass man an einzelnen Momenten über Gebühr festhält und so den Gesamteindruck verdirbt. Das Ziel ist jedenfalls eine nachhaltige Veränderung des eigenen Verhaltens, das sowohl die einzelnen Glücksmomente betrifft als auch die Gesamtperspektive. Aus dieser nachhaltigen Veränderung des eigenen Verhaltens ergibt sich dann ein im Ganzen, gewissermaßen im Durchschnitt aller Einzelereignisse, erfülltes Leben.

Nun wird man im Blick auf ein solches Konzept des Strebens nach Glück sagen können, dass Isolde Karles Kritik an der Machbarkeit von Glück durchaus ein gewisses Recht hat, vor allem im Blick auf die tieferen und ungesuchten Quellen.[28] Das Plädoyer für ein ungesuchtes, tieferes Glück ist aber nicht nur im Blick auf das Streben der Einzelnen relevant, sondern auch gesamtgesellschaftlich. Dieter Thomä spricht von einer »Nachlässigkeit der Demokratie« im Blick auf die unverfügbaren Quellen des Selbst und seiner politischen Selbstbestimmung, für die die Frage nach Glück der Lackmustest ist.[29]

Trotzdem ist die Kritik am Glücksstreben mit einem Defizit behaftet. Denn das moderne Streben nach Glück hat offensichtlich eine Stärke. Es ist die integrierende Perspektive auf die Wechselfälle des Lebens: Glück als im Ganzen erfülltes Leben. Solange es nun der praktischen Theologie nicht gelingt den legitimen Ort dieser Stärke des Glücksstrebens in der religiösen Praxis zu bestimmen, fehlt ausgerechnet in einem praktisch-theologischen Konzept von Glück die pragmatische Perspektive, die den Lebensalltag nicht nur kontemplativ unterbricht, ungesucht und tief, sondern auch praktisch lebt und gestaltet und zwar kontinuierlich und im Blick auf das Ganze des Lebens.

2.3 Konsequenzen des Augenblicksglücks für die kirchliche Praxis

Dieses Defizit zeigt sich an den Konsequenzen, die Isolde Karle aus dem Augenblickscharakter des Glücks für die kirchliche Praxis zieht. Das ist ihr dritter Punkt in der kritischen Rekonstruktion des modernen Glückstrebens. An Timm Lohses

[28] Vgl. Thomä, Glück in der Moderne (s. Anm. 27), 11. Das Stichwort stammt von Max Scheler, der mit Blick auf Kants Glückskritik meint, dass dieser mit dem Glück zugleich die »quellenden Freuden« verraten habe.

[29] Vgl. Thomä, Glück in der Moderne (s. Anm. 27), 228.

Seelsorge als Kurzgespräch[30] hebt Isolde Karle beispielsweise hervor, dass sich dort die Seelsorge auf die »Gegenwart konzentriert«, auf das Dasein im Augenblick. Folgerichtig setzt sich die Seelsorge im Kurzgespräch auch keine Ziele. Es gibt keine Diagnose, keine psychischen Defizite, die Anlass des Gesprächs sind und therapiert werden müssen. Dies gilt nach Isolde Karle auch für Wilfried Engemann, der in seinem Handbuch die Seelsorge als eine schöpferische Praxis entfaltet, wie man »unter vorgebenden Bedingungen ein nicht vorgebendes Leben« leben kann. Engemann hebt die radikale Gegenwärtigkeit dieser Lebenskunst hervor. Trotzdem rückt sein Konzept in »die gefährliche Nähe zu den Glücksratgebern.«[31] Denn Engemann will die christliche Lebenskunst als ein »Handwerk der Freiheit« und »Ausübung einer Kunst« praktiziert wissen. »Handwerk« und »Ausübung« suggerieren jedoch, dass es möglich sein könnte »über Willenskraft ein Leben der Leidenschaft und intensiven Gefühle dauerhaft zu praktizieren.«[32] Dauerhaft über Willenskraft wäre das Glück aber wieder eine Leistung des Subjekts und Teil der unseligen Ambivalenz seines Strebens.

Die Konsequenz des Augenblicksglücks ist für Karle deshalb eine radikale Gegenwärtigkeit der kirchlichen Praxis. Ganz im Hier und Jetzt können Seelsorge und Gottesdienst jedoch nur bleiben, wenn sie keine Ziele erreichen wollen und müssen und »Seelsorge nicht auf ein bestimmtes Ziel fixiert ist«. Das ist dann auch der Vorzug einer kirchlichen Praxis in der »nichts erreicht werden muss [...] man muss nicht an Problemen arbeiten [...] Man darf sein.«[33] Das Fehlen eines Endzwecks der kirchlichen Praxis, das an den Standardwerken der Praktischen Theologie zu beobachten ist, erweist sich so als ihre heimliche Stärke. Es ist die Konsequenz aus dem Augenblicksglück, dass sich die Kirche als ein Ort kontemplativer Ziellosigkeit profiliert, gewissermaßen der Sehnsuchtsort für Aussteiger aus der Leistungsgesellschaft.

3. Pragmatik des Augenblicksglücks

3.1 Die Arbeit am Zaun

Isolde Karles Analyse des Glückstrebens führt in ein Dilemma, das dem Protestantismus aus Luthers Soteriologie wohlvertraut ist: Wahres Glück ist Gnade und Geschenk des Augenblicks und hat nichts mit menschlicher Praxis zu tun und wo Glück mit menschlichem Handeln tun hat, etwa im Streben nach Glück, da kann es kein wahres Glück sein. Aber ist das wirklich die Alternative? Ich will die Frage

---

30 Eine knappe Erläuterung des Kurzgesprächs gibt Timm Lohse auf seiner Seite im Internet: http://timmlohse.de/index.asp?art=kurzgespraech (Stand: 23.01.2024).

31 Karle, Streben (s. Anm. 16), 66.

32 Karle, Streben (s. Anm. 16), 66.

33 Karle, Streben (s. Anm. 16), 66. Karle zitiert an dieser Stelle Günter Emlein.

an einer Szene illustrieren aus den Abenteuern des Tom Sawyer von Mark Twain.[34] Es handelt sich um die berühmte Szene am Zaun aus dem 3. Kapitel.

An einem strahlenden Samstagmorgen steht Tom Sawyer vor Tante Pollys Haus. Der Sommer summt, der Fluss ruft, die Welt ist voller Verheißungen. Nur nicht für Tom. Tante Polly kennt keine Ausreden mehr. Erst wenn der ganze, lange Zaun gestrichen ist, kann Tom zum Fluss. Da naht der erste Freund, ins aufregende Spiel vertieft als Personifikation eines Schaufelraddampfers. »Ting-a-ling-ling! Stop her, sir! Chow-ch-chow-chow. Stop her. Down with the engines. Stand by that stage now. Ting-a-ling-ling.« – »Tödlich langweilig?« fragt der Freund. In diesem Augenblick hat Tom eine Eingebung. Konzentriert führt er den Pinsel in den Eimer, streicht langsam und hingebungsvoll an der ersten Zaunlatte. Der Freund fragt noch einmal: »Hat dich Tante Polly doch noch drangekriegt?« Da erwacht Tom wie aus einem tiefen Schlaf: »Oh, ich habe dich überhaupt nicht bemerkt!« – »Ich geh schwimmen, habe ich gesagt, aber du kannst ja wohl nicht mit. Du musst arbeiten.« – »Arbeit, welche Arbeit?« erwidert Tom. »Was? Ist das etwa keine Arbeit, diesen endlosen langen Zaun zu streichen?« fragt der Freund. »Mag sein oder auch nicht. Ich weiß nur, dass die Aufgabe Tom Sawyer wie angegossen passt.« – »Hör auf! Du willst mir doch nicht weismachen, dass es dir gefällt.« Der Pinsel streicht langsam und hingebungsvoll weiter. »Gefällt? Warum sollte es mir nicht gefallen. Schließlich hat ein Junge nicht jeden Tag die Gelegenheit einen ganzen Zaun zu streichen.« Das wirft ein völlig neues Licht auf die Angelegenheit. Der Freund wird neugierig. »Lass mich mal«, bittet er Tom. »Tut mir leid, Ben. Ich will dich ja nicht beleidigen, aber es geht nicht!« sagt Tom. »Die Verantwortung ist zu groß. Tante Polly lässt doch nicht jeden an ihren Zaun.« Da ist der Freund gefangen. Schließlich gibt ihm Tom den Pinsel, äußerlich zögernd, aber innerlich begeistert, »with reluctance in his face, but alacrity in his heart«. Und nicht nur ihm. Ein Freund reicht den Pinsel an den nächsten weiter. Alle in dieser Stafette sind selig und beglückt über die Größe der Verantwortung und die Bedeutung der Aufgabe, die sie an diesem Morgen an Tante Pollys Zaun gemeistert haben. Tom lagert sich im Schatten des nahegelegenen Baumes. Dort verbringt er eine »idle time«, eine paradiesische Zeit mit den Schätzen, die ihm seine Freunde dafür geben, dass er sie am Zaun arbeiten lässt.

Folgt man Isolde Karles Analyse des Augenblicksglücks, dann sitzt die evangelische Kirche zusammen mit Tom Sawyer unter dem Schatten seines Baumes und verbringt dort eine »idle time«, eine Zeit des Nichtstuns, erfreut, der Leistungsgesellschaft, Tante Pollys strengem Regiment, entronnen zu sein, mit allenfalls klammheimlicher Schadenfreude über die Verblendung der Freunde, die sich am Zaun plagen. Aber was wäre, wenn Tom Saywer sich irrt? Und das wahre Glück nicht unter dem Baum zu finden ist, sondern am Zaun? Tom mag seine Freunde zwar betrogen und das Gewicht der Verantwortung schamlos in die Höhe

---

[34] Mark Twain, The Adventures of Tom Sawyer, 1876/2004, Chapter III (deutsche Übersetzung von mir): https://www.gutenberg.org/cache/epub/74/pg74-images.html#img030 – (Stand: 11.07.2024).

getrieben haben. Aber was, wenn er sie in die Wahrheit hineinbetrogen hat? Die Freunde kommen sich an Tante Pollys Zaun ja vor wie Michelangelo an der Decke der Sixtina, denn die Idee einer großen Aufgabe und Verantwortung und das Gefühl der Bedeutung, das sie dem eigenen Tun verleiht, trügt nicht, sondern ist real und wahr. Und das Streichen ist unter dieser Bedingung in der Tat keine Arbeit mehr, kein Tun, das unter Zwang erfüllt, was Tante Polly fordert. Es ist ein Flow und ein Spiel, bei dem die Freunde sich ganz und gar in ihrem Tun selbst vergessen. Dann aber bestünde das Glück und die Seligkeit nicht darin, nichts zu tun unter dem Schatten des Baumes, erleichtert, der Leistungsgesellschaft für einen Augenblick entronnen zu sein. Es bestünde aber auch nicht in der Arbeit, ein Schmied zu sein des eigenen Glücks. Glück wäre vielmehr am Zaun zu finden, in einer Tätigkeit, in der ich mich selbst vergesse, weil und insofern ich ergriffen bin von einem Ideal, in diesem Fall einer großen Aufgabe und Verantwortung. Mein Tun, stupide streichen, wird so mit Sinn durchströmt, dass es keine zweckrationale Arbeit mehr ist, sondern ein selbstvergessenes Spiel.

3.2 Glück eines sinndurchströmten Handelns

Die Formel für ein solches Programm wird ebenfalls in den USA entwickelt, einige hundert Kilometer nördlich von Mississippi in New Haven, Connecticut. 50 Jahre nach Mark Twains Abenteuer des Tom Sawyer und Huckleberry Finn hält 1934 John Dewey an der Yale University seine religionsphilosophische Vorlesung unter dem Titel »A Common Faith«. Hier findet sich Deweys These für die Verbindung von Augenblicksglück und Handlungspraxis, dem sinndurchströmten Spiel am Zaun: »I should describe this faith as the unification of the self through allegiance to inclusive ideal ends, which imagination presents to us and to which the human will responds as worthy of controlling our desires and choices.«[35]

Das Augenblicksglück, in Deweys Worten die Hingabe an ein integrales Ideal, durchdringt das ganze Leben, »completely interpenetrates all the elements of our being«[36] und integriert die Wechselfälle des Lebens in ein ganzheitliches Selbst, »the *whole* self«[37]. Diesc Haltung impliziert ein Moment des Ergriffenseins, »a note of submission« unter ein Ideal, das das Selbst aus eigener Kraft nicht erzeugen kann. Das integrale Ideal wird also in der Tat im Augenblicksglück, das mich überkommt, erschlossen. Was jedoch für Dewey zum Wesen des inklusiven Ideals gehört, der »intrinsic natur of the ideal«[38], ist, dass es wirkt. Dewey sieht darin geradezu eine Definition des Begriffs Gott »this *active* relation between ideal and actual.«[39] Während Jörg Lauster die Wirkung des Augenblicksglücks in einer Haltung sieht, die das Streben nach Glück begleitet, »Arbeit am Glück [...] eine

---

35 John Dewey, A Common Faith (1934), New Haven/USA, 1991, 33.

36 A.a.O., 18.

37 A.a.O., 19.

38 A.a.O., 23.

39 A.a.O., 51.

Selbstgestaltung in Freiheit und mit Gelassenheit«[40], hängt für Dewey alles am Resultat. Das, was Dewey »adjustment« nennt, eine Neuorientierung des ganzen Menschen »our being in its entirety«[41] und Hans Joas »Selbsttranszendenz«[42], wird wirklich und real erst in der Wirkung, die das Ideal als Horizont und Perspektive auf die eigene Lebenspraxis ausübt. Das Augenblicksglück an sich ist ein Auftrag und ein Versprechen. Die eigentliche religiöse Qualität, »actual religious quality«, liegt für Dewey in der praktischen Vermittlung, der Wirkung des Ideals auf das eigene Leben, im »*effect* produced.«[43]

Wird damit unter der Regie eines unverfügbaren Zufalls das Streben nicht doch wieder zur menschlichen Leistung? Nicht, wenn man die Handlungsform betrachtet, in der sich die Integration der Wechselfälle zu einem ganzheitlichen Selbst realisiert, das Spiel. Dewey hat wenige Jahre vor seiner Vorlesung zur Religion seine Ästhetik »Art as Experience«[44] vorgetragen. Beide, Kunst und Religion, sind Symbolformen, die ein ganzheitliches Selbst zum Ziel haben. Die Kunst ist imaginativ. Sie schreibt die Szene am Zaun. Die Religion ist effektiv, sie streicht ihn. Beide entwickeln ein ganzheitliches Selbst im Spiel aus den Wechselfällen des Lebens im Blick auf ein integrales Ideal, ein höchstes Gut. Beide verfahren dabei spielerisch wie bei der Komposition eines Kunstwerks. Das Ziel, eine Symphonie, ein Roman oder ein Bild, steht in der schöpferischen Praxis ja nicht einfach vor Augen wie im instrumentellen Handeln. Wüsste der Komponist, wie das Resultat aussieht, müsste er nicht komponieren. Ziele sind der schöpferischen Praxis nicht aufgegeben, allenfalls mitgegeben und dem direkten Zugriff so entzogen wie der Anlass, die Idee, die den Prozess in Gang setzt. »Ends-in-view«, so nennt Dewey die Ziele in seinem nicht-teleologischen Konzept des Handelns.[45] Es sind Ziele, die im Spiel entwickelt werden und zwar in Wechselwirkung mit den Mitteln, die sie realisieren. Deshalb bleiben diese Ziele auch an die Situation, an den Flow des Spielens gebunden.

Die religiöse Praxis ist aufgespannt in einem dem Augenblicksglück inhärenten Handlungsspielraum. Dieser Spielraum ist durch eine doppelte Rezeptivität begrenzt, an der sich zeigt, dass Ganzheit in der Imagination hervorgebracht wird. Das eine Moment ist der Zufall oder die Gnade, wo das Ideal die Freunde ergreift und das Spiel am Zaun in Gang setzt, in dem sie sich selbst vergessen. Und am Ziel, wo sich die Komposition vollendet und der Zaun gestrichen ist oder auch nicht – vielleicht vollendet sich das Spiel ja auch als Fragment –, wird daraus erst dann ein Ende oder eine Vollendung, wenn sich im Selbst die »shifting scenes of the world«, in diesem Fall das Streichen am Zaun, zu einer »imaginative totality

---

40 Lauster, Art. Glück (s. Anm. 1), 442.

41 Dewey, A Common Faith (s. Anm. 35), 16.

42 Hans Joas, Braucht der Mensch Religion? Über Erfahrungen der Selbsttranszendenz, Freiburg 2004, 17.

43 Dewey, A Common Faith (s. Anm. 35), 14.

44 Vgl. John Dewey, The Art as Experience (1931), New York/USA 2005.

45 Vgl. dazu Hans Joas, Die Kreativität des Handelns, Frankfurt a. M. 1996, 227.

we call the Universe«[46] verbindet. Auch der Gesamteindruck eines ganzheitlichen Lebens ist nicht einfach da, gewissermaßen ein vorliegender Sachverhalt, der nur darauf wartet, wahrgenommen zu werden wie im Konzept von Valentin Schellhaas. Ganzheit ist vielmehr eine Verknüpfungsleistung, die sich in der Imagination einstellt und zwar ebenfalls als ein unverfügbares Zusammenschießen einer Fülle an einzelnen Ereignissen, so unverfügbar wie schon der Funke, der das Spiel am Zaun anstößt.

Deweys »radikal präsentische Metaphysik«[47] und Isolde Karles Glück des erfüllten Augenblicks könnten ein Match sein. Die Frage ist, ob Deweys Vorschlag, dass es zwischen Tun und Nichtstun, Arbeit und Kontemplation, ein Drittes gibt, das Spiel, Isolde Karle, und nicht nur sie, überzeugen kann. Das Spiel klingt bei ihr ja bereits an im Begriff des Flow, der die radikale Gegenwärtigkeit des Augenblicksglücks auszeichnet. Im Spiel ist der Flow jedoch, wie das Streichen am Zaun zeigt, mit einem Tun verknüpft. Das Spiel ist daher Handeln in radikaler Gegenwart und könnte die dem Augenblicksglück gemäße schöpferische Praxis sein. Im Unterschied zum instrumentellen Handeln, das dem teleologischen Typus angehört, ist Spiel eine Art von kairologischer Praxis[48], die in aller Begrenztheit und Vorläufigkeit der Resultate das Einssein mit dem Unendlichen im endlichen Leben verwirklicht, ohne zu dementieren, dass der Zufall wie die Vollendung des Glücks ein Geschenk sola gratia ist.

Allerdings könnte es sein, dass diese Lösung, anders als von Dewey konzipiert, am Ende zu nichts anderem führt, als dass die Imagination »mitten in dem furchtbaren Reich der Kräfte und mitten in dem heiligen Reich der Gesetze unvermerkt an einem dritten, fröhlichen Reiche des Spiels und des Scheins baut, worin sie dem Menschen die Fesseln aller Verhältnisse abnimmt und von allem, was Zwang heißt, sowohl im Physischen als im Moralischen entbindet.«[49] Das ist es, was Friedrich Schiller dem Spiel zutraut, ein imaginatives Reich der Freiheit. Aber das wäre immerhin mehr als nur da zu sein. In dieser ästhetischen Gestalt, das Kirchenjahr als eine Art ästhetischer Parallelaktion, ein religiöses Mysterienspiel, welches das Leben begleitet, ohne in es einzugreifen, wäre die Kirche nicht in, sondern neben und über dem Endlichen der reale Vorschein des Reiches Gottes. Aber vielleicht ist auch mehr möglich. Petra Bahrs Großmutter zum Beispiel.

---

46 Dewey, A Common Faith (s. Anm. 35), 19.

47 Joas, Kreativität des Handelns (s. Anm. 45), 226.

48 Vgl. Thomä, Glück in der Moderne (s. Anm. 27), 113.

49 Friedrich Schiller, Über die ästhetische Erziehung des Menschen. Siebenundzwanzigster Brief: https://www.friedrich-schiller-archiv.de/ueber-die-aesthetische-erziehung-des-menschen/siebenundzwanzigster-brief/ (Stand: 16.03.2024)

Werkstattberichte

Johanna Baumann

Zwischen Entfremdung und Einübung

Glaubensgeschichte denken mit Rudolf Bultmann

»There once were days so bright,
and nights when ev'ry cricket call seemed
right.
And I sang Gloria,
then I sang Gratias Deo.
I knew a glorious feeling of thank you
and [...] thank you. [...]
The bend of a willow,
a friend and a pillow,
a lover whose eyes
could mirror my cries of Gloria. [...]
And now, it's strange,
somehow, though nothing much has really
changed,
I miss the Gloria,
I don't sing Gratias Deo.
I can't say quite when it happened, but gone is the [...] thank you [...].«[1]

Die Sopranstimme aus Leonard Bernsteins »Mass« erinnert vergangene religiöse Gefühle tiefer Dankbarkeit, die sie nicht mehr oder nur als fremd gewordene empfinden und vermissen kann. Das als »Gloria« betitelte Stück wird dabei innerhalb einer Messe im Kirchraum selbst wie eine Klage an Gott herangetragen. Wie kann die hier aufschimmernde Dynamik christlicher Existenz sprachlich eingefangen

---

1 Leonard Bernstein/Stephen Schwartz, VI. Gloria. 4. Trope: »Thank You«, in: dies., MASS: A Theatre Piece for Singers, Players, and Dancers, URL: https://music.virginia.edu/sites/music.virginia.edu/files/bernstein_mass_text_and_translations.pdf, (Stand: 24.06.2024).

und theologisch gedeutet werden? Eignet sich die Rede von Entfremdung als Deutungsmuster[2] für die Bewegtheit eines Glaubenslebens?
Neben Søren Kierkegaard schlage ich im Rahmen meines Dissertationsprojekts den Existenztheologen Rudolf Bultmann als Gesprächspartner für die angezeigte Fragestellung vor. Es sind drei Punkte, die es meines Erachtens mit Bultmann ermöglichen, die Ent-fremdung der Entfremdung (i. e. die Überwindung der Entfremdung) im Glauben als dynamisches Geschehen zu denken, das dem Menschen eine Glaubens*geschichte* eröffnet, die angeeignet und in der sich gewissermaßen eingeübt werden kann. Zur Begründung dieser These stelle ich Bultmanns Verständnis von Entfremdung und ihrer Überwindung durch Christus als Ent-fremder vor (1) und frage nach der Bedeutung von Gewissen und Erinnerung für die Glaubensgeschichte (2). Mit Überlegungen zum Verhältnis von Glaubensidentität und Glaubensgeschichte sowie einem Ausblick auf Kierkegaards Begriff der Einübung schließe ich (3).

Um Bultmanns Glaubensverständnis zu erschließen, soll die Doppeldeutigkeit des Entfremdungsbegriffs fruchtbar gemacht und Ent-fremdung im Sinne der Aufhebung und Überwindung fremd gewordener Beziehungen, von *Beziehungen der Beziehungslosigkeit,* verstanden werden. Mit der Formel »*Beziehung der Beziehungslosigkeit*«[3] grenzt Rahel Jaeggi den Entfremdungsbegriff von dem der Fremdheit ab. Die Formulierung impliziert, dass Entfremdung stets eine – wie auch immer geartete – Beziehung zu sich selbst, zur Welt – und ich ergänze: zu Gott – voraussetzt, die im entfremdeten Zustand als defizitär wahrgenommen oder gar geleugnet wird.

1. Entfremdung als Uneigentlichkeit und ihre Überwindung im Glauben

In »Das Urchristentum im Rahmen der antiken Religionen« von 1949 schreibt Bultmann:

> »[D]ie Überzeugung des Neuen Testaments ist es, daß *der Mensch zu diesem seinem eigentlichen Sein erst erlöst werden muß* durch das in Christus sich ereignende

---

[2] Den aus der Wissenssoziologie stammenden Begriff des Deutungsmusters greift auch die Berliner Sozialphilosophin Rahel Jaeggi auf, um die Leistung des Entfremdungsbegriffs zu exponieren: »Entfremdung [...] ist ein Deutungsmuster, [...] mit dem man sich (individuell oder kollektiv) über sich und die Welt verständigt. Produktiv ist ein solches Deutungsmuster dann, wenn es uns in die Lage versetzt, Aspekte der Welt wahrzunehmen, zu beurteilen oder zu verstehen, die ohne dieses Deutungsmuster unkenntlich bleiben würden.« Rahel Jaeggi, Entfremdung. Zur Aktualität eines sozialphilosophischen Problems, Berlin [3]2022, 45. Es sollen also Zusammenhänge sichtbar werden, die mit anderen Begriffen so nicht erkennbar würden.

[3] A.a.O., 49.

> Heilsgeschehen. Ehe dieses stattgefunden hat, und ehe der Mensch die sich darin offenbarende Gnade Gottes im Glauben angeeignet hat, ist er seinem eigentlichen Sein und dem Leben entfremdet, ist unter feindliche Mächte versklavt und dem Tode verfallen.«[4]

Diese zugleich als Interpretation der paulinischen Anthropologie zu verstehenden Sätze zeigen exemplarisch, dass Bultmann entfremdetes Leben mit uneigentlichem Leben identifiziert. Die Selbstentfremdung des Menschen als verfehltes Selbstverhältnis beschreibt er in seiner »Theologie des Neuen Testaments« mit dem Bild des inneren Zwiespalts, in Bezug auf Röm 7 als Entzweiung zwischen dem eigentlichen Ich,[5] das sich nach seiner ζωή sehne, und dem faktischen Ich, das dem θάνατος diene: »Es liegen also ἐγώ und ἐγώ im Streit, d. h. zwiespältig sein, nicht bei sich selbst sein, ist das Wesen des menschlichen Seins unter der Sünde.«[6] Der Mensch suche in seinem Selbst-Sein-Wollen[7] seine Eigentlichkeit zu gewinnen, entfremde sich dabei jedoch von sich selbst, weil er seine Geschöpflichkeit leugne und meine, über sich selbst verfügen zu können.[8]

Dem uneigentlichen Sein des Menschen außerhalb des Glaubens stellt Bultmann das eigentliche Sein im Glauben gegenüber. Dabei stellt er das Christusgeschehen und dessen Aneignung im Glauben als Voraussetzung für nicht-entfremdetes Leben dar. Fraglich aber ist, »wie dieses Ereignis [i. e. das Heilsgeschehen] als die Tat der Gnade vom Menschen erkannt und erfahren werden kann.«[9]

Meine These ist, dass sowohl die Offenbarung als auch die Aneignung des Heilswerkes Christi im Glauben als Ent-fremdungsgeschehen erlebt und versprachlicht werden können und auf diese Weise die Glaubensgeschichte in Gang

---

4 Rudolf Bultmann, Das Urchristentum im Rahmen der antiken Religionen, Zürich [3]1963, 205f.

5 Damit ist weder ein ursprünglicher Wesens- oder Personenkern noch ein geistig zu entwickelnder Charakter im humanistischen Sinne, sondern das Geschöpf-Sein des Menschen gemeint.

6 Rudolf Bultmann, Theologie des Neuen Testaments, Tübingen [9]1984, 245. »Dieser Zwiespalt aber bedeutet, daß der Mensch sein eigentliches Selbst selbst vernichtet.« A.a.O., 246.

7 Vgl. dazu die Rede vom Geltungsbedürfnis des Menschen in Rudolf Bultmann, Christus des Gesetzes Ende, in: ders., Glauben und Verstehen II, Tübingen [4]1965, 32–58.

8 σάρξ und ἁμαρτία versklavten und entfremdeten den Menschen von sich selbst als personifizierte, feindliche Mächte, von denen sich der Mensch abhängig mache. Vgl. Bultmann, Theologie (s. Anm. 6), 196f.226–249. Vgl. auch Rudolf Bultmann, Neues Testament und Mythologie. Das Problem der Entmythologisierung der neutestamentlichen Verkündigung, Nachdruck der 1941 erschienenen Fassung, hrsg. v. Eberhard Jüngel, Tübingen [3]1988, 32–34.

9 Bultmann, Theologie (s. Anm. 6), 294. »Denn als bezwingende und umgestaltende Macht kann es doch nur dann wirksam werden, wenn es als auf den Menschen selbst gerichtetes, ihn treffendes, an ihm sich ereignendes verstanden werden kann, wenn die Aufforderung, es als Heilsereignis hinzunehmen, ihn vor eine echte Entscheidungsfrage stellt.« Ebd.

gesetzt und vorangebracht wird. Die göttliche χάρις wird zu derjenigen hilfreichen Macht, die »den sich selbst entfremdeten Menschen wieder zu sich selbst zurückbringt«[10], indem sie ihm das Wort der Vergebung zuspricht und ausdrücklich jeder von Bultmann so genannten Glaubensentscheidung vorausgeht.[11] Christus selbst wird zum Ent-fremder, indem er sich dem Menschen im Kerygma offenbart, ihn in seiner Gott-, Selbst- und Weltbeziehung gänzlich neu verortet und ihm so die Möglichkeit nicht-entfremdeten Selbstseins im Glauben eröffnet.

Der bultmannsche Topos von der Entweltlichung im Glauben zielt auf das, was ich als ent-fremdendes Handeln Gottes bezeichne, das den Menschen nicht nur aus seiner Weltentfremdung, sondern auch aus seiner Selbstentfremdung löst, indem es ihn in eine heilsame Distanz zur fremden Welt und zum fremden Selbst setzt und bei Gott beheimatet und auf diese Weise eine neue Selbstwerdung in der Welt ermöglicht. Die »Eigentlichkeit des Ichseins«[12] besteht dann in der glaubenden Annahme der eigenen Geschöpflichkeit. Das im Glauben gewonnene Geschöpflichkeitsbewusstsein zeigt die ewige Zugehörigkeit zum Schöpfer auf und macht die von Gott gesetzte Bestimmung des Menschen als geliebtes und liebendes Geschöpf durchsichtig.[13] »Der Glaubende sieht so [...] den Andern als seinen Nächsten und versteht sich, indem er den Nächsten versteht.«[14] Die in der Schöpfung entdeckte »letzte innere Gleichheit«[15] entlarvt die Welt als Welt und setzt

---

10 A.a.O., 197.

11 »Das Wort der Vergebung sagt nun [...], daß ich als Geliebter in mein Jetzt komme, daß aller Haß, aus dem ich komme, schon getilgt ist durch Gottes Vergebung, daß ich nicht anzuheben brauche mit dem Lieben, sondern daß ich die Liebe als Geschenk empfange.« Rudolf Bultmann, Theologische Enzyklopädie, hrsg. v. Eberhard Jüngel und Klaus W. Müller, Tübingen 1984, 93.

12 Rudolf Bultmann, Römer 7 und die Anthropologie des Paulus, in: Heinrich Bornkamm (Hrsg.), Imago Dei. Beiträge zur theologischen Anthropologie. Gustav Krüger zum 70. Geburtstage am 29. Juni 1932 dargebracht, Gießen 1932, 53–62, 62.

13 Bultmann schreibt von der Berufung des Menschen als »Ruf Gottes, der nichts anderes sagt, als daß im Raume der göttlichen Gnade ›der Sünder gerechtfertigt ist‹, das heißt der Mensch schon als der gilt, der er erst werden soll.« Rudolf Bultmann, Adam, wo bist du? Über das Menschenbild der Bibel (1945), in: ders., Glauben und Verstehen II, Tübingen [4]1965, 105–116, 116. Die Einsicht in seine eigene Unverfügbarkeit befreit den Menschen von seiner ständigen Frage nach selbst zu beschaffender Eigentlichkeit und von seiner Orientierung an dem *man* der Welt. Der Mensch vermag zu erkennen: »Ich *bin* gar nicht der, der ich für eine isolierende psychologische Betrachtung in einem isolierbaren Moment bin, und mein Sein besteht nicht aus der Summe der einzelnen Momente des Nacheinander.« Rudolf Bultmann, Die Eschatologie des Johannes-Evangeliums (1928), in: ders., Glauben und Verstehen I, Tübingen 1933, 134–152, 151. Seine Zeitlichkeit wird neu qualifiziert. Die eigene Zukunft erscheint nicht länger als beängstigend, sondern als hoffnungsvoll und von Gott bestimmt.

14 Rudolf Bultmann, Der Begriff der Offenbarung im Neuen Testament (1929), in: ders., Glauben und Verstehen III, Tübingen [3]1965, 1–34, 30. Vgl. auch Bultmann, Enzyklopädie (s. Anm. 11), 91.

15 Bultmann, Adam (s. Anm. 13), 116.

einen kritischen Blick auf sie und ihre Ungleichheiten frei. Doch ganz im Sinne von Luthers »Von der Freiheit eines Christenmenschen« meint »Freiheit von der Welt zugleich Verantwortung für die Welt«[16]. Wenn sich wahres Selbstsein »vom Andern her für den Andern«[17] vollzieht, meint Entweltlichung also gerade nicht die Abwendung von der Welt, sondern die liebevolle und verantwortliche Hingabe an den Schöpferwillen, ein Leben »für Gott [statt für sich selbst]«[18] und damit für den Anderen, wenn auch in kritischer Distanz.[19]

Die Aneignung des Glaubens im Modus des Neuverstehens ist bei Bultmann allerdings an eschatologische Augenblicke gebunden, die Glaubensentscheidung muss ständig neu vollzogen werden. Glaube ist »ständiges[s] Unterwegssein«[20].

Angesichts dieser Überlegungen Bultmanns stellt sich die Frage, worin das nicht-entfremdete Sein im Glauben besteht und ob es verstetigt werden kann. Kann angesichts des Flusses der Glaubensentscheidungen und überhaupt der Unverfügbarkeit des Ent-fremdungshandelns Gottes von einer Glaubensgeschichte, gar einer Glaubensidentität die Rede sein, die einem entfremdeten Sein außerhalb des Glaubens gegenübergestellt werden kann?

2. Die *συνείδησις πίστεως* als Reflexionsraum der Glaubensgeschichte

Bultmanns Verständnis der Überwindung der Entfremdung folgt einem Augenblicks-Denken. Das Erleben von Identität als gleichermaßen Sünder*in und Gerechtfertigte*r ist gerade nicht kontinuierlich im Sinne von sicher und stetig, sondern momenthaft. Ein Christenmensch, der sich als solcher versteht, sich der christlichen Glaubensgemeinschaft zugehörig weiß und seinen Glauben gar bekennt, kann sich über längere und kürzere Strecken seines Lebens von seinen Glaubensüberzeugungen entfremdet fühlen, an Glaubensinhalten zweifeln oder sie verwerfen. Einmal zum Glauben gekommen, erstarrt und verbleibt das Christ*in-Sein nicht in einer beständigen Grundhaltung uneingeschränkten Vertrauens. Das geschenkte Geschöpflichkeitsbewusstsein kann verblassen und in anderen Momenten wieder an Kontur gewinnen. Dennoch beschreibt Bultmann

---

16 Rudolf Bultmann, Der Gottesgedanke und der moderne Mensch (1963), in: ders., Glauben und Verstehen IV, Tübingen 1965, 113–127, 116. Vgl. auch Bultmann, Das Befremdliche des christlichen Glaubens (1958), in: ders., Glauben und Verstehen III, Tübingen ³1965, 197–212, 210f. Vgl. auch Bultmann, In eigener Sache (1957), in: ders., Glauben und Verstehen III, Tübingen ³1965, 178–189, 183.

17 Bultmann, Enzyklopädie (s. Anm. 11), 91.

18 Bultmann, Theologie (s. Anm. 6), 211.

19 Vgl. auch Bultmann, Das Befremdliche (s. Anm. 16), 209.

20 Bultmann, Urchristentum (s. Anm. 4), 200.

das neue Sein im Glauben, das er freilich als eschatologische Existenz deklariert, als »die alles Verhalten bestimmende Grundhaltung des Lebens«[21].

Diese Grundhaltung scheint durch Bultmanns Verständnis des Gewissens bedingt und ermöglicht zu sein. Bultmann nennt in »Geschichte und Eschatologie« neben der Erinnerung das Gewissen als Signum für die Ich-Identität des Menschen.[22] Die Thematisierung des Gewissens in »Glauben und Verstehen« bringe ich mit Bultmanns Anthropologie in seiner »Theologie des Neuen Testaments« ins Gespräch, welche die συνείδησις als anthropologischen Grundbegriff behandelt. Davon ausgehend schlage ich vor, mit Bultmann eine συνείδησις πίστεως als Anknüpfungspunkt für das Wort Gottes und Ort des glaubenden Verstehens zu denken, in dem also die »*sündenvergebende Gnade*«[23] Gottes als Identität stiftendes Ent-fremdungsgeschehen entdeckt, erlebt, angeeignet und erinnert werden kann.

> »Gerade in der συνείδησις angesichts einer ihr transzendenten Macht konstituiert sich das Ich als je meines. Das Urteil der συνείδησις ist schlechthin gültig, sofern sich in ihm der Gehorsam gegen die transzendente Macht vollzieht, und deshalb hat der Mensch gerade in der συνείδησις seine ἐλευθερία«[24].

Im Gewissen wird das Ich als das eigene entdeckt, das sich in seiner gesamten Existenz als von Gott bestimmt erkennt, und zwar nicht nur für den Moment der glaubenden »Tat des Gehorsams«[25], sondern für das gesamte Leben, das vergangene wie das zukünftige. Gerade in Anbetracht der Diskontinuitäten des Ichs, von deren Deutungsmacht der Glaube befreit, kann das Ich sich als Gottes Geschöpf und als mit sich identisch, in seiner brüchigen Selbstheit als Ganzheit erkennen. Das Gewissen kann damit als »Instanz der Selbsterschließung«[26] und als selbstbezügliches Reflexionsorgan des Glaubens verstanden werden.

---

[21] Rudolf Bultmann, Art. πιστεύω D. Die Begriffsgruppe πίστις im NT, in: ThWNT Bd. 6, 1959, 203–230, 222. Bultmann schreibt in seinem Jesus-Buch von der Liebe als einer »Haltung des Willens«, der dem göttlichen Willen Gehorsam leiste. Mit einer solchen Haltung, die eine Haltung der Vergebung ist und »keine eigenen Ansprüche kennt«, meint Bultmann jedoch keine beständige innere Einstellung, die sich der Mensch gar *erarbeiten* kann. Rudolf Bultmann, Jesus, Tübingen 1926/1988, 82. Dennoch kann sich der Christenmensch, so Kierkegaard, »erinnern [...], wie er war, ehe er Christ ward, und muß also wissen, welche Veränderung mit ihm geschah«. Søren Kierkegaard, Der Liebe Tun. Etliche christliche Erwägungen in Form von Reden, Gesammelte Werke und Tagebücher Bd. 14, Simmerath 2003, 31. Das Anliegen, diese Veränderung zu versprachlichen, verbindet Kierkegaard und Bultmann.

[22] S. Rudolf Bultmann, Geschichte und Eschatologie, Tübingen [3]1979, 174.

[23] Bultmann, Neues Testament und Mythologie (s. Anm. 8), 34.

[24] Bultmann, Theologie (s. Anm. 6), 219f.

[25] A.a.O., 317. Vgl. dazu Konrad Hammann, Der Glaube als freie Tat des Gehorsams. Herkunft, Bedeutung und Problematik einer Denkfigur Rudolf Bultmanns, in: ZThK 109 (2012), 206–234.

[26] Claudia Welz, Das Gewissen als Instanz der Selbsterschließung. Luther, Kierkegaard und Heidegger, in: NZSTh 53 (2011), 265–284, 271. Christopher Zarnow schreibt vom

An die συνείδησις, an die das Wort Gottes gewissermaßen andockt, knüpft semantisch der Begriff der *conscientia* an, der mit »Mit-Wissen« (mit sich selbst), aber auch »Bewusstsein« und »Gefühl« übersetzt werden kann.[27] So könnte die συνείδησις, von der πίστις bestimmt, als Glaubensbewusstsein verstanden werden. Bultmann hat diese Semantik vor Augen, dennoch lehnt er bei der Frage nach einem Anknüpfungspunkt für das Wort Gottes im Menschen eine Anlage oder ein »›religiöses‹ Organ«[28] ab und verweist auf den Menschen als ganzen und gerade auf seine Widersprüchlichkeit als Anknüpfungspunkt.

Der Versuch, die Ansprechbarkeit oder einen Anknüpfungspunkt für das Wort Gottes im Menschen mit Begriffen wie συνείδησις zu beschreiben, rührt von der von Bultmann selbst vorausgesetzten Annahme her, »daß der Angeredete das Kerygma wirklich hören kann, weil er es *verstehen* kann«[29]:

> »*Verstehen* nicht im Sinne eines ableitenden Erklärens, so daß man das Verkündigte in das bisherige Weltbild einreihen kann. [...] Vielmehr so, daß man unter Hören des Kerygmas sich selbst neu verstehen lernt, nämlich als den Sünder, dem Gott Rechtfertigung schenkt.«[30]

Das glaubende Verstehen muss nun immer wieder neu vollzogen werden. Sind συνείδησις und die sachlich verwandte καρδία anders ansprechbar, wenn das Ich sich bereits als *christlich* versteht? Kann es sich in diesem Fall auf Glaubensentscheidungen zurückbeziehen? Gibt es nicht Glaubensgewissheiten, hinter die Christ*innen nicht zurücktreten können, die identitätsstiftend sind und die immer wieder erinnert werden können und müssen? Auch der ent-fremdete Zustand ist nicht einfach ein vor-entfremdeter – sofern es diesen überhaupt gibt –, sondern er hat eine Geschichte, die aus der Perspektive des Glaubens gerade nicht verfremdet, sondern als solche, als entfremdete, durchsichtig wird und die erinnert werden kann.

Bultmann erwägt, diesen Problemzusammenhang vor Augen, ob statt von einem Zustand des Gläubigseins nicht besser von Gläubigkeit gesprochen werden sollte, um »die Bewegtheit, die Lebendigkeit des Gläubigseins«[31] zum Ausdruck zu

---

Gewissen als »Instanz der Selbstbezeugung« und »interne[m] Individuationsprinzip personaler Identität«. Christopher Zarnow, Identität und Religion. Philosophische, soziologische, religionspsychologische und theologische Dimensionen des Identitätsbegriffs, Tübingen 2010, 320.

27 Vgl. auch Edmund Hermsen u. a., Art. Gewissen, in: RGG Bd. 3, [4]2000, 899–907. Vgl. auch Jürgen-Gerhard Blühdorn, Art. Gewissen I. Philosophisch, in: TRE Bd. 13, 1984, 192–213. Luther übersetzt beide Begriffe etwa in seinem Septembertestament mit Gewissen.

28 Rudolf Bultmann, Anknüpfung und Widerspruch (1946), in: ders., Glauben und Verstehen II, Tübingen [4]1965, 117–132, 121.

29 Rudolf Bultmann, Kirche und Lehre im Neuen Testament (1929), in: ders., Glauben und Verstehen I, Tübingen 1933, 153–187, 177.

30 Ebd.

31 Bultmann, πίστις (s. Anm. 21), 213.

bringen, die Paulus in seinen Briefen beschreibt, und um damit auch Anfechtung und Zweifel als Teil der Dynamik des Glaubens zu verstehen.[32] Ermöglicht das Kerygma dem Menschen wirklich ein radikal neues Selbstverstehen, das einen »*Prozeß* der Entweltlichung«[33] in Gang setzt und einen Glauben wachsen lassen will, der »sich [...] in der individuellen Lebensführung zu verwirklichen hat«[34], dann erschöpft sich der Glaube einerseits nicht in der einmaligen Annahme des Kerygmas, ist kein Zustand,[35] und andererseits setzt das Kerygma den Beginn einer Glaubens*geschichte* frei, die als Teil des Ent-fremdungshandelns Gottes am Menschen betrachtet werden kann und ein bewegtes Gottesbewusstsein sowie lebendige Erinnerung und ein Verhalten zu dieser einschließt. Ein »hoffende[s] Vertrauen«[36], das sich aus der συνείδησις πίστεως[37] und der Erinnerung speist, könnte meines Erachtens als menschliche Entsprechung zum unverfügbaren Glauben und als Anknüpfungspunkt für das Wort Gottes ausgemacht werden. Solches Vertrauen ist im Grunde selbst Wirkweise des Wortes Gottes und wird durch das Wort immer wieder erneuert. Die Selbsterschließung, die sich im Glaubensbewusstsein vollzieht, drückt sich in religiösen Gefühlen wie etwa Dankbarkeit und Reue aus.[38] Diese können genauso wie die eigene Taufe oder auch Traditionen »als Weitergabe von Erinnerung«[39] erinnert und zur Frage werden.[40] Ich verstehe sie mit Bultmann als »nichtwissendes Wissen«[41], als *Vorverständnis*. Nicht die numerische Identität, die Selbigkeit, sondern die qualitative Identität, die Selbstheit, steht in Frage:[42]

---

32 A.a.O., 213f.219f.

33 Rudolf Bultmann, Das Christentum als orientalische und als abendländische Religion (1949), in: ders., Glauben und Verstehen II, Tübingen [4]1965, 187–210, 207 [Hervorhebung J. B.]. S. auch Bultmann, πίστις (s. Anm. 21), 228f.

34 Bultmann, πίστις (s. Anm. 21), 220

35 S. auch Bultmann, Eschatologie (s. Anm. 13), 147.

36 Bultmann, πίστις (s. Anm. 21), 207. Vgl. Hebr 11,1f.: »Ἔστιν δὲ πίστις ἐλπιζομένων ὑπόστασις, πραγμάτων ἔλεγχος οὐ βλεπομένων· ἐν ταύτῃ γὰρ ἐμαρτυρήθησαν οἱ πρεσβύτεροι.«

37 Ich schlage die Übersetzung »Glaubensbewusstsein« vor.

38 So auch in der Theologie Luthers. Welz, Gewissen (s. Anm. 26), 269: »[E]s schreit, zittert, ist unruhig, ängstlich, bekümmert, verzweifelt oder freudig, friedvoll, ruhig und gewiss.«

39 Bultmann, Reflexionen zum Thema Geschichte und Tradition (1961), in: ders., Glauben und Verstehen IV, Tübingen 1965, 56–68, 59.

40 Vgl. zur täglichen Tauferinnerung Luthers Rede vom »reditus ad Baptismum«. Martin Luther, Der Große Katechismus, Das IIII. Teil: Von der Tauffe, in: BSELK (2014), 1110–1132, 1131.

41 Bultmann, Die Bedeutung der »dialektischen Theologie« für die neutestamentliche Wissenschaft (1928), in: ders., Glauben und Verstehen I, Tübingen 1933, 114–133, 128. S. auch Bultmann, Offenbarung (s. Anm. 14), 6.

42 »Nicht wer (von allen) wir sind, sondern *was* bzw. *wie* wir durch die Geschichte geworden sind, *als was* wir uns erinnernd erkennen, steht in Frage.« Emil Angehrn, Sein Leben schreiben. Wege der Erinnerung, Frankfurt a. M. 2017, 57.

> »Denn das Dasein weiß nie abschließend um sich selbst, sondern immer neu und anders, weil es nie abgeschlossen ist. Wie mich jede neue Lebenssituation in Frage stellt und mir die Möglichkeit gibt, mich neu zu verstehen, so auch jeder Text. Er setzt ein nichtwissendes Wissen voraus, ein Wissen im Charakter der Frage. Ohne zu fragen, kann ich nicht hören; denn der Mensch ist nicht Tabula rasa, eine photographische Platte.«[43]

Weder der Mensch vor noch der Mensch unter der πίστις ist eine unbeschriebene Tafel. Jeder Mensch ist vielmehr eine einzigartige *tabula scripta*, die sich im erinnernden Zusammenhang kontinuierlich selbst versteht. Das Glaubensbewusstsein, zu dem ich die Erinnerung als maßgeblich zähle, erzeugt im ständigen Neuvollzug kontinuierlich ein neues Verstehen und damit wieder ein neues Vorverständnis,[44] das wiederum als Anknüpfungspunkt für das Wort Gottes betrachtet werden kann. Das Wort Gottes verflüssigt dasjenige neue Vorverständnis, das es selbst hervorgebracht hat. Um die kontinuierliche Dynamik und ständige Offenheit für den entscheidenden Augenblick im Rahmen dieses Verstehensprozesses zum Ausdruck zu bringen, schlage ich vor, von einer kontinuierlichen Bewegung zwischen Verstehen und Vorverständnis als zwei Wirkweisen des Wortes Gottes zu sprechen. Dabei ist es wichtig, das Vorverständnis nicht als menschliches Werk, sondern wie das glaubende Verstehen als Tat zu denken. Ausdruck dieses Missverständnisses, das Vorverständnis als erarbeitetes Werk zu begreifen, ist der Zweifel, der das zum Vorverständnis gewordene Verstehen vergegenständlicht und objektiviert und von dem sich der Mensch wiederum entfremden kann. Diese Bewegung kann als Entfremdungsmoment im Glauben versprachlicht werden. So wie Tradition »zur *erstarrten Tradition*«[45] werden kann, können zu Lehrsätzen erstarrte Glaubenseinsichten im Sinne des »Besitzen-wollen[s]«[46] befremden und zu Entfremdung führen. Die Krisis des Glaubens scheint ein Dauerzustand zu sein, die entfremdete Vergangenheit »ist im Charakter des Überwundenseins [im Entschluss des Glaubens] ständig gegenwärtig«[47]. »Insofern gehört die Erinnerung [...] gerade zum Glauben«[48]. Ansonsten würde die Geschichtlichkeit des Menschen geleugnet werden, der gerade die Möglichkeit des Selbstverstehens, und zwar des Verstehens der qualitativen Identität, innewohnt. Auch kann und soll der Mensch seiner erlebten Vergangenheit in Dankbarkeit

43 Bultmann, Bedeutung der »dialektischen Theologie« (s. Anm. 41), 128.

44 S. Bultmann, πίστις (s. Anm. 21), 224.228f.

45 Bultmann, Reflexionen (s. Anm. 39), 59.

46 Bultmann, πίστις (s. Anm. 21), 224.

47 Ebd.

48 Ebd.

innewerden, jedoch ohne sich ihrer zu rühmen.[49] Dem Erinnern im Sinne des Innewerdens kann dann Bedeutung beigemessen werden, wenn es das Kreuz und die Forderung des Sich-Mitkreuzigen-Lassens im Vorverständnis lebendig hält. Nur so ist die Einübung einer »Haltung der Entweltlichung, der *Freiheit*«[50] und der Liebe[51] in der Welt denkbar.

3. Gott als ποιητής von Identität und Kontinuität

Die *Glaubens*identität gründet in Gottes ent-fremdendem Handeln an seinen Geschöpfen. Ihr unmittelbares Erleben als Erleben von Ganzheit und Einheit der Selbstheit ist an das Jetzt des Augenblicks gebunden. Das Geschöpf-Sein, das eigene Gegründet-Sein in Gott ist zwar eine konstante Identität, über deren Erkenntnis und existentielles Verstehen der Mensch jedoch nicht verfügt, im Sinne derer er nicht aus sich selbst heraus zu leben vermag und die stets im Werden ist. Sie ist eine transzendente Identität.[52] Ihr Zuspruch durch das Wort Gottes ereignet sich immer wieder neu; die Dynamik zwischen Vorverständnis und Neuverstehen ist Teil des Ent-fremdungsgeschehens als Heilsgeschehen. Die Entfremdung der Entfremdung des Einzelnen beinhaltet damit auch dessen Aneignung im entfremdenden Selbstverstehen als Oszillation zwischen Vorverständnis und

---

49 Hier ist eine Spannung zu bemerken. Echt geschichtlich existierend, sei der Mensch gerade frei von seiner Vergangenheit und »frei [sich] der Zukunft zu öffnen«. Bultmann, Neues Testament und Mythologie (s. Anm. 8), 35. Die Zukünftigkeit betont Bultmann gerade, um die Unabhängigkeit von der eigenen Vergangenheit und allem Weltlichen im Selbstverstehen stark zu machen: »Wer sich aber nicht mitkreuzigen läßt, für wen nicht die Welt vergangen ist und er für die Welt, wer nicht sieht, daß Christus sich für mich dahingegeben hat, sodaß ich gestorben bin und nur noch im Glauben lebe (Gal 2, 19f.), der versteht das Kreuz gar nicht, d. h. derjenige versteht es nicht, der sich nicht durch dies historische Faktum ein neues Verständnis seiner selbst erschließen lassen will, ein Verständnis, das er nur im Entschluß ergreifen kann, in einem Entschluß, der die radikale Preisgabe seiner selbst bedeutet.« Rudolf Bultmann, Die Bedeutung des geschichtlichen Jesus für die Theologie des Paulus (1929), in: ders., Glauben und Verstehen I, Tübingen 1933, 188–213, 207. Vergangenheit und Weltverhältnis werden nicht negiert oder ignoriert, sondern neu qualifiziert, weil in ihrer Bedeutung für das Selbstverstehen des Ichs im positiven Sinne relativiert. S. dazu o. Anm. 13. Preisgegeben werden soll das selbstische, entfremdete Selbst, das sich nicht von Gott her versteht.

50 Bultmann, Neues Testament und Mythologie (s. Anm. 8), 35.

51 S. a.a.O., 38.

52 S. Bultmann, Enzyklopädie (s. Anm. 11), 143: »Er [der Mensch] lebt vom anderen her.« S. dazu Friederike Portenhauser, Identität als Nichtidentität. Zum Verständnis des Christen nach Paulus, Luther und Bultmann, in: Ulrich H. J. Körtner u.a. (Hrsg.), Bultmann und Luther. Lutherrezeption in Exegese und Hermeneutik Rudolf Bultmanns, Hannover 2010, 209–231, 228f. S. auch Zarnow, Identität (s. Anm. 26), 307: »Geschöpflichkeitsbewusstsein artikuliert sich [...] als Bewusstsein eines ›von anderwärts‹ Bedingt- und Bestimmtseins der eigenen Identität.«

Neuverstehen als zwei Wirkweisen des Wortes Gottes. Die Glaubensgewissheit wird immer wieder erneuert und kann in aller Vorsicht als Vorverständnis erinnert werden. Das nichtwissende Wissen besteht darin, sich auf den liebend begegnenden Gott »*verlassen*«[53] zu können, und drückt sich idealiter in hoffendem Vertrauen und verantwortungsbewusster, tätiger Liebe aus. Der als Liebe begegnende Gott wird im Glauben als Grund, mehr noch als ποιητής, Schöpfer und Dichter, der eigenen Lebensgeschichte entdeckt.[54] In der Geschichtlichkeit des Geschöpfes ist die Möglichkeit verbürgt, vor dem Hintergrund einer kritischen Auseinandersetzung mit der Vergangenheit verantwortungsbewusste und freie Entscheidungen gegenüber der Zukunft zu treffen, die dem Jetzt jeweils seinen Sinn verleihen. Der Sinnzusammenhang des eigenen Lebens ruht weder in einem freizulegenden Personenkern, noch kann er von einem Standpunkt außerhalb der eigenen Geschichte erkannt, sondern nur innerhalb der Geschichte vom Einzelnen erfragt und entdeckt werden.

Die hier angestellten Überlegungen sind ein Versuch, die Punktualität, die bei Bultmann mit dem Augenblicks-Denken einhergeht, zu verflüssigen und eine Glaubensgeschichte zu denken, die mit Gott als ihrem Autor Gegenstand des glaubenden Vertrauens bleibt. Die Rede von Gott als ποιητής der eigenen Biografie befreit von der menschlichen Idee, die eigene Selbstheit aus sich selbst heraus zu begreifen und als kontinuierliche verkörpern zu können. Solche Loslösung aus dem entfremdeten Selbstverhältnis ermöglichen gerade die Selbstpreisgabe[55] und dasjenige Selbstwerden, das der Schöpfer für sein Geschöpf vorsieht.

Meines Erachtens lohnt sich in dieser Sache ein Blick zurück zu Bultmanns Inspirationsquelle Søren Kierkegaard, der hier nur ein Ausblick sein kann. Den »großen Augenblick des Entschlusses, [...] des Gelöbnisses«[56], den Augenblick der Glaubensentscheidung, vergleicht Kierkegaard mit dem Bild, plötzlich flüssig und vollendet lesen zu können, ohne vorher die einzelnen Buchstaben gelernt zu haben. Im »rein Alltägliche[n]«[57] dann folge das mühselige Buchstabieren, zumeist ohne dass sich ein sinnvolles großes Ganzes erschließe. Entsprechend beschreibt Anti-Climacus bzw. Kierkegaard[58] das Christ*in-Werden und -Bleiben in seiner »Einübung im Christentum« als einen Prozess, eine lebenslange Einübung[59] oder gar Examination durch Gott als ihren Examinator. Eine Wegmetaphorik zieht sich sowohl durch »Einübung im Christentum« als auch durch Kierkegaards »Der Liebe

53 Bultmann, πίστις (s. Anm. 21), 203.

54 Das Motiv Gottes als »Autor« findet sich bei Johann Georg Hamann. S. Oswald Bayer, Gott als Autor. Zu einer poietologischen Theologie, Tübingen 1999.

55 S. o. Anm. 49.

56 Kierkegaard, Liebe (s. Anm. 21), 148.

57 Ebd.

58 Die zweite Auflage von Mai 1855 veröffentlichte Kierkegaard unter eigenem Namen.

59 Das dänische »Indøvelse« kann auch mit »Einstudieren« ins Deutsche übersetzt werden.

Tun«[60]. Das christliche Selbst sei wesentlich im Werden, »ein ernster Gang«[61] »auf dem Wege der Vollkommenheit«[62], das Christentum sei »Wegleitung«[63]. Aus Liebe ziehe Christus den Einzelnen mit je eigenem Tempo durch den Weg des Sündenbewusstseins zu sich, befreie ihn zur Selbstwerdung und damit zur Nachahmung seiner Niedrigkeit in der Nachfolge. Das heißt für Kierkegaard, mit dem erniedrigten Christus gleichzeitig zu werden und durch die Möglichkeit des Ärgernisses[64] hindurch immer wieder aufs Neue »die Ewigkeit zu wählen«[65]. Dasjenige Herz, das sich ewig einzig und allein an Gott gebunden wisse, dürfe darauf vertrauen, Teil einer »einzigen Liebesgeschichte«[66] zu sein, von der die einzelnen Glaubensgeschichten umschlossen und in der sie aufgehoben sind.

---

60 Vgl. Kierkegaard, Liebe (s. Anm. 21), 55f.67.78.101.198. Vgl. Sören Kierkegaard, Einübung im Christentum, unter Mitwirkung der Kopenhagener Kierkegaard-Gesellschaft hrsg. und eingel. von Walter Rest, München [4]2014, 216–220.

61 Kierkegaard, Liebe (s. Anm. 21), 88.

62 A.a.O., 78.

63 A.a.O., 198.

64 Vgl. auch a.a.O., 219–225.

65 Kierkegaard, Einübung (s. Anm. 60), 144.

66 Kierkegaard, Liebe (s. Anm. 21), 165. Vgl. auch Rudolf Bultmann, Art. *ζάω* E. Der Lebensbegriff des NT, in: ThWNT Bd. 2, 1935, 862–877, 870: »[D]er Glaubende hat die ζωή nicht für sich in der Innerlichkeit eines geistigen Lebens, sondern er steht in der durch die Heilstat gegründeten *Geschichte*, in der diese ζωή für den da ist, der dem Heilswillen gehorcht«.

Kristian Geßner

Rudolf Bultmann zwischen Kollaboration und Widerstand

Eine Untersuchung seines Wirkens im Kontext des Dritten Reiches

»Rudolf Bultmann im Nationalsozialismus – ist da nicht schon alles erforscht?!« – Diese Frage scheint zunächst plausibel zu sein. Ich war sehr überrascht, als ich auf der Suche nach einem Promotionsprojekt unvermutet auf diese Lücke in der Bultmann-Forschung stieß. Zwar kann man immer wieder lesen, dass sich der Marburger Neutestamentler, im Gegensatz zu vielen seiner Kollegen, »untadelig« verhalten habe[1], jedoch wurde dies oft nicht mit konkreten Angaben belegt. Konrad Hammann hat in seiner bedeutenden Bultmann-Biographie auch ein Kapitel zum Nationalsozialismus vorgelegt, jedoch blieben auch hier noch viele Fragen offen.[2] Deshalb begann ich mit diesem Promotionsprojekt unter der Betreuung von Herrn Prof. Eckart Conze am Fachbereich Geschichte und Herrn Prof. Malte Dominik Krüger am Fachbereich Ev. Theologie in Marburg.[3] Im Folgenden möchte ich thesenartig Schlaglichter auf ausgewählte Themen meines Projektes werfen.

1. Thematische Schlaglichter in Thesen

1. *Die Einflüsse der Dialektischen Theologie und der Existenzphilosophie Heideggers ermöglichten Bultmann sich in ein kritisches Verhältnis zu Organen des nationalsozialistischen Staates und den Organisationen der Deutschen Christen (DC) und der Reichskirche zu setzen.*

Anders als vielleicht für Karl Barth, stellte der 1. Weltkrieg für Bultmann kein seine Theologie änderndes Ereignis dar. Trotzdem blickte er interessiert auf die neuen theologischen Entwürfe, die erarbeitet wurden. Durch Friedrich Gogarten

[1] Konrad Hammann, Bultmanns Begegnung mit dem Judentum, in: ders., Rudolf Bultmann und seine Zeit. Biographische und theologische Konstellationen, Tübingen 2016, 41–76, 58.

[2] Vgl. Konrad Hammann, Rudolf Bultmann. Eine Biographie, Tübingen 2009, 255–349.

[3] Die Dissertation befindet sich im Druck.

kam er dann auch näher in den Kontakt mit dem, was man später »Dialektische Theologie« nennen sollte.[4]

Karl Barth wollte dabei die Rede vom Menschen möglichst klein halten. Für Bultmann stellte dies den falschen Weg dar, da seiner Meinung nach gerade die Rede vom Menschen das Reden über Gott ermöglichen würde. In seinem Aufsatz »Welchen Sinn hat es, von Gott zu reden?« (1925)[5], brachte er dies mit Hilfe einer Formulierung seines Lehrers Wilhelm Herrmann auf den Punkt »Von Gott können wir nur sagen, was er an uns tut.«[6] Diese Analyse der Lebenssituation des Menschen spiegelt sich im wohl berühmtesten Satz Bultmanns wider:

> »Man kann nicht elektrisches Licht und Radioapparat benutzen, in Krankheitsfällen moderne medizinische und klinische Mittel in Anspruch nehmen und gleichzeitig an die Geister- und Wunderwelt des Neuen Testaments glauben.«[7]

Diese programmatische Haltung wurde noch durch das Zusammentreffen mit Martin Heidegger (1889-1976) verstärkt. Mit diesem entwickelte sich seit seinem Dienstantritt in Marburg im Jahr 1923 eine intensive Freundschaft und Arbeitsgemeinschaft.[8]

In der Forschung ist umstritten, wie weit die Beeinflussung durch Heidegger geht. Eine Übernahme des Vokabulars lässt sich konstatieren, jedoch bei gleichzeitiger anderer Füllung der Begriffe. Für Heidegger ist der Mensch immer schon in einer Welt, zu der er sich verhalten muss. Im heideggerschen Terminus gesprochen: Dasein ist ausgezeichnet durch das In-der-Welt-Sein. In dieser Welt ist der Mensch immer schon verfallen an das »Man«. Heidegger übernimmt dies aus Formulierungen wie »man sagt«, »man tut«, »man liest«.[9] Wer ist dieses »Man«? Gleichzeitig alle und niemand. Der Mensch lebt also uneigentlich. Gleichzeitig ist das Dasein auch als Sein-zum-Tode definiert. Der Mensch weiß, dass er sterben wird, versucht aber, dies sich nicht bewusst zu machen. Für Heidegger kann man diesem uneigentlichen Leben nur durch einen Entschluss entkommen, indem man

---

4 Vgl. Georg Pfleiderer, Kriegszeit und Gottesreich. Der Krieg als theologisches Ereignis bei Karl Barth, in: Joachim Negel/Karl Pinggéra (Hrsg.), Urkatastrophe. Die Erfahrung des Krieges 1914–1918 im Spiegel zeitgenössischer Theologie, Freiburg/Basel/Wien 2016, 129–175.

5 Rudolf Bultmann, Welchen Sinn hat es, von Gott zu reden?, in: ders. Glauben und Verstehen I, Tübingen 1933, 26–37.

6 A.a.O., 36.

7 Rudolf Bultmann, Neues Testament. Das Problem der Entmythologisierung der neutestamentlichen Verkündigung, in: ders., Offenbarung und Heilsgeschehen, München 1941, 27–69, 31.

8 Vgl. Andreas Großmann, Art. Bultmann und Martin Heidegger, in: Christof Landmesser (Hrsg.), Bultmann Handbuch, Tübingen 2017, 79–88.

9 Martin Heidegger, Sein und Zeit, Gesamtausgabe Bd. 2, 1. Abteilung, hrsg. von Friedrich-Wilhelm von Herrmann, Frankfurt 1977, 169.

sein Sein-zum-Tode anerkennt und eindeutig lebt.[10] Dies war aber so vage gehalten, dass Karl Löwith den Ausruf eines Studierenden Heideggers überlieferte: »Ich bin entschlossen, nur weiss [sic!] ich nicht wozu«.[11]

In seinem Aufsatz »Die Eschatologie des Johannes-Evangeliums« übernimmt Bultmann den Begriff des »Man« überträgt ihn aber auf den Begriff der »Welt« des Autors des Johannes-Evangeliums.[12] Der Mensch ist somit nicht mehr verfallen an die Gemeinschaft, sondern an alles, was ihn umgibt. Diese Verfallenheit konstatiert Bultmann, ebenfalls wie Heidegger, als Uneigentlichkeit[13]. Für den Theologen wird dies zur Rebellion gegen Gott. Der Mensch versuche sich selbst zu sichern, indem er sich an die »Welt« klammere.[14] Eigentliches Leben wäre es jedoch, mit Gott in die »dunkle Zukunft« zu gehen[15], losgelöst von allen menschengemachten Sicherungen. Bultmann verbindet diese philosophischen Überlegungen gleichzeitig mit der historisch-kritischen Methode. Auf die Frage des Studierenden, wozu man entschlossen sein solle, würde Bultmann wohl antworten: »Dem Ruf Gottes folgen!«

Dass Heidegger versuchte, den Nationalsozialismus mit seinem Denken in Einklang zu bringen und dessen Übernahme des Rektorats in Freiburg 1933/34 verstand Bultmann nicht. In seinen ersten Stellungnahmen nach dem 30. Januar 1933 wandte sich Bultmann zum einen gegen die Theologen, die meinten aus der Kanzlerschaft Hitlers ein göttliches Zeichen sehen zu können. So sagte er seinen Studierenden in der Eröffnung des Sommersemesters:

> »Kein Staat und kein Volkstum ist eine so eindeutige Größe, ist so rein von Sünde, daß aus seinem puren Bestand Gottes Willen eindeutig abzulesen wäre. Kein Volkstum ist so rein und lauter, daß man jede Regung des Volkswillens direkt als Forderung Gottes erklären dürfte. [...] Aus ihm [sc. dem Volkstum] erwachsen Taten der Schönheit und des Adels; aus ihm brechen aber auch die Dämonien der Sünde hervor. Jeder Staat und jedes Volkstum enthält wie die Möglichkeiten und Aufgaben zum Guten und Schönen, so auch die Versuchungen zum Bösen und Gemeinen.«[16]

Diese Eröffnung ließ Bultmann dann auch in den »Theologischen Blättern«, einer vielgelesenen Zeitschrift drucken und sandte ein Exemplar in Reaktion auf Heideggers Rektoratsrede, die schon bald in Zeitungsausschnitten in Marburg

---

10 A.a.O., 168–173 und 335–339.

11 Karl Löwith, Mein Leben in Deutschland vor und nach 1933, Stuttgart/Weimar 2007, 31.

12 Vgl. Rudolf Bultmann, Die Eschatologie des Johannes-Evangeliums, in: ders., GuV I (s. Anm. 5), 134–152, 136.

13 A.a.O., 137.

14 Rudolf Bultmann, Die Aufgabe der Theologie in der gegenwärtigen Situation, in: ThBl 12 (1933), 161–166, 163.

15 Rudolf Bultmann, Predigt vom 27. Juni 1937, in: ders., Marburger Predigten, Tübingen 1956, 41–47, 46.

16 Bultmann, Aufgabe (s. Anm. 14), 164.

kursierte, an Heidegger. Im Begleitbrief machte er deutlich, dass er nicht dasselbe im Nationalsozialismus sehen könnte wie Heidegger.[17]

Interessanterweise nutzte er dann ein Zitat aus der Rektoratsrede, um in einer Predigt vom Juli 1933 gegen die Eingliederung des Lebens in Massenorganisationen zu protestieren. Wirkliche Entscheidungen für das Leben würden nur in der Einsamkeit vor Gott entstehen und die Organisationen des NS-Staates würden den Menschen von den eigentlichen Fragen des Lebens ablenken. Unterschwellig nutzte Bultmann hier also das heideggersche Konzept des »Man«, mit einem Zitat aus der Rektoratsrede, um gegen eben jene Organisationen zu protestieren, die sein Freund euphorisch begrüßt hatte.[18]

2. *Bultmann nutzte Zitate von im Nationalsozialismus angesehenen Personen, um sie im Gebrauch in ihr Gegenteil zu verkehren oder in einem anderen Kontext als Beleg für seine Theologie zu nutzen.*
Bereits in der Semestereröffnung benutzte Bultmann Zitate von Hitler und einer Versammlung des Nationalsozialistischen Deutschen Studentenbundes in einem bewusst naiv verstandenen Sinn oder entgegen ihrem eigentlichen Kontext.[19]

Im letzten Abschnitt der Rede wendet sich Bultmann konkreten Beispielen zu, die er im aktuellen Staat als problematisch ansieht. Im Folgenden bezieht Bultmann sich auf den Satz »Wir wollen die Lüge ausmerzen«, der auf der Kundgebung der deutschen Studentenschaft gefallen sei.[20] Lüge sei nun aber nicht nur das Behaupten von etwas Falschem, sondern auch das Verschleiern der Wahrheit. Bultmann nennt drei Beispiele, an denen die Verantwortung der »Kämpfer für das neue Deutschland« sichtbar werde.[21] Die Oberbegriffe für diese Beispiele sind: »›Vorschußlorbeeren‹, [...] Denunziantentum und [das] Kampfmittel der Diffamierung«.[22]

Das erste Beispiel ist die Umbenennung von Straßen. Trotz eines negativen Erlasses Hitlers habe die neugewählte Stadtverordnetenversammlung von Marburg es sich nicht nehmen lassen, einige Plätze und Straßen umzubenennen.

Bultmann stuft sein zweites Beispiel als schlimmer als das vorangegangene ein: das Denunziantentum. Der Neutestamentler weist darauf hin, dass der Kultusminister »täglich Körbe voll« mit Denunziationen erhalte, die jedoch, laut

---

17 Vgl. den Brief Bultmanns an Heidegger vom 18. Juni 1933, in: Rudolf Bultmann/Martin Heidegger, Briefwechsel 1925–1975, hrsg. von Andreas Großmann/Christof Landmesser, Frankfurt am Main/Tübingen 2009, 193–196.

18 Vgl. Rudolf Bultmann, Predigt vom 2. Juli 1933, in: ders., Das verkündigte Wort. Predigten – Andachten – Ansprachen 1906–1941, hrsg. v. Erich Gräßer, Tübingen 1984, 247–260, 257.

19 Vgl. Bultmann, Aufgabe (s. Anm. 14), 165f.

20 A.a.O., 165

21 Ebd.

22 Ebd.

Bultmann, »in die verdienten Papierkörbe wandern«.[23] Knapp einen Monat vorher, am 7. April 1933, war das »Gesetz zur Wiederherstellung des Berufsbeamtentums« in Kraft getreten. Neben der Einführung eines Ariernachweises für Beamte sollten auch jene aus dem Dienst entlassen werden, die »nicht die Gewähr dafür bieten, daß sie jederzeit rückhaltlos für den nationalen Staat eintreten«.[24] Infolgedessen war es auch zu zahlreichen Denunziationen, auf Grund des nicht konkreten Wortlautes des Gesetzes, gekommen. Für Bultmann ist hierbei nicht nur der eventuelle Erfolg einer solchen Tat zu verabscheuen, sondern auch die dadurch eintretende Vergiftung der Atmosphäre und das dadurch entstehende Misstrauen. Die Losung der Studentenkundgebung aufgreifend, fährt Bultmann fort, dass gegen diese Denunziationen vorgegangen werden müsse, da man sonst die Menschen zur Lüge erziehe.

Dies ist die Überleitung zum dritten Beispiel: die Diffamierung Andersdenkender. Wieder folgt eine Bezugnahme auf einen Ausspruch Adolf Hitlers, dass man die politischen Gegner überzeugen und sie nicht diffamieren solle. Er als Christ müsse besonders die Diffamierung »deutscher Juden« beklagen.[25]

Bultmann weist darauf hin, dass auf der Kundgebung, auf der die mehrfach erwähnte Losung gesprochen wurde, auch Juden diffamiert worden seien. Dies sei keine vom Geist der Liebe getragene Handlung gewesen und könne somit, auf Grundlage der oben von ihm gemachten Aussagen, wohl als Dämonie und Sünde begriffen werden. Bultmann schließt diesen Abschnitt mit dem Appell: »Halten Sie den Kampf für das deutsche Volkstum rein und sorgen Sie dafür, daß edles Wollen für Wahrheit und Deutschtum nicht durch dämonische Verzerrung entstellt wird!«[26]

In der Predigt vom Juli 1933 wird nicht nur das Heidegger-Zitat entgegen seines Kontextes verstanden, sondern auch ein Gedicht von Hebbel, der in diesem Jahr gerade von der nationalsozialistischen Propaganda als »nordischster aller Dichter« gefeiert wurde[27], als Fürstenspiegel genutzt, um über diese literarische Konnotation Hitlers Regierungsstil zu kritisieren.[28]

In einer späteren Predigt wird eine Passage des von den Nationalsozialisten geschätzten Schriftstellers Dwinger genutzt, um entgegen ihrem eigentlichen Kontext, der Diffamierung der Sowjetunion, zu Nächstenliebe aufzurufen.[29]

---

23 Bultmann, Aufgabe (s. Anm. 14), 166.

24 Zitiert nach: Georg Kretschmar (Hrsg.), Dokumente zur Kirchenpolitik des Dritten Reiches, Bd. 1: Das Jahr 1933, München 1971, 5.

25 Ebd.

26 Bultmann, Aufgabe (s. Anm. 14), 166.

27 Worte Hebbels über Staat und Volk. Der Rassenforscher Günther über Friedrich Hebbel, in: Hebbel-Jahrbuch 1 (1939), 116.

28 Vgl. Bultmann, Predigt vom 2. Juli 1933 (s. Anm. 18), 160.

29 Vgl. Rudolf Bultmann, Predigt vom 7. Juni 1936, in: ders., Marburger Predigten (s. Anm. 15), 1–13, 10

Ebenso wurden, oft ohne Namensnennung, auch Zitate von nicht mehr angesehenen oder jüdischen Autoren verwendet. In der Juli-Predigt aus dem Jahr 1933 werden Zitate von Franz Werfel eingebracht.[30] In späteren Aufsätzen und Predigten folgen Passsagen von Hugo von Hofmannsthal[31] und Rainer Maria Rilke.[32]

3. *Neben dem theologischen Programm enthält das Entmythologisierungsprogramm auch Kommentare zum Nationalsozialismus.*
Bultmanns Hauptanliegen war die Plausibilisierung des Christentums für den von für ihn so konstatierten »modernen Menschen«.[33] Dieser sei, laut dem Theologen, geprägt von einem naturwissenschaftlichen Weltbild und könne deshalb das dreistöckige Weltbild des Neuen Testaments nicht mehr annehmen. Gleichzeitig konstatierte er, dass einige Mitglieder der Bekennenden Kirche, der er auch angehörte, versuchen würden, dieses dreistöckige Weltbild zu repristinieren. Dies stelle sich aber als Unmöglichkeit dar.[34]

Im Jahr 1941 hielt Bultmann deshalb auf einer wissenschaftlichen Tagung der Bekennenden Kirche den Vortrag »Neues Testament und Mythologie. Das Problem der Entmythologisierung der neutestamentlichen Verkündigung«. Anlass hierfür war das Buch »Christentum und Selbstbehauptung« des Philosophen Wilhelm Kamlah, der darin die Eschatologie des Christentums kritisierte und einen auf Freund und Feind basierenden Gemeinschaftsbegriff etablieren wollte. In Bultmanns Text, darauf hat Hammann hingewiesen, finden sich versteckt Anspielungen auf Rosenbergs »Mythus des 20. Jahrhunderts«. Dessen christentumskritische Äußerungen werden aufgegriffen und durch die existenziale Interpretation des Neuen Testaments für nichtig erklärt. Bultmann versucht also, das Christentum gegen die nationalsozialistischen Angriffe zu verteidigen, indem er das Bild, das die Nationalsozialisten zeichneten, als Zerrbild demaskierte.[35]

In der auf den Vortrag folgenden Diskussion im Kollegenkreis erwiderte Bultmann auf die Frage eines Kollegen nach den Dämonen, dass der Mensch selbst verantwortlich für seine Taten sei und dies nicht an Mächte außerhalb seiner selbst auslagern könnte. In der in den folgenden Jahren größer werdenden und Fachgrenzen sprengenden Diskussion um den Aufsatz sollte sich zeigen, dass viele Menschen in kirchlichen Ämtern die Vorstellung von Dämonen als Entschuldigung für ihr Handeln während des Nationalsozialismus wählten. Bultmann

---

30 Vgl. Bultmann, Predigt vom 2. Juli 1933 (s. Anm. 18), 254.

31 Vgl. Rudolf Bultmann, Der Sinn des christlichen Schöpfungsglaubens, in: Zeitschrift für Missionskunde und Religionswissenschaft 51 (1936), 1–21.

32 Vgl. Bultmann, Predigt vom 2. Juli 1933 (s. Anm. 18), 255–256.

33 Rudolf Bultmann, Das Problem der »natürlichen Theologie«, Tübingen 1933, 294–312, 311. Vgl. Christof Landmesser, Art. Hermeneutik und existenziale Interpretation, in: ders., Handbuch (s. Anm. 8), 373–383, 377.

34 Vgl. Rudolf Bultmann, Problem der Entmythologisierung (s. Anm. 7), 27–69, 29.

35 Vgl. Konrad Hammann, Das alte und das neue Marburg. Bultmann und Karl Barth nach 1945, in: ders., Zeit (s. Anm. 1), 132–157, 140.

hingegen plädierte für die Selbstverantwortung des Menschen, der durch den Ruf Gottes sich frei entscheiden könne, ob er Gutes oder Böses tun wolle und kritisiert somit die einfachen Antworten seiner Kollegen.[36]

Festzuhalten ist auch, dass Bultmann durch die existenziale Analyse ein Instrument entwickelte, das auch zur Entmythologisierung politischer Mythen genutzt werden kann. Auch hinter diesen steckt ein Selbstverständnis des Menschen, das offengelegt und auch kritisiert werden kann.

4. *Mit der sogenannten »Erfurter Gruppe« hatten Bultmann und Hans von Soden ein Instrument für oppositionelles Handeln gegen die Eingriffe des Staates geschaffen.*

Ende 1934 war der Evangelische Fakultätentag so gespalten in Anhänger und Gegner des Reichsbischofs Müller, dass Forderungen nach einer Auflösung laut wurden. Im Zuge dessen gruppierten sich um Hans von Soden, einem weiteren Marburger Neutestamentler, und Bultmann eine Gruppe von Professoren, die den Eingriffen des Staates in Kirche und Universität kritisch gegenüberstanden.[37] Bis ca. 1936 entwickelte sich diese Gruppe zu einem Forum, in dem man über adäquate Reaktionen auf Anordnungen des Reichserziehungsministers Rust diskutieren konnte. Relativ selbstbewusst versuchte man das Recht auf Meinungsäußerung im Kirchenstreit zu verteidigen oder die Zulassung von DC-Pfarrern zu den kirchlichen Prüfungen zu verhindern. Bewährtes Mittel dieser Gruppe waren Eingaben an das Ministerium, die aber vorwiegend einzeln eingereicht wurden, da man glaubte, dass Sammeleingaben nicht den nötigen Erfolg erzielen würden. So konnten innerhalb einer Woche an die 20 Briefe verschiedenster Professoren und Dozenten im Ministerium eingehen.

Gleichzeitig informierte man sich über die Verhaftungen und Strafversetzungen von Kollegen und war somit universitätspolitisch reichsweit auf dem neusten Stand. Als Hans von Soden eine Suspendierung auf Grund seiner Teilnahme an der Bekenntnissynode von Augsburg drohte, wurden Eingaben versandt, in denen klargestellt wurde, dass man voll und ganz hinter von Soden stehe und nur an der Augsburger Synode nicht teilgenommen habe, weil man nicht eingeladen worden sei.[38]

Dass die Suspendierung gegen von Soden wieder zurückgenommen wurde, lässt sich wohl als größter Erfolg der Gruppe werten. Meistens konnten mit den Eingaben nur Teilerfolge erzielt werden. Festhalten lässt sich aber, dass es die

---

36 Vgl. Ernst Fuchs, »Neues Testament und Mythologie«. Protokoll der Tagung in Alpirsbach im Juni 1941, eingeleitet von Andreas Lindemann, in: Ulrich H.J. Körtner, (Hrsg.), Kirche – Christus – Kerygma. Profil und Identität evangelischer Kirche(n), Neukirchen-Vluyn 2009, 167–186, 178–179.

37 Vgl. Kurzes Protokoll der Besprechung in Erfurt am 30. X. 1934, in: Universitätsarchiv Marburg Bestand 340 Bultmann (unverzeichnet).

38 Vgl. Kopie des Briefs Bultmanns an den Reichsminister vom 26. Oktober 1935, Universitätsarchiv Marburg Bestand 340 Bultmann (unverzeichnet).

Möglichkeit zum Widerspruch und ein Forum des Austausches hierdurch gab, auch wenn die nationalsozialistische Universitätspolitik zunehmend restriktiver wurde.

5. *Die existenziale Interpretation des Neuen Testaments stellt zugleich auch eine Schwäche der oppositionellen Haltung Bultmanns dar.*
Mit den oben genannten Eingaben an das Ministerium sowie einem negativen Gutachten zur Einführung des Arierparagraphen in den Raum der Kirche sowie einem ebenfalls negativen Gutachten verschiedener Neutestamentler zur selben Frage zeigt sich konkretes politisches Handeln Bultmanns.

Gleichzeitig versuchte er in seinen Aufsätzen und Predigten die Lesenden für eine andere Art der Theologie zu sensibilisieren, die die Verantwortung des Menschen stark machen und diesen zu Akten der Nächstenliebe ermutigen solle.

Hierbei zeigt sich aber auch die Schwäche dieser Theologie innerhalb des Kontextes der nationalsozialistischen Herrschaft. Anders als sein Kollege Karl Barth, der von seinem Schweizer Exil aus mehrere konkret politisch-theologische Texte nach Deutschland sandte, verbot sich Bultmann solche direkten Aussagen, da ihm eine Trennung von Kirche und Staat im Sinne der lutherischen Zwei-Reiche-Lehre als der erstrebenswerteste Zustand erschien. So konnten ihm zwar politische Themen, wie die Eingliederung in Massenorganisationen oder z.B. Propagandalosungen des Kraft-durch-Freude-Verbandes als konkrete Situationsanalyse einer Predigt dienen, doch die existenziale Interpretation blockierte gleichzeitig auch konkrete Handlungsanweisungen.

Hierzu muss gesagt werden, dass Bultmann bei wichtigen Predigten ein Vierer-Schema zu Grunde legte. Nach der Verlesung des Predigttextes folgt nach diesem Schema die existenziale Analyse. Dies bedeutet, dass der Predigttext auf die Situation der Gemeinde oder aller Menschen hin gedeutet wird. In Rundbriefen an seine Studenten während des Krieges subsumierte Bultmann unter diesen Punkt alles, was die Menschen der Gemeinde in ihrem Umfeld bewegen könnte; Kinofilme, Ausstellungen, Konzerte, aber auch Politik. Nach dieser Analyse der Umstände erfolgt eine Deutung, die dem entspricht, was Luther das Gesetz nannte. Das Gesetz stellt in der klassischen lutherischen Dogmatik zum einen eine Forderung dar, die der Aufrechterhaltung der Ordnung dient oder die Erkenntnis über das Sündersein ermöglicht. In der nun folgenden existenziellen Interpretation wird das bisher Gesagte auf das Leben des einzelnen Menschen verengt. Diesem wird dann im vierten Teil, dem Evangelium, Trost zugesprochen.[39]

Besonders deutlich wird dies in einer Predigt im Kontext des Entmythologisierungsvortrages, in der Bultmann immer wieder betont, dass die Schluss-

---

[39] Vgl. dazu Eberhard Hauschildt, Rudolf Bultmann als lutherischer Prediger, in: Ulrich H.J. Körtner/Christof Landmesser/Mareile Lasogga u.a. (Hrsg.), Bultmann und Luther. Lutherrezeption in Exegese und Hermeneutik Rudolf Bultmanns, Hannover 2010, 23–64, 40.47.

folgerungen aus der Auslegung des Predigttextes jeder für sich selbst finden müsse.[40] Nach dieser Theologie wird jeder Hörende der Predigt von Gottes Wort persönlich »angerufen« und muss sich infolgedessen in einem Moment, den Bultmann »Entweltlichung« nennt, entscheiden, ob er Gottes Ruf folgen wolle oder nicht. Dieser Ruf Gottes gelte aber nur für die jeweils konkrete Situation des Jetzt. Konkrete Beispiele würden dann aber eine Situation vorschreiben, die so aber vielleicht nicht durch den Ruf Gottes für jede Person vorgezeichnet werde.[41] Handlungsanweisungen mussten also die Glaubenden für sich selbst aus der Predigt ziehen.

2. Zur Ambivalenz des Handelns Bultmanns

Um der Ambivalenz des Handelns Bultmanns Rechnung zu tragen, habe ich mich für die Übernahme eines Modells von Olaf Blaschke, den Stufen des Widerstands und den Stufen der Kollaboration, entschieden.[42] Blaschke entwickelt hierbei verschiedene Stufenmodelle weiter, die seit den 1950er Jahren zur Charakterisierung kirchlichen Widerstandes genutzt wurden. Meiner Meinung nach lässt sich durch diese Abstufungen ein Aufweichen des Widerstandsbegriffes verhindern. So ist Widerstand als höchste Stufe, als aktiver Widerstand, zu verstehen. Gleichzeitig geht auch noch diese Stufe mit der Stufe der punktuellen Zufriedenheit zusammen. Eine Schematisierung wie dies teilweise bei kirchlichen Widerständlern stattfindet, sodass diese zu bloßen Schablonen werden, kann so verhindert werden. Vielmehr werden ebenso die Momente der Zufriedenheit in den Blick genommen.

Gut lässt sich dies z.B. am Gutachten gegen die Übernahme des Arierparagraphen in die Kirche aufzeigen, das von Bultmann und von Soden gemeinsam verfasst wurde.[43] Während Bultmann die Ausgrenzung getaufter Jüdinnen und Juden in der Kirche verurteilte, lässt sich nur eine Stelle in der Semestereröffnungsrede finden, in der er gegen die Diffamierung von Jüdinnen und Juden Stellung bezog.

---

40 Vgl. Rudolf Bultmann, Predigt vom 22. Juni 1941, in: ders., Marburger Predigten (s. Anm. 15), 126–136, 131.

41 Ebd. Zur Entweltlichung s. Rudolf Bultmann, Das Verständnis von Welt und Mensch im Neuen Testament und im Griechentum, in: ders., Glauben und Verstehen II, Tübingen 1952, 59–78, 75.

42 Olaf Blaschke, Stufen des Widerstandes – Stufen der Kollaboration, in: Andreas Henkelmann/Nicole Priesching (Hrsg.), Widerstand? Forschungsperspektiven auf das Verhältnis von Katholizismus und Nationalsozialismus. theologie.geschichte Beiheft 2 (2010), 63–88.

43 Vgl. Rudolf Bultmann, Der Arier-Paragraph im Raume der Kirche, in: Die Marburger Theologen und der Arierparagraph in der Kirche. Eine Sammlung von Texten aus den Jahren 1933 und 1934. Aus Anlaß des 450-jährigen Bestehens der Philipps-Universität Marburg neu hrsg. und mit einer Einf. vers. von Heinz Liebing, Marburg 1977, 32–45.

Im Gutachten selbst gestand er dem Staat zu, dass er im Rahmen seiner Funktion als Staat in seinem staatlichen Bereich durchaus entsprechende Gesetze erlassen könne.[44] Öffentlicher Protest und Anpassung gehen in diesem Text überein. Knapp ein Jahr später schrieb er an Karl Barth, dass dieser den Eid auf Adolf Hitler, der für alle Professoren zur Pflicht wurde, leisten solle, damit das Ansehen der Bekennenden Kirche nicht darunter leide.[45] Auch die »Erfurter Gruppe« debattierte zur selben Zeit über die Eidesfrage, die Eingaben, die an Reichserziehungsminister Rust versandt wurden, hatten aber andere Themen.

Selbstverständlich handelt es sich hierbei um eine Schematisierung, die oft genug durch das Leben unterlaufen wird. Aber ich denke, dass es trotzdem den Blick schärft für die Abstufungen, in denen widerständiges Handeln zu bewerten ist. Eine breite Rezeption des Handelns Bultmanns während des Nationalsozialismus ist bisher unterblieben. Sicher war sein Handeln nicht so spektakulär wie das seiner Kollegen Barth, Bonhoeffer und Niemöller. Gleichzeitig verhinderte sicher auch die bis in die 1960er Jahre anhaltende Debatte um das Entmythologisierungsprogramm eine breite Rezeption Bultmanns als widerständige Person. In den 1960er Jahren übte dann Dorothee Sölle Kritik am vermeintlichen Unpolitisch-Sein Bultmanns und entwarf in Abgrenzung zu ihm ihr Buch »Politische Theologie. Auseinandersetzung mit Rudolf Bultmann«.[46] Der Ethiker Heinz Eduard Tödt konstatierte für die 1970er Jahre, dass Bultmann wegen seines Individualismus nicht mehr für Theologinnen und Theologen interessant sei, die sich nun mehr auf gesellschaftliche Strukturen konzentrieren würden.[47]

Welchen Sinn hat es heute, von Rudolf Bultmann zu reden? Ist er *erledigt*? Ich denke, nein. Ich denke, dass Bultmanns Theologie sowie sein Leben der weiteren Beschäftigung lohnen. Noch immer gibt es unabgegoltene Potenziale, die es einzulösen gilt und Beobachtungen, denen man weiter folgen sollte. Rudolf Bultmann ist keinesfalls erledigt, sondern kann als Ausgangspunkt für ein Weiterdenken in Anspruch genommen werden. Zwar können wir sein Weltbild nicht repristinieren, aber seine Überzeugung, dass das Evangelium für den »modernen Menschen« einsichtig vermittelbar ist, sollte weiterhin der Anspruch der Theologie bleiben.

---

44 Bultmann, a.a.O., 38.

45 Vgl. dazu Hammann, Rudolf Bultmann (s. Anm. 2), 261–263.

46 Dorothee Sölle, Politische Theologie. Auseinandersetzung mit Rudolf Bultmann, Stuttgart [2]1982.

47 Heinz Eduard Tödt, Rudolf Bultmanns Ethik der Existenztheologie, Gütersloh 1978, 119.

Lukas Hille

Auf dem Weg zu einer Medientheologie?

Schrift und Bild in der Theologie Wilhelm Herrmanns

Am 21. Oktober 1879 erleuchtet in Menlo Park bei New York erstmals eine Kohlefadenlampe einen Raum. Drei Monate später würde Thomas Edison das Patent auf die Glühbirne genehmigt werden.[1] Sie steht bis heute symbolisch für die enge Verzahnung der Moderne mit den Errungenschaften der Naturwissenschaften.[2]

Etwa zeitgleich erscheint in Halle mit der Studie »Die Religion im Verhältnis zum Welterkennen und zur Sittlichkeit« das erste Hauptwerk Wilhelm Herrmanns.[3] Darin spiegeln sich die Herausforderungen, vor die sich die Theologie des späten 19. Jahrhunderts durch die Verzahnung von Naturwissenschaft und Moderne gestellt sieht. In einem Rückgriff auf die Erkenntnistheorie Kants versucht Herrmann, die Religion als eigene Größe abseits der Praxis menschlichen

---

[1] Jürgen Kaube, Wer die Glühbirne wirklich erfand, https://www.deutschlandfunkkultur.de/wer-die-gluehbirne-wirklich-erfand-100.html (Stand: 27.06.2024).

[2] Die *Moderne* wird im Folgenden als Teil der Neuzeit verstanden, der sich dadurch auszeichnet, dass er den aktuellen Stand menschlichen Weltbezugs einerseits als der Vergangenheit stets als überlegen ansieht, diesen Stand andererseits aber als stets kontingent begreift. Die Moderne ist also in diesen zwei Gesichtspunkten maßgeblich von der sich stetig verändernden technischen Weltbeherrschung geprägt. Damit einher geht eine Relativität etablierter Institutionen, letztlich zugunsten des einzelnen Menschen. Vgl. zur Orientierung Günter Figal, Art. Moderne/Modernität, in: RGG[4] Bd. 5, 1376–1378. Passend zu diesen beiden Gesichtspunkten lässt sich die Moderne innerhalb der Neuzeit mit der französischen und der industriellen Revolution abgrenzen. Vgl. Martin H. Jung, Kirchengeschichte, Tübingen [3]2022, 195.
Soziologisch lässt sich die Moderne mit Andreas Reckwitz als Spannungsfeld zwischen einer Logik des Allgemeinen und einer Logik des Besonderen beschreiben. Das Hauptmerkmal der ersteren ist ein Prozess der formalen Rationalisierung, als deren Ergebnis Reckwitz die industrielle Moderne beschreibt, die gewissermaßen den Prototyp einer Logik des Allgemeinen repräsentiert. Vgl. Andreas Reckwitz, Die Gesellschaft der Singularitäten. Zum Strukturwandel in der Moderne, Bonn 2018, 27–48, 41–46. Die soziale Logik des Besonderen bildet dazu das Gegenüber und beschreibt Praktiken, die sich besonders durch ihren affizierenden Charakter beschreiben lassen. Vgl. a.a.O., 47–74; 70f.

[3] Wilhelm Herrmann, Die Religion im Verhältniß zum Welterkennen und zur Sittlichkeit. Eine Grundlegung der systematischen Theologie, Halle 1879.

Welterkennens und in eigenständigem Bezug auf die Frage nach menschlicher Sittlichkeit zu profilieren.[4] Die Frage nach der Religion positioniert er damit zwischen den beiden prägenden Themen der Moderne. Herrmanns theologisches Wirken – seit demselben Jahr bis zu seiner Emeritierung 1922 auf seiner Professur in Marburg – bleibt zeitlebens speziell an grundlegenden theologischen Themen interessiert. Der Abschluss seines ersten Hauptwerks deutet dies mit der Frage nach dem *Wie* menschlicher Suche nach Seligkeit an:

> »Der Umkreis der wirklich berechtigten und lösbaren dogmatischen Probleme wird durch die Frage bezeichnet: wie ist es möglich, dass der sündige und der Naturmacht unterworfene Mensch in der im Sittengesetze ausgesprochenen Form des persönlichen Lebens oder in der sittlichen Gemeinschaft des Reiches Gottes seine Seligkeit suchen und derselben gewiss sein kann? Die Antwort darauf entnimmt die Dogmatik der geschichtlichen Gottesoffenbarung; wenn diese nicht solchen Halt hätte, so wäre weder unser Glaube noch die Dogmatik vorhanden.«[5]

Diese deutliche Eingrenzung der berechtigten dogmatischen Probleme zeichnet Herrmanns Gesamtwerk aus. Dieses »prägte gewissermaßen inkognito auch die Theologiegeschichte des 20. Jahrhunderts entscheidend.«[6] Im Werkstattbericht möchte ich im Anschluss an meine Vorstellung bei der 26. Jahrestagung der Rudolf-Bultmann-Gesellschaft einen Einblick geben, wie Herrmanns Arbeitsweise an den grundlegenden Themen der Theologie auch für eine Theologie der Spätmoderne einige Potentiale bieten kann. Dazu möchte ich im Folgenden (1) grundlegende Herausforderungen der Theologie in der Spätmoderne charakterisieren. Dabei soll deutlich werden, dass sich diese Herausforderungen für den Protestantismus besonders deutlich im Bereich der Schriftlehre nachvollziehen lassen. Sodann werde ich (2) anhand von Herrmanns zweitem Hauptwerk »Der Verkehr des Christen mit Gott« einen exemplarischen Einblick in sein Denken und Arbeiten geben. Zuletzt möchte ich (3) in einem Ausblick fragen, ob in dieser theologischen Praxis das Potential für einen Übergang von einer modernen Material- zu einer spätmodernen Medientheologie liegt.

---

[4] Vgl. a.a.O., 1–14.

[5] A.a.O., 431.

[6] Herbst, Christoph: Freiheit aus Glauben. Studien zum Verständnis eines soteriologischen Leitmotivs bei Wilhelm Herrmann, Rudolf Bultmann und Eberhard Jüngel, Berlin/Boston 2012, 15.

1. Die Situation der Theologie in der Spätmoderne und die exemplarische Rolle der Schriftlehre

Wenn im Folgenden die *Spätmoderne* in den Blick genommen wird, so wird davon ausgegangen, dass die aktuelle gesellschaftliche und kulturelle Lage als eine kontinuierliche Konsequenz aus den grundlegenden Entwicklungen der Moderne verstanden werden kann. Abgrenzen lässt sich die Spätmoderne dabei m.E. durch zwei Hauptmerkmale.

Zum einen verschiebt sich in der Gegenwart der Schwerpunkt menschlicher Valorisierungsprozesse von der Logik des Allgemeinen hin zur Logik des Besonderen.[7] Diese Entwicklung geht über eine reine Betrachtung des Individuums insofern hinaus, als der Prozess der Singularisierung alle Einheiten des Sozialen betreffen kann.[8] Die Folge ist das, was Reckwitz als Kulturalisierung beschreibt: Eine zunehmende Valorisierung des Singulären zulasten des Allgemeinen. Damit steigt unweigerlich die Bedeutung der je als die eigene und besondere erlebten Lebenswelt.[9] Zum anderen verschiebt sich im Zuge des immer weiter beschleunigten technischen Fortschritts die gefühlte Lebensgeschwindigkeit des Menschen erheblich.[10] Diese zunehmende Beschleunigung schlägt sich lebensweltlich auch in einem medial immer pluraler werdenden kommunikativen Handeln und einer damit verbundenen veränderten menschlichen (Selbst)Wahrnehmung nieder.[11]

---

[7] Vgl. Reckwitz, Gesellschaft der Singularitäten (s. Anm. 2), 7.

[8] Vgl. a.a.O., 57–64. Zur Herausarbeitung der Einheiten des Sozialen vgl. a.a.O., 37–41.

[9] Vgl. zum Begriff der Lebenswelt zusammenfassend Malte Dominik Krüger, Das andere Bild Christi. Spätmoderner Protestantismus als kritische Bildreligion, Tübingen 2017, 56 Anm. 2.

[10] Hartmut Rosa stellt das Phänomen der *dynamischen Stabilisierung* als Wesensmerkmal der Moderne heraus, wonach eine Gesellschaft auf eine permanente Steigerung angewiesen ist, um ihren Status quo zu erreichen. Im Ergebnis führt dies nach Rosa zu einem stetig steigenden Energieverbrauch, der letztlich in einem Gefühl des *rasenden Stillstands* resultiert – also einem Zusammenbruch der Zuversicht angesichts permanenter Beschleunigung. Vgl. exemplarisch Hartmut Rosa, Demokratie braucht Religion, München [5]2022, 28f.52f.

[11] Vgl. Marshall McLuhan, Die Gutenberg-Galaxis. Das Ende des Buchzeitalters (Aus dem Amerikanischen von Max Nänny), Bonn [2]1995, 145. Da McLuhan Medien generell als Erweiterungen des menschlichen Körpers betrachtet, geht mit der medialen Veränderung bei ihm unweigerlich auch eine anthropologische Veränderung einher. Vgl. zu diesem Zusammenhang Sven Grampp, Marshall McLuhan. Eine Einführung, Konstanz/München 2011, 74–78. Zu den theologischen Herausforderungen vgl. exemplarisch Ingolf U. Dalferth, Wirkendes Wort. Bibel, Schrift und Evangelium im Leben der Kirche und im Denken der Theologie, Leipzig 2018, 427.
Dass in der sich so verändernden Lebenswelt digitale (Bild)Welten der Spätmoderne eine besondere Steigerung darstellen, lässt sich schon daran ablesen, dass bereits um die Jahrtausendwende die Dauer der Mediennutzung bei Jugendlichen ein Drittel des Tages überstieg. Vgl. Christian Grethlein, Die Kommunikation des Evangeliums in der Mediengesellschaft, ThLZ.F 10, Leipzig 2003, 5. Exemplarisch zeigt Malte Dominik Krüger dabei die enorme Steigerung einer lebensweltlichen Relevanz von Bildern auf. Vgl. Krüger, Das andere Bild Christi (s. Anm. 9), 56–62.

Beide Merkmale verstärken sich gegenseitig und lassen auch im Bereich wissenschaftlich-theologischer Positionen die Herausbildung einer neuen Haltung zu. Statt allgemeingültiger Positionen, die sich durch gleichbleibende Verfahren einer gewissen Dauerhaftigkeit versichern, ist davon auszugehen, dass in der Spätmoderne zunehmend solchen Ansätzen Wert zuerkannt wird, die auf unterschiedliche lebensweltliche Realitäten anwendbar sind und flexibel auf die immer schnelleren Verschiebungen der Gegenwartskultur reagieren können. Wird eine solche Verschiebung nicht erreicht, so kommt es zunehmend zu einem Auseinandertreten wissenschaftlich-theologischer Theorie und kirchlich-religiöser Praxis.

Für die Systematische Theologie und insbesondere die Dogmatik bedeutet dies eine besondere Herausforderung. Denn materialdogmatische Darstellungen folgen oft einer ganzheitlich-allgemeinen Logik, deren Spannung zu einer spätmodernen Gesellschaft, die wie oben dargestellt verfasst ist, schon in der Aufgabe greifbar ist.[12] Dem Problembewusstsein, dass schon der Begriff der Dogmatik häufig »Assoziationen von Enge, Starrheit und Dogmatismus hervor[ruft]«[13], folgt dabei selten eine grundlegende strategische Veränderung.[14] Zugespitzt lässt sich dies zeigen, wenn man mit der *Schriftlehre* dasjenige Lehrstück exemplarisch in den Blick nimmt, in welchem der Protestantismus klassischerweise über die Vermittlung religiöser Erfahrung in der Lebenswelt reflektiert. Medientheoretisch betrachtet kann man der Schrift dabei zwei Funktionen zusprechen, die der Wirkung des Evangeliums entnommen und sekundär auf die Schrift übertragen werden: Die Funktion eines *Übertragungsmediums*, welches räumliche Grenzen überwindet, und die Funktion eines *Speichermediums*, das der Aufbewahrung über die Zeit hinweg dient.[15]

---

12 So beschreibt etwa Christine Axt-Piscalar die Aufgabe der Dogmatik folgendermaßen: »Sie hat die Gehalte des christlichen Glaubens in eine kohärente Ordnung zu bringen, ihren Wahrheitsanspruch im Horizont des allgemeinen Wahrheitsbewusstseins zu verantworten und sie gegenwartsgemäß auszulegen.« Christine Axt-Piscalar, Was ist Theologie? Klassische Entwürfe von Paulus bis zur Gegenwart, Tübingen 2013, 339.

13 Wilfried Härle, Dogmatik, Berlin/Boston [5]2018, XXI. Ähnlich Rochus Leonhardt, Grundinformation Dogmatik. Ein Lehr- und Arbeitsbuch für das Studium der Theologie, Stuttgart [4]2009, 15.

14 Stattdessen wird eine Reduktion der Komplexität dogmatischer Lehrbestände oft erreicht, indem durch dogmengeschichtliche Orientierungen Einzelpersonen zu Strömungen und sog. Schulen zusammengefasst werden, die dann in der Folge auch die Darstellung einzelner Lehrgehalte prägen. Dies spiegelt sich in den gängigen Lehrwerken, in denen diese Orientierungen entweder in einem eigenen Kapitel oder vor den einzelnen Lehrstücken geboten werden. Vgl. exemplarisch Rochus Leonhardt, Grundinformation Dogmatik (s. Anm. 13), 20–109; Horst-Georg Pöhlmann, Abriss der Dogmatik, Gütersloh [6]2002. Dadurch geraten schulfremde Verbindungen aus dem Blick, formale Bedingungen theologischen Arbeitens erscheinen als bindend und dogmatische Lehrbestände werden als heteronome Glaubensvoraussetzung verstanden. Eine Flexibilisierung im Angesicht beweglicher Lebenswelten wird so erschwert.

15 Vgl. Christian Grethlein, Kommunikation (s. Anm. 11), 21. Zur Übertragung auf die Bibel vgl. a.a.O., 23. Der Übergang von der Kategorie des Evangeliums auf die Kategorie der

Schon mit der verstärkten Drucklegung im Zuge der aufkommenden Neuzeit wird im Protestantismus ein einseitiger Schwerpunkt auf die Speicherfunktion gelegt, was den Eindruck eines allgemeinen heteronomen Lehrbestands verstärkt.[16] In der Moderne wird zwar versucht, anhand der wieder verstärkten Rede vom *Wort Gottes* die Möglichkeit eines Übertragungsgeschehens zu betonen. Dabei kann aber der Eindruck aufkommen, dass lediglich die virulent werdende Frage nach einer Erfahrungsproduktivität mit der Bindung an ein einzelnes äußeres Medium harmonisiert werden soll.[17] Letztlich verdichtet sich also in der Schriftlehre notwendigerweise die bereits angedeutete Frage, wie in einer spätmodernen Gesellschaft über den Glauben nachgedacht werden kann. Dies äußert sich abseits der Verteidigung eines heteronomen Prinzips in der Frage nach der Möglichkeit einer Vermittlung religiöser Erfahrung oder religiöser Erlebnisse in der je eigenen Lebenswelt.

2. Ein Einblick in die theologische Praxis Wilhelm Herrmanns

Auch im Gesamtwerk Wilhelm Herrmanns zeigt sich ein deutlicher Zusammenhang zwischen der grundlegenden Frage nach Möglichkeit und Aufgabe einer Dogmatik im Angesicht moderner Herausforderungen und der Frage nach der Rolle der Schrift. Obwohl Herrmann an keiner Stelle seines Werks explizit eine

---

Bibel kann dabei kritisch hinterfragt werden. Zugleich wird insbesondere im Protestantismus ein bleibender Zusammenhang beider Größen behauptet. Zur Orientierung kann davon ausgegangen werden, dass die Kirche die Bibel als Schrift verwendet, um das Evangelium zu kommunizieren, welches für den Einzelnen zum Wort Gottes werden kann. Vgl. Ingolf U. Dalferth, Wirkendes Wort (s. Anm. 11). Ist dieser Zusammenhang so gegeben, so wird die Bibel in der Kirche zur Schrift, indem sie instrumental für die beiden genannten medialen Funktionen genutzt wird, hervorgehoben im Protestantismus.

Diese beiden Funktionen entsprechen dabei zugleich den beiden Bereichen, die Wolfhart Pannenberg problematisiert, wenn er die Auflösung der altprotestantischen Schriftlehre als »Grundlagenkrise der modernen evangelischen Theologie« beschreibt. Er attestiert der Schrift dabei einerseits einen zu großen Abstand von dem durch sie bezeugten Geschehen (Speicherfunktion) als auch von der gegenwärtigen Situation ihrer Rezipienten (Übertragungsfunktion). Vgl. Wolfhart Pannenberg, Die Krise des Schriftprinzips (1962), in: ders., Grundfragen systematischer Theologie, Bd. 1, Göttingen [3]1979, 11–21. 13.

16 Vgl. Grethlein, Kommunikation des Evangeliums (s. Anm. 11), 31f.

17 Die Erfahrungsproduktivität kann dabei als dasjenige Kriterium verstanden werden, mit dem die Schriftlehre in der Moderne häufig anschlussfähig gemacht werden soll. Vgl. exemplarisch Jörg Lauster, Prinzip und Methode. Die Transformation des protestantischen Schriftprinzips durch die historische Kritik von Schleiermacher bis zur Gegenwart, Tübingen 2004, 461f.

Schriftlehre entwirft[18], kommt er immer wieder auf diese zurück. Seine Beschreibung einer produktiven Funktion der Schrift bedient sich dabei nicht schwerpunktmäßig ihrer Speicherfunktion – wie etwa einem etwaigen historischen Kern oder einem verbindlichen Lehrinhalt –, sondern ihrer Rolle bei der Vermittlung eines Erlebnisses der Person Jesu Christi. Dabei ist zu zeigen, dass als Wirkkriterium prominent eine implizite Bildtheorie zum Einsatz kommt.

Da Herrmanns Schriftverständnis eine untergründige Struktur des Gesamtwerks bildet, muss sie aus diesem zunächst herausgearbeitet werden. In der geplanten Studie soll dies insbesondere anhand seiner drei Hauptwerke geschehen.[19] Dabei wird die Überarbeitung derselben über die verschiedenen Auflagen analysiert. Dieses Vorgehen ist Herrmanns Angewohnheit geschuldet, sein Werk immer wieder im Bereich seiner Leitbegriffe zu überarbeiten.[20] Die Änderungen werden dabei anhand der kleineren Veröffentlichungen in den Jahren zwischen den Auflagen näher beleuchtet. Insgesamt soll Herrmanns Werk als konstanter Denkprozess verstanden werden.[21] Durch dieses Vorgehen kommen anhand der einzelnen Lehrauseinandersetzungen auch Kontakte in den Blick, die sonst ggf. nicht beachtet würden. Insgesamt sind für die Darstellung also der Gedanke einer

---

18 Vgl. zur Rolle der Schrift im Gesamtwerk Wilhelm Herrmanns die einleitenden Worte in der bisher einzigen Studie zu Herrmanns Schriftverständnis: Karl-Heinz Michel, Glaubensdokument contra Geschichtsbuch. Die Schriftlehre Wilhelm Herrmanns, Wuppertal/Zürich 1992, 5.
In der von Martin Rade posthum zusammengestellten Dogmatik wird die Heilige Schrift zwar zu Beginn im Rahmen der Religion als solcher verhandelt. Sie wird hier aber explizit als Ausdruck der Offenbarung in der Person Christi verstanden, welcher sich erst dem gläubigen Menschen als solche erschließt. Sie nimmt damit nicht die Rolle eines zentralen Prolegomenons ein. Vgl. Wilhelm Herrmann, Dogmatik. Mit einer Gedächtnisrede auf Wilhelm Herrmann von Martin Rade, Gotha/Stuttgart 1925, 34–37.
Dennoch ist der Eindruck einer entscheidenden Rolle der Frage nach der Schrift nicht neu. So wird schon in der ersten umfassenden Arbeit zu Herrmanns Gesamtwerk betont, dass die Rolle der Schrift bei Herrmann »oft über das Gesagte hinauszuführen scheint«. Werner Schütz, Das Grundgefüge der Herrmannschen Theologie. Ihre Entwicklung und ihre geschichtlichen Wurzeln, Berlin 1926, 55.

19 Wilhelm Herrmann, Die Religion (s. Anm. 3); ders., Der Verkehr des Christen mit Gott im Anschluß an Luther dargestellt, Stuttgart 1886; ders., Ethik, Tübingen/Leipzig 1901.

20 Schon Martin Rade hielt dies in Bezug auf die Diktate zu Herrmanns Dogmatikvorlesungen fest. Vgl. Martin Rade, Vorwort, in: Wilhelm Herrmann, Dogmatik (s. Anm. 18), V.

21 Die Arbeit weicht damit von einem weitgehenden Konsens der Herrmannforschung ab, welche Herrmanns Werk typischerweise in ein Früh-, Haupt- und Spätwerk aufteilt und diese Perioden je nach Abgrenzung an ihren Grenzen untersucht. Diese Periodisierung geht zurück auf Schütz, Das Grundgefüge (s. Anm. 18). Schon Schütz selbst zeigt dabei an, dass insb. die Grenze des Spätwerks nicht eindeutig festzustellen ist. Vgl. a.a.O., 55f. Auch insgesamt wird betont, dass sich Herrmanns Denken durch eine »erstaunliche thematische Konstanz« auszeichnet. Peter Fischer-Appelt, Vorwort, in: Wilhelm Herrmann, Schriften zur Grundlegung der Theologie I, hrsg. von Peter Fischer-Appelt, München 1966, XXIV. Das Periodisierungsmodell wird deshalb hier aufgegeben.

kontinuierlichen Entwicklung, eines *breiten theologischen Netzwerks* und der *Orientierung an Leitbegriffen* leitend.

Das Potential einer solchen Herangehensweise lässt sich ausschnittsweise an den ersten beiden Auflagen des Werks »Der Verkehr des Christen mit Gott« zeigen. Im Kern behandelt das Werk die Frage, wie das Vertrauenserlebnis, welches Herrmann als den Grund des christlichen Glaubens bestimmt, zustande kommt und wirkt.[22] Dabei kritisiert Herrmann gleichermaßen Lehrvoraussetzungen des christlichen Glaubens und die Behauptung eines direkten inneren Zugangs zu Gott, etwa in der Mystik.[23] Stattdessen grundiert er den christlichen Glauben in einer Tatsache, die im Rahmen der Lebenswelt an den Menschen herantritt:

> »Das Ereignis aber, das mit einem solchen Gewichte in unserm Leben auftritt, ist die Thatsache, dass uns das Bild Christi durch das Neue Testament zugeführt und durch das Leben in christlicher Gemeinschaft ausgelegt wird.«[24]

Seiner in der Religionsschrift erarbeiteten Frage nach dem *Wie* menschlicher Suche nach Seligkeit nähert sich Herrmann dann, indem er die Begegnung mit der Person Jesu zum vermittelnden Element zwischen dem äußeren Leben in der Welt und dem durch die sittlich-ethische Aufgabe bestimmten inneren Leben erklärt. Dabei spielt die Schrift als äußeres Medium insofern eine entscheidende Rolle, als sie ein Bild Jesu Christi liefert, welches eine innere Wirkung bedingt. Dieser Zusammenhang beinhaltet vier Schritte[25]:

1. Die geschichtliche Tatsache Jesu Christi wird *äußerlich passiv erfahren* im Bild, welches das Neue Testament festhält und welches die Begegnung mit handelnden Christen ergänzt.
2. Dieses Bild sorgt für eine Begegnung mit dem Christus, der in der gesamten Geschichte wirksam ist. Der Wirkmodus ist ein Vertrauenserlebnis, also eine *passiv innerlich erfahrene* Begegnung mit der Person Jesus Christus.
3. Die Begegnung bewirkt eine *aktive innerliche Reaktion* der Dankbarkeit und Freude, aus der ein neues inneres Lebens entsteht. Der Wille wird

22 Der Erlebnisbegriff spielt bei Herrmann eine zentrale Rolle. Er lässt sich aber nicht aus anderen Zusammenhängen ableiten, sondern wird von Herrmann selbst inhaltlich gefüllt und erst in die Theologie eingeführt. Im Kern meint *Erleben* bei Herrmann eine spezifische Art der unmittelbaren und inneren persönlichen Erfahrung. Vgl. Herrmann, Religion (s. Anm. 3), 217. Genauere Studien bieten Theodor Mahlmann, Das Axiom des Erlebnisses bei Wilhelm Herrmann, in: NZSTh 4 (1962), 11–88; Thomas Jäger, Die Bedeutung des Erlebens bei Wolfgang Cramer und Ulrich Barth und seine Einführung als Begriff im 19. Jahrhundert, Diss. theol. Humboldt-Universität Berlin 2021, 179–230.

23 Vgl. Herrmann, Verkehr (s. Anm. 19), IV. Explizit löst er damit den reformatorischen Zusammenhang von *notitia*, *assensus* und *fiducia* auf und fragt in der Folge nach dem direkten Zusammenhang von äußerer Überlieferung und innerer Wirkung. Vgl. a.a.O., 89f.

24 A.a.O., 92.

25 Für die folgende Zusammenfassung vgl. Herrmann, Verkehr (s. Anm. 19), 81–132.

an diesem neuen Vertrauen ausgerichtet. Daraus entstehen Gedanken des Glaubens, die das Erlebte ausdrücken.

4. Dem entsprechen als *aktive äußere Reaktion* des Menschen die Nächstenliebe als praktische Umsetzung des Guten und Sittlichen und der Ausdruck der entwickelten Glaubensgedanken.

In der zweiten Auflage von »Der Verkehr des Christen mit Gott«[26] lässt sich erkennen, wie Herrmann die Kritik an seinem Entwurf aus den Zwischenjahren aufgreift.[27] Dabei legt er besonderen Wert auf die Unterscheidung der geschichtlichen Person Jesu von einer historisch zu untersuchenden Größe, indem er lediglich die innere Wirkung des zuvor betonten äußeren Bildes als Wirklichkeitskriterium heranzieht.[28] Zur Markierung dieses Unterschieds führt er nun den Begriff vom *Bild des inneren Lebens Jesu* ein, welcher das innere Gegenüber des äußeren, geschichtlichen Bildes Jesu bildet. Der Zusammenhang der beiden Bilder wird an der Beschreibung der Aufgabe des Predigers deutlich:

»[D]ie Hauptsache ist doch, dass er das anschaulich und wirksam zu machen sucht, was allein, in ihm so gut wie in andern, den Glauben begründen kann. Das sind aber nicht jene Dinge, sondern das ist Jesus allein, das innere Leben dieses Menschen. Wo das auf die Gemüter wirkt, da wird das Evangelium gepredigt.«[29]

Am Beispiel des *Bildes des inneren Lebens Jesu* lässt sich also zeigen, wie Herrmann in seinem bestehenden System begrifflich nachschärft, um die zuvor herausgearbeitete Wirkung von Schrift und Verkündigung in der je eigenen Lebenswelt klarer zu fassen. Auf diese Weise schärft er in verschiedenen Fällen sein theologisches System auf begrifflicher Ebene.

Der Innen-Außen-Vermittlung auf dem Weg zum Glauben steht sodann wie dargestellt eine entsprechende gegenläufige Bewegung gegenüber. Die daraus resultierende Bedeutung des Praktischen lässt das dritte Hauptwerk »Ethik«[30] als eine Art logische Konsequenz erscheinen. Während der in Vertrauensverhältnissen lebende Mensch das sittliche Denken aus der Selbstbesinnung gewinnt[31], ist es wiederum das religiöse Erlebnis, das so vermittelnd wirkt, dass eine sittliche Praxis als wahrhaftig freie Praxis möglich wird.[32]

---

26 Wilhelm Herrmann, Der Verkehr des Christen mit Gott im Anschluß an Luther dargestellt, Stuttgart ^{2}1892.

27 Dies sind v.a. drei zentrale Anfragen: Die Frage nach dem *Verhältnis der Theologie zum Glauben der Gemeinde und zur Wissenschaft*, die *Verbindung von Offenbarung und Geschichte* sowie das *Verhältnis von Grund und Inhalt des Glaubens*. Besonders letztere Thematik bildet einen Schwerpunkt der folgenden Überarbeitungen.

28 Vgl. Herrmann, Verkehr^{2} (s. Anm. 26), 89.

29 A.a.O., 65.

30 Herrmann, Ethik (s. Anm. 19).

31 Vgl. a.a.O., 24–71.

32 Herrmann reflektiert diese Vermittlung als Verhältnis von Wiedergeburt und Bekehrung. Vgl. a.a.O., 72–139.

3. Herrmanns Werk als Vorbild einer Medientheologie?

Das Vorgehen in seinem zweiten Hauptwerk, in dem Herrmann nach eigenem Anspruch die »Hauptpunkte der Dogmatik«[33] bearbeitet, und die gegenläufige Verwendung des dort entwickelten Modells in der Ethik zeigen deutliche Anzeichen einer Abweichung von einer materialdogmatischen Strategie. Herrmann versucht stattdessen, Religion als vermittelnde Größe zwischen innerem Leben und äußerer Lebenswelt zu denken. Das zeigt sich an der immer wieder auftretenden Thematisierung der vermittelnden Rolle der Schrift bzw. der Überlieferung. Dem von ihr transportierten geschichtlichen äußeren Bild Jesu korrespondiert dabei ein wirksames inneres Bild des inneren Lebens Jesu. In einem späteren Artikel kann Herrmann dafür den Begriff der *Einprägung* positiv annehmen.[34] Die *Einbildung* wird davon negativ abgegrenzt, weil Herrmann ein eingebildetes Gottesbild als gänzlich subjektiv, weil selbst hervorgebracht, kritisiert.[35] Der Sache nach stehen sich bei Herrmann also zwei Einbildungstheorien gegenüber. Die von ihm implizit verwendete Einbildungstheorie lässt sich dabei als eine wirklichkeitsproduktive Funktion des Bewusstseins beschreiben: Dabei wird ein mentales Bild des inneren Lebens Jesu an das äußerlich-geschichtliche Bild der Person Jesu geknüpft. Dieses Verhältnis ließe sich auch als Bezogenheit von Erinnerung und Einbildung beschreiben.

Wenn sich diese Annahme bestätigt, so ließe sich am Beispiel von Herrmanns Umgang mit der Schriftlehre zeigen, wie sich dogmatische Praxis als stetige Reflexion von Medialität durchführen lässt, in der sowohl die Religion selbst als auch ihre inneren Zusammenhänge medial betrachtet werden. Herrmanns Gesamtwerk könnte dann exemplarisch für die Transformation von einer Materialdogmatik hin zu einer Medientheologie stehen – also für eine systematisch-theologische Praxis, die in unterschiedlichen lebensweltlichen Realitäten und flexibel im Hinblick auf Verschiebungen der Gegenwartskultur die Möglichkeit der Vermittlung religiöser Erlebnisse abseits heteronomer Prinzipien reflektiert und diese nicht im Sinne von Lehrgehalten, sondern im Sinne einer Haltung mit der Tradition zu harmonisieren versucht.[36] Dabei ist seine Theologie neben der spätmodernen Lage systematischer Theologie mit der Verwendung der Einbildungsthematik auch sachlich

33 Wilhelm Herrmann, Ethik, Tübingen/Leipzig [5]1913, 13.

34 Vgl. Wilhelm Herrmann, Ergebnisse des Streites um das Apostolikum, in: ZThK 4 (1894), 251–305, 268.

35 Die Kritik läuft parallel zum Phantasiebegriff. Vgl. exemplarisch Herrmann, Verkehr (s. Anm. 19), 60.72f.74. 81 Anm.1.103.112.117.125.133.154.167.171.179.187.188.195.200.

36 Dass Herrmann den Anschluss an die Tradition nicht im Sinne lehrhafter Kontinuität, sondern im Sinne einer solchen Haltung sucht, wird besonders an seiner Strategie im Umgang mit Luther deutlich.

an zeitgenössische Debatten anschlussfähig.[37] Seine theologische Praxis würde sich dann besonders aktuell eignen, um Impulse für die Gegenwart zu liefern.

37 Das Verhältnis von geschichtlichem Bild Jesu und Bild des inneren Lebens Jesu einerseits und das Verhältnis von sittlichem Denken und sittlichem Handeln andererseits verschränkt dabei die äußere Praxis und die innere Haltung zum Erlebten auf eine Art und Weise, dass man sie als den Spezialfall eines *symbolischen Pragmatismus'* begreifen kann. In diesem Begriff bringt Ferdinand Fellmann die Handlungspraxis des Menschen und die notwendige Darstellung des inneren Erlebens zusammen, verknüpft sie wesenhaft und befreit zugleich die Phantasie vom Verdacht einer reinen Innerlichkeit. Vgl. Ferdinand Fellmann, Symbolischer Pragmatismus. Hermeneutik nach Dilthey, Hamburg 1991, 16–20.

Bastian König

Das Kerygma als Narration

Rudolf Bultmanns Theologie im Gespräch mit Paul Ricœurs Hermeneutik[1]

Unter diesem Titel wird der Frage nachgegangen, was sich aus protestantisch-theologischer Perspektive über das Selbst sagen lässt und inwieweit die Theologie Bultmanns im Gespräch mit Paul Ricœur von aktueller Bedeutung für die protestantische Theologie bleibt. Mithilfe eines Vierergesprächs wird sich der Frage nach dem Selbst, dem menschlichen Dasein, angenähert. Aus dem *Œuvre* der vier Theoretiker lassen sich unterschiedliche Grundkonstanten für das Selbst herausarbeiten. Alle vereint, dass sich das Selbst als verstehendes charakterisieren lässt. Auf einen kurzen Durchgang durch die Arbeit folgt eine detaillierte Darstellung der Studie.

Das Vierergespräch beginnt mit Augustins Frage nach der Zeit – »Quid et ergo, tempus?«[2] – im elften Buch seiner »Confessiones«. Augustin trifft im Horizont dieser Frage zentrale Aussagen über das Selbst. Durch eine Relektüre des elften Buches ergibt sich die pointierte Einsicht, dass Selbstverstehen und Zeitverstehen korrelieren. Eine weitere Grundkonstante lässt sich aus einer Relektüre der aristotelischen »Poetik« ableiten: Das Selbst ist auf das mimetische Verstehen der Wirklichkeit angewiesen. In Aristoteles Abhandlung über die Dichtkunst werden implizit Fragen des menschlichen Daseins behandelt. Anhand der Trias von *μῦθος*, *μίμησις* und *κάθαρσις*[3] wird diesen Implikationen nachgegangen. Paul Ricœur bringt beide Theoretiker ins Gespräch miteinander. Für seine Hermeneutik des Selbst spielt die Narration eine herausragende Rolle. Mit Ricœur lässt sich festhalten: Nur über ein Narrationsverstehen ist ein Selbstverstehen möglich. Mit Rudolf Bultmann wird sodann die theologische Frage nach dem Selbst explizit, wenngleich schon für Augustin die Frage nach der Zeit eingebunden in ein Gebet und mit der Frage nach Gott verbunden ist. In der Theologie Bultmanns nimmt

---

[1] Vgl. Bastian König, Das Kerygma als Narration. Rudolf Bultmanns Theologie im Gespräch mit Paul Ricœurs Hermeneutik, DoMo 44, Tübingen 2023.

[2] Augustinus, Bekenntnisse. Zweisprachige Ausgabe, aus dem Lateinischen von Joseph Bernhart, mit einem Vorwort v. Ernst Ludwig Grasmück, Frankfurt am Main/Leipzig1987, XI 14.17.

[3] Aristoteles, Die Poetik, Griechisch/Deutsch, übers. u. hrsg. v. Manfred Fuhrmann, Stuttgart 1982, 1450a3–7; 1449b28.

das Kerygma eine Schlüsselstellung ein. Über diesen Begriff lässt sich der Konnex von Selbstverstehen und Gottverstehen plausibilisieren.

Im Folgenden werden nun die Ansätze der einzelnen Gesprächspartner detaillierter gezeichnet und die jeweiligen Scharnierstellen benannt, die zur Elaboration des Quartetts von Zeit-, Wirklichkeits-, Narrations- sowie Kerygmaverstehen führen. Dabei liegt das Hauptgewicht auf Ricœur und Bultmann. Beide vereint ein hermeneutisches Anliegen, unter dem sie sich explizit mit der Frage nach dem Selbst beschäftigen.

Über drei aporetische Fragezyklen versucht Augustin die Frage nach der Zeit zu beantworten. So stellt er zunächst die basale Frage »Was ist die Zeit?« Unter dieser ersten Überschrift nähert er sich der Frage nach der Essenz der Zeit, stellt allerdings schnell fest, dass eine Beantwortung nicht möglich ist. Jedoch kommt er zu einer wichtigen Erkenntnis, die die folgenden Ausführungen antreibt: Das jeweilige Selbst ist es, das die Zeit wahrnimmt. Auf die Frage »Was ist die Zeit?« gibt Augustin zunächst die Antwort, wo die Zeit ist respektive wahrgenommen wird, nämlich im jeweiligen Geist.[4] Über die Frage nach der Zeitmessung, für die ebenfalls der Geist eine entscheidende Rolle spielt, kommt Augustin zur Erkenntnis, dass die Annahme der Ewigkeit Gottes der Ermöglichungsgrund der Zeiterfahrung wie -messung ist.[5] Somit wird die Zeiterfahrung an die Glaubenserfahrung rückgebunden. Für Augustin steht fest, dass Zeit immer eine Bedeutung für das Selbstverstehen hat und dass sich dieses nur *coram Deo* artikulieren lässt. Aus der Relektüre der augustinischen »Confessiones« kann festgehalten werden: Das verstehende Selbst ist auf das Verstehen der Zeit angewiesen.

In der »Poetik« des Aristoteles finden sich Hinweise auf den Modus des Selbstverstehens. An drei Begriffen lassen sich die Implikationen der »Poetik« für die Frage nach dem verstehenden Selbst explizieren. Zum einen schätzt Aristoteles den μῦθος. Mit diesem Begriff bezeichnet er die allgemeine Komposition einer Tragödie. Durch den μῦθος wird eine Totalität erschaffen, eine in sich abgeschlossene Erzählung, in der Wirkliches und Mögliches enthalten ist. Dabei bleibt das Mögliche auf das Wirkliche verwiesen, lässt dieses aber in neuem Licht erscheinen. Dieser Umstand wird durch das Moment der μίμησις gestützt. Entgegen dem pejorativen Gebrauch der μίμησις bei Platon[6] erscheint der Begriff in der »Poetik« als kreativ-schöpferischer Akt. Mimetisch schafft die dichtende Person den μῦθος. Mit der κάθαρσις beschreibt Aristoteles sodann die Auswirkungen auf das rezipierende Selbst.

Eine These der Untersuchung ist, dass mit der Trias von μῦθος, κάθαρσις und μίμησις grundlegende Aussagen über das Selbst getroffen werden, an die

---

4 Vgl. Augustinus, Bekenntnisse (s. Anm. 2), XI 28.37.

5 Vgl. Augustinus, Bekenntnisse (s. Anm. 2), XI 14.17.

6 Vgl. bspw. Platon, Politeia, Platon Werke Bd. 4, bearbeitet v. Kurz, Dietrich. Griechischer Text von Émile Chambry. Deutsche Übersetzung v. Friedrich Schleiermacher, in: Platon, Werke in acht Bänden. Griechisch und deutsch, hrsg. v. Gunther Eigler, Darmstadt [6]2011, X 595b.

anzuknüpfen ist. So lässt sich das Selbst als mimetisches Selbst vor, nach und in der Erzählung konstatieren. Aus der Relektüre der aristotelischen »Poetik« ergibt sich der Konnex von Selbst- und Wirklichkeitsverstehen über den Mythos. Die Trias von μῦθος, κάθαρσις und μίμησις ist für die allgemeine Hermeneutik anschlussfähig und lässt sich ausweiten, wie es Ricœur in seinem Werk »Zeit und Erzählung« tut. Auf die augustinische Frage nach der Zeit lässt er die aristotelische Mimesis gewissermaßen antworten.

Vor dem Hintergrund beider Ansätze entwickelt Ricœur seine Hermeneutik des Selbst. Er sieht Decartes' *cogito* als gebrochen an und versucht, sein ganzes philosophisches Schaffen hindurch – zunächst über das Symbol, dann über die Metapher und schließlich über die Narration – den Umweg des Selbst zum Selbstverstehen nachzuzeichnen. Seinen Interpretationsbegriff definiert er prägnant wie folgt: »Was in einem Text zu interpretieren ist, ist der Vorschlag einer Welt, der Entwurf einer Welt, die ich bewohnen könnte und in der ich meine eigensten Möglichkeiten entfalten könnte.«[7] Ricœurs Wertschätzung der Narration wird in der Formulierung der bewohnbaren Welt deutlich. So betont er immer wieder die Autonomie der Welt des Textes. Das rezipierende Selbst konstruiere nicht erst in der Rezeption den Sinn des Textes oder oktroyiere sein jeweiliges Vorverständnis.[8] Vielmehr rege die Textwelt dazu an, sich selbst angesichts des Textes zu verstehen und die Welt des Textes zu bewohnen, in der die eigenen Möglichkeiten menschlichen Daseins erkannt würden.[9] In der Auseinandersetzung mit der Welt des Textes, die aufgrund mimetisch-kreativer Tätigkeit entstehe, entwickle das menschliche Dasein sein Selbstverständnis.[10] Das Selbst verstehe sich in der Begegnung mit der Welt des Textes: »To understand oneself is to understand oneself as one confronts the text and to receive from it the conditions for a self other than that which first undertakes the reading.«[11] Es handelt sich bei der Interpretation von Texten nach Ricœur nicht um einen rein intellektuellen Akt. Es geht auch nicht um ein tieferes Verständnis der Autor*innen, sondern vielmehr um das je eigene Selbst und dessen Verstehen. Es geht darum, sich angesichts des Textes zu verstehen. Die Erzählung ist deswegen von so herausragender Bedeutung für das Selbst, da sie die Wirklichkeit nicht einfach abbildet, sondern neu und immer wieder anders beschreibt. Erzählungen stellen somit für Ricœur ein unerschöpfliches

---

7 Paul Ricœur, Eine intellektuelle Autobiographie, in: ders., Vom Text zur Person. Hermeneutische Aufsätze (1970–1999), übers. u. hrsg. v. Peter Welsen, Hamburg 2005, 3–78, 51.

8 Vgl. Paul Ricœur, Philosophische und theologische Hermeneutik, in: ders./Eberhard Jüngel, Metapher. Zur Hermeneutik religiöser Sprache, mit einer Einführung v. Pierre Gisel, München 1974, 24–45, 34.

9 Vgl. Paul Ricœur, Gott nennen, in: ders., Vom Text zur Person. Hermeneutische Aufsätze (1970–1999), übers. u. hrsg. v. Peter Welsen, Hamburg 2005, 153–182, 177.

10 Vgl. ebd.

11 Paul Ricœur, On Interpretation, in: ders., From Text to Action. Essays in Hermeneutics II, übers. v. Kathleen Blamey and John B. Thompson, London 1991, 1–22, 117.

Laboratorium dar, in dem sich unzählige Identifikationsangebote, Lebensentwürfe, Handlungsstränge und ethische Überzeugungen finden lassen.[12] Ricœur führt seine Daseinshermeneutik als literarische Hermeneutik durch. Selbstverstehen und Narrationsverstehen sind untrennbar miteinander verbunden.

Inwieweit die Beziehung von Erzählung und Selbst für die Theologie fruchtbar gemacht werden kann, wird im Gespräch mit der Theologie Rudolf Bultmanns deutlich. Bultmann und Ricœur teilen gewisse hermeneutische Grundannahmen, die ein Gespräch anbieten. So geht auch Bultmann davon aus, dass Texte als Ort der Selbstauslegung zu verstehen sind: »die Interpretation soll die in der Dichtung wie in der Kunst aufgedeckten *Möglichkeiten des menschlichen Seins* zum Verständnis bringen.«[13] Es gelte sich »in der Befragung des Textes [...] selbst durch den Text befragen zu lassen.«[14]

Was auf funktioneller Ebene für Ricœur die Erzählung ist, ist für Bultmann – so die These der Arbeit – das Kerygma. Über eine erste Annäherung und das Offenlegen der Grundvoraussetzungen seiner Theologie wird deutlich, dass das Kerygma als Schlüsselkategorie innerhalb seiner theologischen Arbeit anzusehen ist. Verstehen lässt sich mit Bultmann als Existential bezeichnen, als anthropologische Gundkonstante.[15] Diese Einsicht lässt sich aus Bultmanns Rede von der Geschichtlichkeit des Daseins ableiten. Das Selbst ist auch bei Bultmann ein zeitliches, das immer wieder vor seinen Möglichkeiten stehe, die es im Augenblick der Entscheidung zu verwirklichen habe.[16] Die Ausführungen zur existentialen Interpretation setzen diese Einsicht ins Werk. Die theologische Exegese habe die Existenzmöglichkeiten menschlichen Daseins zu verdeutlichen.[17] Im Text würden dem Selbst Möglichkeiten seiner selbst offenbar.[18] Und zu diesem Verständnis der Möglichkeit komme das Selbst nur, sofern es sich als Dasein verstehe, das in seinen Möglichkeiten erschlossen sei.[19] Wenn die Existenz immer nur in den zu ergreifenden Möglichkeiten vorausliegt, dann ist Verstehen nicht ein Verstehen eines fremden Gegenstandes, sondern immer zugleich das Verstehen des eigenen Selbst, ein Selbstverstehen.

---

12 Vgl. Ricœur, Philosophische und theologische Hermeneutik (s. Anm. 8), 32.

13 Rudolf Bultmann, Das Problem der Hermeneutik, in: ders., Glauben und Verstehen II, Tübingen [5]1968, 211–235, 222.

14 A.a.O., 228.

15 Vgl. bspw. Bultmann, Hermeneutik (s. Anm. 13), 221.

16 Vgl. Rudolf Bultmann, Geschichte und Eschatologie, v. Studienrätin Eva Krafft besorgte deutsche Übersetzung der vom 7. Februar bis 2. März 1955 in Edinburgh gehaltenen Gifford Lectures, nach der englischen Originalausgabe History and Eschatology, Tübingen [3]1979, 169f.

17 Vgl. Bultmann, Hermeneutik (s. Anm. 13), 222.

18 Vgl. ebd.

19 Vgl. Rudolf Bultmann, Die Bedeutung der »dialektischen Theologie«, in: ders., Glauben und Verstehen I, Tübingen [7]1972, 114–133, 118.

Das theologiegeschichtlich kontrovers diskutierte Programm der Entmythologisierung ist im Anschluss daran ausgehend von der existentialen Interpretation zu verstehen. Entmythologisierung und existentiale Interpretation sind zwei Seiten derselben Medaille. Keinesfalls geht es um eine Eliminierung des Mythos, sondern um seine Auslegung.[20]

Aus diesen Grundvoraussetzungen ergeben sich zwei weitere Erkenntnisse: Zum einen kann der Titel der prominenten Aufsatzsammlung »Glauben und Verstehen« gleichfalls als Titel bultmannscher Theologie gelten. Glauben, so lässt sich pointiert festhalten, ist nach Bultmann ein Modus des Verstehens.[21] Gibt Glauben und Verstehen der Theologie Bultmanns mit seinem grundhermeneutischen Ansatz den Titel, so lässt sich Bultmann darüber hinaus als Theologe des Paradoxons bezeichnen. Das wird unter anderem an seinem Theologiebegriff, seiner Christologie, der Bestimmung der gläubigen Existenz als eschatologischer und seinen Ausführungen zur Freiheit deutlich. All diese Beobachtungen laufen auf das Kerygma zu. Es bildet das Scharnier zwischen Gott und Selbst.

Bultmann qualifiziert das Kerygma als das ausschlaggebende Ereignis für das Selbst. Das Kerygma führe in die Entscheidung, indem es Anrede sei und »[k]eine zeitlose Idee [...], sondern ein geschichtliches Faktum«[22] verkünde, Jesus Christus. Kerygma ist für Bultmann also immer christologisches Kerygma. Es geht ihm um »die Proklamation des Faktums Jesus Christus, d. h. seines Gekommenseins, seines Todes und seiner Auferstehung als des eschatologischen Heilsereignisses«.[23] Das Kerygma, das Christusgeschehen verkündigt als *eschatological event pro me*, ist für ihn die Bedeutung des Osterglaubens.[24] Nach Sichtung seiner veröffentlichten Predigten wird deutlich, inwieweit Bultmann selbst seine akademischen Überzeugungen in die Praxis umsetzt. Den Zielpunkt theologischer Arbeit sieht er selbst in der Verkündigung. Will man das kantische Diktum aufnehmen, ließe sich sagen: »Theologie ohne Verkündigung ist leer. Und Verkündigung ohne Theologie ist blind.« Mit Bultmann lässt sich theologisch festhalten: Kerygmaverstehen und Selbstverstehen hängen zusammen.

Schauen wir von Bultmann noch einmal zurück auf die Gesamtkomposition der Arbeit. Es ist deutlich geworden, dass das Selbstverstehen in engem Zusammenhang mit Zeit- und Wirklichkeitsverstehen steht. Diese Erkenntnis läuft in der ricœurschen Hermeneutik des Selbst zusammen und kann als Narrationsverstehen betitelt werden. Die bultmannsche Theologie eignet sich mit ihrem

---

20 Vgl. Rudolf Bultmann, Jesus Christus und die Mythologie, in: ders., Glauben und Verstehen IV, Tübingen 1965, 141–189, 146.

21 Vgl. bspw. Rudolf Bultmann, Theologie des Neuen Testaments, Tübingen [5]1965, 431.586.

22 Rudolf Bultmann, Die Bedeutung des geschichtlichen Jesus für die Theologie des Paulus, in: ders., Glauben und Verstehen I, Tübingen [7]1972, 188–213, 208.

23 Gerhard Ebeling, Theologie und Verkündigung. Ein Gespräch mit Rudolf Bultmann, HUTh 1, Tübingen 1962, 30.

24 Vgl. Rudolf Bultmann, Geschichte und Eschatologie (s. Anm. 16), 181.

grundhermeneutischen Ansatz in besonderer Weise zur theologischen Anknüpfung. In ihr kommt dem Kerygma eine Schlüsselrolle zu. Der Konnex von Selbstverstehen und vorausgehendem Verstandensein vonseiten Gottes bildet eine Pointe bultmannscher Theologie.

Nun lassen sich zwei Anfragen an den bultmannschen Kerygmabegriff stellen, die unter den Stichworten Punktualität und Formalität zu fassen sind. Denn so sehr Bultmann auch die Bedeutung des Kerygmas betont, so sehr hält er sich aus unterschiedlichen Gründen bei einer genaueren inhaltlichen Füllung bzw. Vermittlung zurück. Für ihn reicht die Bestimmung des Kerygmas als christologisches aus. Es bleibt ebenso anzufragen, ob seine punktuelle Zuspitzung auf den Augenblick der Entscheidung sich als sprachlich tragfähig erweist. Beide Anfragen, die Bultmann – teils unter anderen Stichworten – schon zu Lebzeiten entgegengebracht wurden, können nur als teilweise stichhaltig angesehen werden. In seiner Predigttätigkeit und seiner Metapher der Begegnung können Spuren der Entgegnung erkannt werden.

Ricœurs Hermeneutik kann, so die abschließende These der Arbeit, der bultmannschen Kerygmatheologie mit ihren richtigen und gewichtigen Anliegen zur Maieutik gereichen und somit zu einer theologischen Beantwortung der Frage nach dem Selbst führen. Liest man das bultmannsche Kerygma vor dem Hintergrund der ricœurschen Narrationstheorie, so lassen sich die Kernanliegen der Theologie Rudolf Bultmanns differenzierter ausdrücken. Gleichzeitig verlieren die kritischen Anfragen an Schlagkraft. Dies wird anhand eines Dreischritts über den *Anspruch des Kerygmas (1)*, seine *Unverfügbarkeit (2)* sowie an der Lesart des *Kerygmas als Erschließungsraums (3)* aufgezeigt.

(1) Deutlich wird, dass es nicht um eine Form von Selbstbestimmung geht, sondern gerade um ein Sich-bestimmt-sein-Lassen aufgrund des Kerygmas. Erst dieses initiiert ein Verstehen auf Seiten des menschlichen Daseins. Die biblischen Texte liefern dafür ein eindrückliches Beispiel. Dieses Anliegen Bultmanns lässt sich mit der Hermeneutik Ricœurs gewinnbringend versprachlichen, sodass das das Selbst infrage stellende Kerygma einen Prozess der Neuorientierung initiiert. An den Anspruch des Kerygmas fügt sich nahtlos die Überzeugung der Unverfügbarkeit an. Die Maxime der Unverfügbarkeit lässt sich mit den hermeneutischen Einsichten Ricœurs und seiner Rede vom Verständnis *vor* dem Text stützen.[25]

(2) Versteht man das Kerygma als Narration, so wird die Unverfügbarkeit zum Bürgen eines wirklichen Resonanzgeschehens, dem das Potential innewohnt, das angesprochene Selbst wirklich zu verändern und zu einem tieferen Verstehen zu führen. Für die biblischen Erzählungen lässt sich die Unverfügbarkeit über das Moment der Vorläufigkeit plausibilisieren. Noch bevor man selbst in der Lage zur Versprachlichung ist, wird auf dichterische Weise eine bewohnbare Welt enthüllt.

(3) Mit der Metapher des Erschließungsraums entgeht man sodann der punktuellen wie formalen Einengung des Kerygmas auf den Augenblick der Entscheidung. Denn zum einen wird deutlich, inwieweit das Kerygma das Verstehen erst

[25] Vgl. Paul Ricœur, Eine intellektuelle Autobiographie (s. Anm. 7), 3–78, 54.

bedingt, also dem Selbstverstehen vorläufig ist, und zum anderen wird durch die dreifache Mimesis deutlich, inwieweit die Prä- und Refiguration des Selbst durch die Konfiguration des Kerygmas verändert wird. Es grundiert das Anliegen Bultmanns, das christologische Kerygma als Größe zu verstehen, die das menschliche Dasein verändert, indem es dieses nicht überfallartig zur Entscheidung zwingt, sondern ein neues Verständnis anbietet, das es von sich aus nicht evozieren kann. In Bultmanns Predigten wird dies ausgehend von seinen Einsichten der existentialen Interpretation deutlich. Das Kerygma – wiederum sprachlich verfasst – gilt den Hörer*innen als Erschließungsraum für sie selbst.

Am Ende der Spurensuche nach dem Selbst lässt sich resümieren: Das Selbst ist ein verstehendes. Zeit- und mimetisches Wirklichkeitsverstehen lassen sich über die Erzählung zusammendenken. Über die Interpretation von Texten kann sich das Selbst verstehen. Diese Einsichten sind theologisch fruchtbar zu machen und lassen sich mit der bultmannschen Vorstellung vom Kerygma versprachlichen. Eine Relektüre dieses Begriffs über die produktive Kritik der Narrationstheorie Ricœurs hebt hervor, dass im Selbstverstehen Aktivität und Passivität in Spannung gehalten sind. Diesen Zusammenhang hat Bultmann treffend mit *Glauben und Verstehen* betitelt. So gilt es nach christlicher Überzeugung zu betonen, dass ein Selbstverstehen nur über ein gnädiges Verstandensein vonseiten Gottes möglich ist: »Was heißt denn Gottes Einladung? Sie ist doch der Ruf zu einem Höheren, einem Zukünftigsein, einem Jenseitigen! Sie ist der Ruf aus unserer Welt hinaus in seine Welt.«[26]

---

26 Rudolf Bultmann, Marburger Predigten, Tübingen 1956, 134.

Die Autorinnen und Autoren

Baumann, Johanna, geb. 1997, ist Wissenschaftliche Mitarbeiterin im Fach Systematische Theologie an der Universität Münster.

Erne, Thomas, Dr. theol., geb. 1956, ist Professor em. für Praktische Theologie an der Philipps-Universität Marburg.

Geßner, Kristian, Dr. phil., geb. 1991, ist Wissenschaftlicher Mitarbeiter in der Abteilung Stadtarchiv des Kulturamts der documenta Stadt Kassel.

Großhans, Hans-Peter, Dr. theol., geb. 1958, ist Professor für Systematische Theologie und Direktor des Instituts für Ökumenische Theologie der Evangelisch-Theologischen Fakultät der Universität Münster.

Hille, Lukas, geb. 1993, ist Mitarbeiter am Hans-von-Soden-Institut für theologische Forschung, Systematische Theologie, Philipps-Universität Marburg.

Koch, Anton Friedrich, geb. 1952, Dr. phil., ist Professor für Philosophie an der Ruprecht-Karls-Universität Heidelberg, seit dem Wintersemester 2020/21 im Ruhestand.

Köhlmoos, Melanie, Dr. theol., geb. 1966, ist Professorin für Altes Testament an der Goethe-Universität Frankfurt am Main.

König, Bastian, Dr. theol., geb. 1991, ist Pastor in der Wedemark.

Krüger, Malte Dominik, Dr. theol., geb. 1974, ist Professor für Systematische Theologie und Religionsphilosophie sowie Direktor des Rudolf-Bultmann-Instituts für Hermeneutik an der Philipps-Universität Marburg.

Müller, Barbara, Dr. theol., geb. 1966, ist Professorin für Christentumsgeschichte und Historische Theologie an der Universität Hamburg.

Neumann, Nils, Dr. phil., geb. 1975, ist Professor für Biblische Theologie an der Leibniz Universität Hannover.

Schlenke, Dorothee, Dr. theol., geb. 1961, ist Professorin für Evangelische Theologie/Religionspädagogik (Schwerpunkt Systematische Theologie) an der Pädagogischen Hochschule Freiburg.